NUMBERS

KB001942

★★★★★ 나는 테크놀로지의 미래를 낙관적으로 보는 편이다. 따라서 미래 혁신에 회의를 감추지 않는 바츨라프 스밀의 글을 읽으며 내 관점을 현실적으로 유지할 수 있다. 그는 역사를 전체적인 맥락에서 풀어가는 능력이 뛰어나다. 역사와 세계가 어떻게 흘러가는지 이해하고 싶다면 이 책으로 시작하라. 통계 뒤에 숨은 이야기를 생각하게 하는 책. 그가 쓴 책 중 가장 방대하지만 가장 쉽다. _**빌 게이츠**

★★★★★ 인간은 인쇄 매체로 전달되는 이미지와 이야기를 받아들인다. 그것이 충격적이고 급작스럽더라도 현실을 반영하는 표본은 아니다. 이 책의 제목에 그 모든 것이 담겨 있다. 세상을 이해하려면 머리기사headline만 읽지 말고 추세선trendline을 추적해야 한다. 우리 세계의 실제 모습을 흥미롭게 설명하고, 우리가 어디로 가고 있는지를 설득력 있게 증명한 책. _**스티븐 핑커**, 하버드대학교 심리학과 교수, 《우리 본성의 선한 천사》 저자

★★★★★ 통계분석의 대가, 세계 발달사에 대해 손꼽히는 사상가. 어떤 학자도 스밀만큼 숫자로 멋진 그림을 그려내지 못한다. _**〈가디언〉**

★★★★★ 숫자가 모든 것을 뜻하는 동시에 아무것도 뜻하지 않는 세계에서, 통계자료를 의심하는 사람들을 위한 책. _**〈BBC 사이언스포커스〉**

★★★★★ 때로는 한 권의 책이 우리가 지구를 더 정확히 파악하는 데 도움을 준다. 과학과 보건, 녹색 테크놀로지 등 현재 상황을 객관적인 숫자로 보여준다. 모두의 책꽂이에 반드시 있어야 하는 책! _**린다 유**, 런던비즈니스스쿨 겸임교수, 《위대한 경제학자들의 대담한 제안》 저자

★★★★★ 정치가 사실을 호도하거나 흐지부지 덮어버리는 걸 용납하지 않는 작가.
_**〈뉴욕리뷰오브북스〉**

★★★★★ 헛소리의 살인자. _**데이비드 키스**, 하버드케네디스쿨 교수

숫자는 어떻게 진실을 말하는가

NUMBERS DON'T LIE
by Vaclav Smil

Original English language edition first published by Penguin Books Ltd, London

숫자는 어떻게 진실을 말하는가

1판 1쇄 발행 2021. 9. 16.
1판 6쇄 발행 2021. 10. 19.

지은이 바츨라프 스밀
옮긴이 강주헌

발행인 고세규
편집 이한경 | 디자인 윤석진 | 마케팅 신일희 | 홍보 박은경
발행처 김영사
등록 1979년 5월 17일(제406-2003-036호)
주소 경기도 파주시 문발로 197(문발동) 우편번호 10881
전화 마케팅부 031)955-3100, 편집부 031)955-3200 | 팩스 031)955-3111

값은 뒤표지에 있습니다.
ISBN 978-89-349-4421-8 03300

홈페이지 www.gimmyoung.com 블로그 blog.naver.com/gybook
인스타그램 instagram.com/gimmyoung 이메일 bestbook@gimmyoung.com

좋은 독자가 좋은 책을 만듭니다.
김영사는 독자 여러분의 의견에 항상 귀 기울이고 있습니다.

NUMBERS DON'T LIE

넘겨짚지 않고 현실을 직시하는 71가지 통찰

숫자는 어떻게 진실을 말하는가

바츨라프 스밀 | 강주헌 옮김

김영사

한국 독자들에게

《숫자는 어떻게 진실을 말하는가》처럼 우리의 일상에 영향을 미치는 중요한 문제를 다루면서도 숫자로 가득한 책은 초판이 인쇄되기도 전에 뒤떨어지기 시작하고, 1년쯤 지난 후에는 최신 자료로 갱신해야 할 것들이 넘쳐흐를 수 있습니다. 기본 방향과 역사적 관점 및 전반적인 추세에 대한 평가는 달라진 것이 없지만, 이 책이 영국에서 2020년 10월 1일 처음 출간된 이후로 세계에는 눈에 띄는 변화가 많이 있었습니다. 세계보건기구World Health Organization, WHO는 2020년 3월 11일 코로나19를 팬데믹pandemic으로 선포했습니다. 당시는 코로나19 팬데믹이 발생하고 7개월째가 되던 때였습니다. 이런 이유로 나는 팬데믹이 끝나기 전 사망자 수를 평가하기 어려운 이유에 대한 설명을 짤막하게나마 덧붙일 수 있었습니다. 그로부터 1년 남짓이 지난 지금까지도 그 결론은 여전히 유효합니다. 이 글을 쓰는 지금, 즉 2021년 7월, 코로나19의 확진자 수가 매일 다시 증가하는 추세에 들어섰습니다. 따라서 팬데믹이 언제쯤이나 웬만큼 견딜 수 있는 수준으로 약화할 것인지 누구도 확신할 수 없고, 코로나19로 인한 사망자 수를 정확히 예측하기도 힘든 지경입니다.

그러나 코로나바이러스와 16개월을 함께 살다 보니 몇 가지 흥미로운 사실을 관찰했고, 그에 따라 놀라운 결론을 내릴 수 있었습니다(어쩌면 그다지 놀랍지 않을 수 있겠습니다만). 범세계적인 관점으로 보나 개별 국가에 초점을 맞추나 다르지 않습니다. 여전히 잠정적이고 불확실합니다만 무척 놀라운 현상은 세계에서 가장 부유하다는 일부 국가에서 확인되는 팬데믹의 사망자 수입니다. 100만 명당 사망자 누계로 비교하는 게 가장 좋을 겁니다. 2021년 7월 중순까지, 도시 국가와 초소형 국가를 제외하면 100만 명당 사망자 수가 가장 많은 국가는 헝가리로 3,000명이 넘었습니다. 달리 말하면 전체 인구의 0.3퍼센트 이상이 팬데믹으로 사망했다는 뜻입니다. 불가리아와 북마케도니아, 보스니아헤르체고비나와 체코공화국의 사망자 누계는 2,500명이 넘고, 벨기에와 이탈리아, 슬로베니아에서는 2,000명이 넘습니다. 유럽연합에서 인구가 많은 편에 속하는 다섯 국가(영국, 프랑스, 스페인, 폴란드, 루마니아)만이 아니라 미국과 멕시코도 100만 명당 사망자 수가 2,000명에 가깝습니다.

이렇게 상대적으로 높은 사망자 수는 동아시아와 동남아시아의 이상할 만큼 낮은 수치와 뚜렷이 대비됩니다. 예컨대 이번 팬데믹 바이러스가 발원한 중국의 100만 명당 사망자 수는 64명에 불과합니다. 대만은 32명, 한국은 40명, 태국은 44명, 캄보디아는 약 60명, 일본은 100명이 약간 넘습니다. 믿기지 않겠지만 베트남은 100만 명당 2명에 불과합니다! 공식 발표에 따르면 방글라데시와 파키스탄도 100명을 약간 넘어 놀라울 정도로 낮습니다. 실제 사망자 수가 크게 과소평가되었더라도 부유한 유럽연합의 중간값에는 미치지 못할 것입니다. 대규모로 실시된 신속한 검사와 추적(한국)부터 엄격한 봉쇄(중국)까지 그 이유를 설명해보려는 시도가 적지 않지만, 자세히 들여다보면 그 어떤 설명도 만족스럽지 않습니다. 예컨대 베트남과 캄보디아는 집중적인 역학 추적을 실시하지 않았습니다. 또 2020년 봄, 팬데믹이 처음 창궐했을 때 이탈리아의 일부 지역과 영국은 중국 못지않게 강력한 봉쇄를 실시했고, 이는 대만과 일본보다 훨씬 엄격한 수준이었습니다.

이렇게 뚜렷이 대비되는 결과에 영향을 준 다른 요인으로는 만연한 기저 질환(비만이 주된 원인), 면역 체계 반응(과거에 유사한 바이러스로 인해 병에 걸린 적이 있는지), 종족 간의 유전적 차이 등을 생각해볼 수 있을 것입니다. 그러나 유전적으로 상당히 유사하고 공중위생의 수준도 비슷한 인접 국가 간에도 사망률이 크게 달라 어리둥절할 뿐입니다. 예컨대 덴마크와 스웨덴, 오스트리아와 체코공화국, 세르비아와 크로아티아, 캐나다와 미국, 파키스탄과 인도를 보면 전자는 사망률이 상대적으로 낮은 반면 후자는 상당히 높습니다. 요즘 전염병학자들은 이런 지역적이고 국가적인 차이의 중요성을 평가하고 개별 국가의 숨은 특이성을 찾아내려 애쓰고 있지만, 설득력 있는 설명을 제시하려면 상당한 시간이 걸릴 것입니다.

두 가지 문제가 제기되었는데, 안타깝게도 예상하던 일이어서 놀랍지는 않습니다. 2009년 우리는 거의 40년 만에 범세계적인 팬데믹, 신종 플루 H_1N_1를 경험했습니다. 그런데도 우리 세계는 훨씬 더 매서운 팬데믹의 도래 가능성을 전혀 대비하지 않았습니다. 따라서 필연적으로 다음에 닥칠 팬데믹은 철저히 준비할 것이란 약속의 진정성에 의문을 제기하지 않을 수 없습니다. 두 번째 문제는 정말 화가 날 수밖에 없습니다. 정부의 과감한 지원을 받은 연구자와 개발자의 결연한 노력 덕분에 팬데믹이 시작되고 1년이 지나지 않아 우리는 효과적인 백신을 갖게 되었습니다. 따라서 (유통에 약간의 문제가 있지만) 집단 면역이 이루어지면 팬데믹으로부터 오랫동안 보호받을 수 있을 것입니다. 하지만 안타깝게도 백신 자체와 백신의 효능에 대한 잘못된 정보와 괴상한 거짓말 때문에 백신 접종을 주저하는 현상이 나타나고 있을 뿐만 아니라, 특정한 소수 집단에서, 심지어 팬데믹에 무척 취약한 계층조차 백신 접종을 완강히 거부하고 있습니다.

돌이켜 보면 우리는 많은 부분에서 뒤늦게야 조치를 취했고, 그런 조치마저 부적절하고 효과적이지 못했던 것이 사실입니다. 그러나 우리는 팬데믹을 원천적으로 막을 수 있는 백신을 개발하는 데 성공했습니다. 다만 불합리한 행동으로 그 효과를 제대로 살리지 못하고 있을 뿐입니다. 순진하고 둔감한 사람이라면 우리가 코로나19 팬데믹의 과정을 예측할 수 있고, (코로나19 팬데믹이 두려워 병원 방문을 중단하거나 그 횟수를 줄임으로써 암과 심혈관 질환을 막지 못해 사망한 사람까지 포함해) 팬데믹으로 인한 최종적인 사망자 수를 예측할 수 있다고 주장할지 모르겠습니다. 더 나아가 팬데믹이 실질적으로 종식되거나 우리가 공존해 살아가는 법을 배워야 할 정도로 확진율이 낮은 수준으로 유지되는 때를 정확히 짚어낼 수 있다고, 또 팬데믹 때문에 우리가 장기적으로 치러야 할 비용, 특히 그 영향을 계량화할 수 있다고 주장할 수도 있습니다. 이번 팬데믹의 사망자 수에 대한 최종적인 결론을 계량화하려면 앞으로 몇 년이 걸리겠지만, 이번

사태로 우리가 얻는 가장 중요한 교훈은 분명합니다. 우리는 근본적으로 불안정하고 예측하기 힘든 세계에서 살아가고 있으므로, 불확실성과 더불어 살아가는 법을 배워야 한다는 것입니다.

2021년 7월 17일, 캐나다 매니토바 위니펙에서

바츨라프 스밀

NUMBERS DON'T LIE

차례

2 국가 세계화 시대의 국가

3 기계, 설계, 장치 현대 세계를 만든 발명

4 연료와 전기 우리 사회의 에너지원

5 운송과 교통 우리는 어떻게 돌아다니는가

6 식량 우리 자신의 에너지원

7 환경 훼손되는 우리 세계를 지키려면

프롤로그

《숫자는 어떻게 진실을 말하는가》는 사람과 인구, 국가부터 에너지 사용, 기술혁신 및 우리 현대 문명을 규정짓는 기계와 장치까지 다양한 분야를 다룬 책이다. 아울러 식량 공급과 식량 섭취 및 나날이 악화하는 환경 상황에 대한 여러 관점을 사실에 기반해 살펴보며 끝을 맺는다. 이 책에서 다룬 문제들은 내가 1970년대부터 여러 책에서 추적했던 화젯거리이기도 하다.

무엇보다 이 책은 사실을 분명히 밝히기 위해 썼다. 하지만 그 작업이 생각만큼 쉽지는 않았다. 월드와이드웹은 숫자로 넘치지만 대부분 출처를 알 수 없고, 어느 때의 기록인지도 밝히지 않은 낡은 자료가 많다. 단위 구분이 미심쩍은 경우도 적지 않다. "2010년 프랑스 GDP는 2.6조 미국달러"라는 표현을 예로 들어보자. 2.6조란 수치는 명목 가치인가 실질 가치인가? 또 유로를 달러로 변환할 때 일반적으로 통용되는 환율을 사용했는가, 아니면 구매력평가지수purchasing power parity, PPP를 사용했는가? 어떻게 해야 어떤 단위를 사용했는지 알 수 있을까?

한편 이 책에서 사용한 거의 모든 숫자는 네 종류의 1차 자료, 즉 국제기구에서 발표하는 전 세계의 통계자료,[1] 국가기관이 발행하는 연감,[2] 정부 산하 기관이 편찬하는 역사 통계자료,[3] 학술지의 논문들[4]에서 얻은 것이다. 개별적으로 발표한 학술 논문, 신뢰성 높은 보고서로 명성을 얻은 주요 자문기관이 최근 실시한 연구, 갤럽이나 퓨 리서치 센터처럼 오랫동안 인정받은 기관이 실시한 여론조사에서 인용한 숫자도 적지 않다.

우리 세계에서 실제로 어떤 일이 벌어지고 있는지 이해하려면 그런 숫자를 적절한 맥락에 대입할 수 있어야 한다.

---

1 유럽연합 통계청과 국제원자력기구부터 유엔 세계인구전망과 세계보건기구까지 다양한 국제기구.

2 내가 개인적으로 좋아하는 연감은 자료의 질과 상세함에서 타의 추종을 불허하는 〈일본 통계 연감〉과 미국 농무부 산하 국립농업통계청이 발행하는 연감이다.

3 대표적 예로는 〈미국 역사 통계: 식민 시대부터 1970년까지〉와 〈일본 역사 통계〉가 있다.

4 〈생물노인학〉부터 〈국제 수명 주기 평가 저널〉까지 다양한 학술지에 게재된 논문들.

예컨대 '역사적' 맥락에서 과학계의 에너지 단위는 줄joule이다. 경제적으로 부유한 국가들은 연간 1인당 일차에너지로 약 1,500억 줄(150기가줄)을 소비한다. 비교해서 말하면, 원유 1톤에서 얻는 에너지양이 42기가줄이다. 한편 아프리카에서 인구가 가장 많고 석유와 천연가스 매장량도 풍부한 나이지리아의 소비량은 평균 35기가줄에 불과하다. 현재 프랑스와 일본의 1인당 에너지 사용량은 그보다 5배가량 많다. 그 차이도 무척 크지만, 역사적 관점에서 비교해보면 그 격차가 훨씬 실감 나게 와닿는다. 일본은 1958년쯤(지금으로부터 아프리카의 평균수명만큼의 햇수 전) 평균 35기가줄을 사용했고, 프랑스는 이미 1880년경에 그 정도의 에너지를 사용했다. 다른 식으로 말하면, 나이지리아의 에너지 이용이 프랑스보다 '두 평균수명'만큼 뒤처졌다는 뜻이다.

현재를 '국제적' 맥락에서 비교한 결과도 놀랍기는 마찬가지이다. 미국 유아 사망률과 사하라 이남 아프리카의 유아 사망률을 비교해보면 그 차이가 역시 크지만, 이는 충분히 예상할 수 있는 것이다. 미국이 다양한 인종으로 구성되었으며 저개발 국가에서의 이민율이 높은 것을 고려하면, 유아 사망률이 가장 낮은 10개국에 속하지 않는다는 것도 그다지 놀랍지 않다. 그러나 미국이 상위 30개국에도 속하지 못한다고 생각하는 사람은 거의 없을 것이다.[5] 이런 놀라운 숫자에 우리는 필연적으로 그 이유가 무엇인지 의문을 품게 되고, 그 결과 사회적이고 경제적인 문제를 폭넓게 고려하게 된다. 개별적인 숫자이든 복잡한 통계자료의 일부이든 수많은 숫자를 제대로 이해하려면 기본적인 과학적 문해력과 수리 감각이 있어야 한다.

길이 혹은 거리는 습득하기에 가장 쉬운 단위이다. 대부분의 사람은 10센티미터(성인이 엄지를 바깥쪽으로 쥔 주먹의 폭), 1미터(평균 신장인 남자의 허리 높이), 1킬로미터(도시 교통수단이 1분에 달릴 수 있는 거리)가 어느 정도인지 거의 정확히 알고 있다. 일반 속도(거리/시간, 시간당 거리)도 쉽게 파악할 수 있다. 빠른 걸음은 6km/h이고, 도시 간 급행열차는 300km/h이다. 강력한 제트기관의 추진을 받는 제트여객기의 속도는 1,000km/h이다.

질량은 '느끼기'가 쉽지 않다. 갓난아기는 대체로 5킬로그램 미만이고, 작은 사슴은 50킬로그램 미만, 전투용 전차는 대략 50톤 미만이다. 에어버스 380이 이륙할 때의 최대 무게는 500톤 이상이다. 부피도 질량만큼 파악하기가 쉽지 않다. 작은 승용차의 연료통은 40리터 미만이고, 미국 소형 주택의 실내 크기는 대체로 400세제곱미터 미만이다. 관련 단위를 빈번하게 사용하지 않고는 에너지와 전력(줄과 와트) 또는 전류와 저항

5 2018년 미국의 유아 사망률은 36개 OECD 국가 중 33위였다.

(암페어와 옴)을 익히기도 상당히 어렵다. 따라서 에너지 사용에 관해서는 아프리카와 유럽의 차이처럼 상대적으로 비교하는 게 이해하기 더 쉽다.

돈은 다른 종류의 어려움을 제기한다. 대부분의 사람은 소득이나 저축 수준을 상대적으로 평가한다. 그러나 '역사적'으로 비교하려면 인플레이션을 감안해 보정해야 하고, 현 수준을 '국제적'으로 비교하려면 환율의 변동과 구매력의 변화를 고려해야 한다.

한편 숫자로는 포착되지 않는 질적 차이가 있다. 선호 식품과 식습관을 비교할 때 이런 질적 차이를 고려하는 게 특히 중요하다. 예컨대 100그램당 탄수화물과 단백질 함량은 무척 비슷할 수 있지만, 애틀랜타의 슈퍼마켓에서 빵으로 분류하는 것(미리 썰어 비닐봉지에 담아둔 정사각형 모양의 식빵)은 바다 건너 리옹이나 슈투트가르트에서 제빵사가 자체 운영하는 빵집에 진열해둔 것과는 질적인 면에서 문자 그대로 드넓은 바다만큼의 차이가 있다.

숫자가 커지면 구체적 수치보다 자릿수(10배수)가 더 중요해진다. 예컨대 자릿수에서 에어버스 380은 전투용 전차보다 더 무겁고, 제트여객기는 고속도로를 달리는 자동차보다 더 빠르며, 사슴은 갓난아기보다 무겁다. 국제단위계International System of Units로 규정된 거듭제곱과 배수를 사용하면 갓난아기는

5×10^3그램, 즉 5킬로그램이고, 에어버스 380은 5×10^8그램, 즉 5억 그램 이상이다. 정말 큰 수에 다다랐을 때 (프랑스를 필두로 한) 유럽이 과학적 기수법에서 벗어나 10^9을 1billion(10억)으로 칭하지 않고 'milliard'라 하는 것은 도움이 되지 않는다. 이렇게 차이를 강조함으로써 빈번히 혼란을 초래하기 때문이다(프랑스어에서 milliard는 '10억' 또는 '무척 큰 수'를 뜻한다—옮긴이). 세계 인구는 곧 80억(8×10^9)이 되고, 2019년 세계 명목 경제 생산은 약 90조(9×10^{13}) 달러였고, 에너지 소비는 5,000억의 10억 배, 즉 500×10^{18} 혹은 5×10^{20}줄이었다고 표현하면 간결하지 않을까.

좋은 소식은 이 모든 것을 완전히 습득하는 게 생각보다 쉽다는 것이다. 가령 당신이 휴대폰을 하루에 몇 분씩 내려두고 주변에 있는 물건의 길이나 어떤 곳까지의 거리를 측정한다고 해보자. 앞에서 말한 대로 약 10센티미터 정도인 주먹을 이용해서 길이를 재거나, 다시 휴대폰을 집어 들고 GPS를 활용해 거리를 측정할 수 있다(여하튼 나는 휴대폰을 가져본 적이 없고, 좋은 걸 즐기지 못했다고 아쉽게 생각한 적도 없다). 또 당신이 마주치는 물건의 부피를 계산해보라(흥미롭게도 우리는 가늘지만 큰 물건의 부피를 적게 추정하는 경향이 있다). 억만장자와 아마존닷컴 창고에서 포장을 담당하는 노동자 사이의 소득 불평등에 대한 최근 보고서를 읽을 때 자릿수의 차이를 전자계산기의 도움 없이 가늠해보는 것도 무척 흥미로운 작업일 수 있다. 그들의 연간 소득은 자릿수에서 얼마나 차이가 날까? 또 영국과 우간다의 1인당 평균 GDP는 자릿수에서 얼마나 차이가 날까? 이런 지적 훈련을 통해 우리는 신경세포를 활성화하고, 우리를 에워싼 세계의 구체적 현실을 파악할 수 있다. 숫자를 이해하기 위해서는 약간의 적극성이 필요할 뿐이다.

이 책이 독자들에게 우리 세계의 진정한 상태를 이해하는 데 조금이나마 도움을 줄 수 있길 바랄 뿐이다. 또 독자들에게 이 책이 인간의 유일함과 창의성에 놀라고, 더 나은 이해를 추구하는 노력을 경외하는 기회가 되었으면 좋겠다. 내 목표는 숫자가 거짓말하지 않는다는 걸 증명하는 데 그치지 않고, 숫자에 어떤 진실이 담겨 있는지 찾아내는 것이다.

끝으로 이 책에서 인용한 숫자에 대해 덧붙이면, 달러는 특별히 언급하지 않는 한 미국달러를 가리키고, 모든 측정 단위는 바다와 공중에서 쓰는 거리 단위인 해리海里와 미국 제재製材 규격에서 쓰이는 인치처럼 특별한 예외를 제외하면 미터법을 사용했다.

2020년, 위니펙에서

바츨라프 스밀

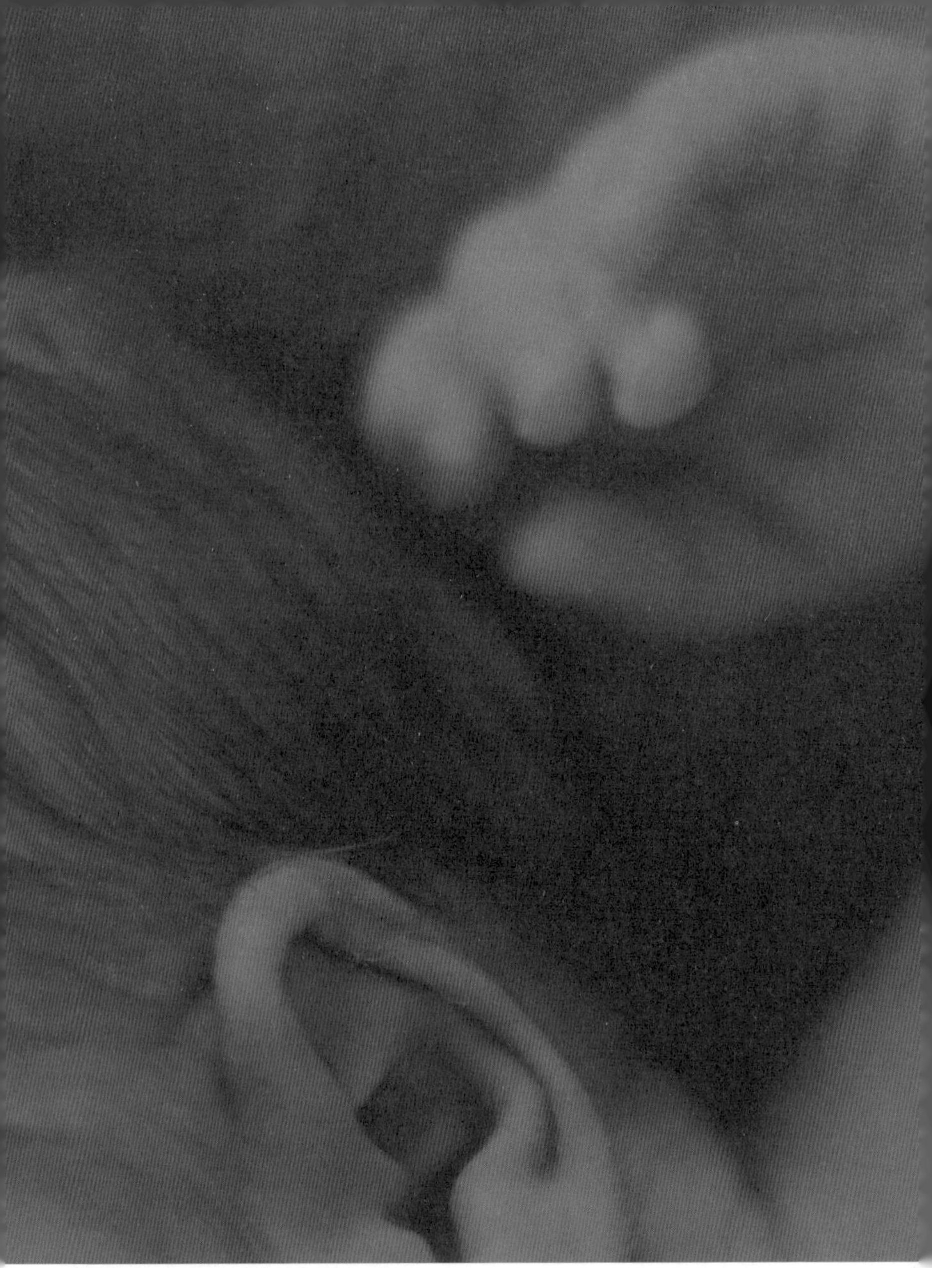

NUMBERS DON'T LIE

1

PEOPLE
The Inhabitants of Our World

사람

우리 세계에 살고 있는 사람들

I

자식을 적게 낳으면 어떤 일이 벌어질까?

Numbers Don't Lie

합계 출산율total fertility rate, TFR은 한 여성이 평생 동안 낳을 수 있는 자녀의 수를 가리킨다. 합계 출산율에 대한 가장 명백한 신체적 제약은 가임 기간, 즉 초경부터 폐경까지의 기간이다. 초경 연령이 산업화 이전에는 약 17세였지만 요즘 서구 세계에서는 약 13세 이전으로 앞당겨졌다. 반면 폐경 시작 평균 연령은 50세 직후로 약간 미뤄져 일반적 가임 기간이 전통 사회의 30년에 비해 약 38년으로 상당히 늘어났다.

가임 기간 동안 보통 300~400번 배란이 일어난다. 임신할 때마다 10번씩 배란이 방해받고, 또 전통적으로 수유 기간이 더해지므로 가임 가능성이 줄어들어 추가로 5~6번의 배란이 배제된다. 따라서 최대 출산율은 약 24번의 임신이다. 다태multiple births 임신으로 합계 출산율은 24명을 넘어설 수 있다. 실제로 한 여성이 30명 이상의 자녀를 출산했다는 역사적 기록도 있다.

그러나 산아 제한을 실시하지 않는 사회에서 일반적인 최대 출산율은 예부터 항상 이보다 낮았다. 유산과 사산, 불임, 산모 조기 사망 등 여러 원인이 얽혀 있기 때문이다. 그 결과 전 세계에서 최대 출산율은 7~8명으로 줄어든다. 실제로 이 정도의 출산율은 모든 대륙에서 19세기까지, 아시아 일부 지역에서는 두 세대 전까지도 흔한 수준이었다. 지금도 사하라 이남 아프리카에서는 이런 출산율을 확인할 수 있다. 예컨대 니제르의 경우는 7.5명이다. 하지만 이 수치도 선호하는 가족 규모에는 못 미친다. 니제르 여성에게 선호하는 자녀의 수를 물어보면 놀랍게도 평균 9.1명이다! 그러나 사하라 이남 지역의 높은 합계 출산율은 꾸준히 감소해 대부분의 국가에서 5~6명까지 줄어들었다. 세계 다른 지역의 평균 출산율은 보통, 낮음, 극히 낮음으로 분류된다.

이런 새로운 세계로의 전환이 시작된 시기는 지역마다 다르고 지역 내에서도 차이가 있다. 프랑스는 이탈리아를 훨씬 앞섰고, 일본은 중국을 훨씬 앞섰다. 중국은 자녀 수를 한 명으로 제한하는 극단의 조치를 취했다. 이런 인위적인 대책 이외

출산율이 급격히 줄어드는 아시아와 거의 변화 없는 아프리카

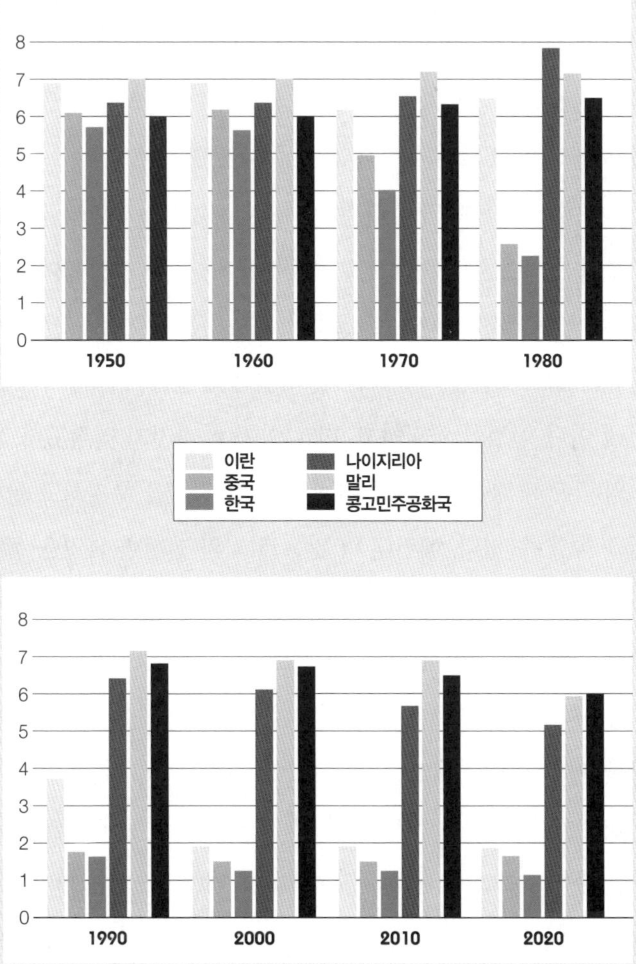

에 생활수준의 점진적 향상, 농업의 기계화, 기계를 이용한 동물과 사람의 이동, 대대적인 산업화와 도시화 등도 자녀를 적게 낳으려는 생각을 부추겼다. 물론 도시 노동력에 유입되는 여성의 수가 증가하고, 보통 교육이 확대되고, 보건 수준이 좋아져 신생아의 생존율이 높아지고, 국가가 보장하는 연금 정책을 시행한 것도 합계 출산율 감소에 일조했다.

양에서 질을 추구하게 된 이유, 때로는 그 전환이 급격히 이루어진 이유를 역사적으로 추적해보자. 유아 사망률이 높아도 살아남는 자녀가 있고, 그들이 노동력을 추가로 제공하며, 일종의 양로보험을 마련하는 것이 높은 출산율의 이점이다. 그런데 이런 이점이 약화하고, 더 나아가 사라지기 시작했다. 가족의 규모가 작을수록 자녀에게 더 많은 자원을 투자하고 삶의 질을 높일 수 있다. 예컨대 더 많은 고기와 신선한 과일을 섭취하고, 외식을 더 자주 즐길 수 있으며, 또 비행기를 타고 멀리 열대 해변으로 휴가를 떠날 수도 있다.

사회와 과학기술의 전환기에 흔히 그렇듯 선구자들이 변화를 이루어내는 데는 오랜 시간이 걸리지만 나중에 변화를 수용한 사람들은 두 세대 만에 그 과정을 완성해낸다. 높은 출산율에서 낮은 출산율로 전환하는 데 덴마크는 약 200년, 스웨덴은 약 170년이 걸렸다. 반면 한국에서는 합계 출산율이 6명 이상에서 총인구를 유지하는 데 필요한 인구 대체 출산율replacement level fertility 이하로 떨어지는 데 30년밖에 걸리지 않았다. 중국의 경우도 한 자녀 정책을 도입하기 전부터 출산율이 1962년 6.4명에서 1980년 2.6명으로 급격히 줄어들었다. 이란의 출산율 변화는 믿기 힘들 정도이다. 군주제가 무너지고 아야톨라 호메이니Ayatollah Khomeini(1902~1989)가 망명지에서 돌아와 신정국가를 세운 1979년에 이란의 출산율은 평균 6.5명이었다. 그러나 2000년에는 인구 대체 출산율까지 떨어졌고, 그 후에도 계속 감소하고 있다.

인구 대체 출산율은 인구를 안정된 수준으로 유지하기 위한 출산율이다. 가임 연령까지 생존하지 못하는 여성을 고려해 계산하면 인구 대체 출산율은 약 2.1명이다. 어떤 나라도 출산율 하락을 인구 대체 출산율에서 멈추고 일정한 인구를 유지한 적은 없다. 오히려 인구 대체 출산율 이하의 국가에서 살아가는 사람이 증가하는 추세이다. 1950년에는 40퍼센트의 세계 인구가 출산율이 6명을 넘는 국가에서 살았고, 세계 평균 출산율은 약 5명이었다. 그런데 2000년에는 세계 인구의 5퍼센트만이 출산율이 6명을 넘는 국가에서 살았고, 세계 평균 출산율(2.6명)은 인구 대체 출산율에 가까웠다. 2050년쯤에는 세계 인구의 거의 4분의 3이 인구 대체 출산율 이하의 국가에 거주할 것으로 추정된다.

이런 범세계적 출산율 변화는 인구와 경제에 전략적으로

커다란 영향을 미치기 마련이다. 예컨대 1900년 유럽 대륙에는 세계 인구의 약 18퍼센트가 살았지만, 2020년에는 9.5퍼센트만이 살아간다. 반면 2020년 현재 아시아는 세계 인구의 60퍼센트를 차지하고 있다. 따라서 유럽의 중요성은 줄어들고 아시아가 크게 부상했다. 그러나 상대적으로 높은 출산율 덕분에 2020년부터 2070년까지 향후 50년 동안 모든 신생아의 약 75퍼센트가 아프리카에서 태어날 것으로 예상된다.

출산율이 인구 대체 출산율 아래로 떨어진 국가의 미래는 장차 어떻게 될까? 2019년 프랑스와 스웨덴의 출산율은 1.8명이었다. 출산율이 인구 대체 출산율에 근접하면, 요컨대 1.7명보다 낮지 않으면 향후 반등할 가능성이 충분하다. 하지만 출산율이 1.5명 이하로 미끄러지면 반등할 가능성도 크게 줄어드는 듯하다. 2019년 스페인, 이탈리아, 루마니아의 출산율은 1.3명을 밑돌았다. 일본, 우크라이나, 그리스, 크로아티아는 1.4명이었다. 일본과 유럽의 많은 국가에서 인구가 점차 감소할 듯하므로, 사회경제적 측면에서 그에 따른 전략적 대책을 마련해야 할 것이다. 지금까지 정부의 출산 장려 정책이 눈에 띄는 반전을 이루어낸 사례는 없다. 인구 감소를 예방하는 유일하게 확실한 정책은 이민에 문호를 개방하는 것이지만, 그러한 정책을 취할 가능성은 거의 없어 보인다.

2

삶의 질을 나타내는 최고의 지표는? 유아 사망률을 살펴보라

Numbers Don't Lie

삶의 질을 가장 명확히 보여주는 기준을 찾을 때, 경제학자들은 국내총생산, 즉 GDP나 가처분소득을 1인당으로 환산한 가치를 신뢰하는 경향이 있다. 하기야 경제학자는 모든 것을 돈으로 환산하려 하지 않는가! GDP와 가처분소득, 이 두 기준은 미심쩍은 구석이 많다. 예컨대 폭력이 증가해 경찰력이 더 많이 필요하고, 안전 대책에 더 많이 투자해야 하고, 병원에 입원하는 부상자가 늘어나는 사회에서도 GDP는 상승한다. 또 평균 가처분소득은 경제 불평등의 정도에 대해, 저소득층 가정에 도움을 주는 사회 안전망에 대해 우리에게 아무것도 말해

주지 않는다. 그렇더라도 두 기준이 제공하는 전체 국가 순위는 삶의 질을 판단하는 데 적잖은 도움을 준다. 예컨대 덴마크(2018년 명목 GDP 약 6만 달러)보다 이란(2018년 명목 GDP 약 6,000달러)에 살고 싶은 사람은 그다지 많지 않을 것이다. 또 평균적인 삶의 질이 루마니아보다 덴마크가 낫다는 것은 의심할 여지가 없다. 두 국가 모두 유럽연합에 속하지만 가처분소득이 덴마크가 75퍼센트나 더 높기 때문이다.

1990년 이후로는 두 기준의 대안으로 인간개발지수Human Development Index, HDI를 사용한다. 인간개발지수는 더 나은 기준을 제공하기 위해 다양한 변수를 고려해 개발한 지표이다. 출생 시 기대 수명, 교육 수준(평균 취학 연수와 기대 취학 연수)에 1인당 국민총생산GNP을 더해 산출한다. 그러나 당연한 말이겠지만, 1인당 GNP는 1인당 평균 GDP와 밀접한 상관관계가 있다. 따라서 GDP뿐 아니라 더 정교한 지수라는 인간개발지수 또한 삶의 질을 평가하는 지표로서는 들쑥날쑥하다.

삶의 질을 신속하고 확실하게 비교할 수 있고 하나의 변수만을 사용하는 기준을 나에게 고르라 한다면, 내 선택은 단연코 유아 사망률이다. 유아 사망률은 정상적으로 출생한 아기 1,000명 가운데 생후 1년 이내에 사망하는 유아의 수를 가리킨다.

유아 사망률은 무척 강력한 지표이다. 양질의 생활 조건을 규정짓는 몇몇 핵심 조건(전반적으로는 훌륭한 의료 수준, 구체적으로

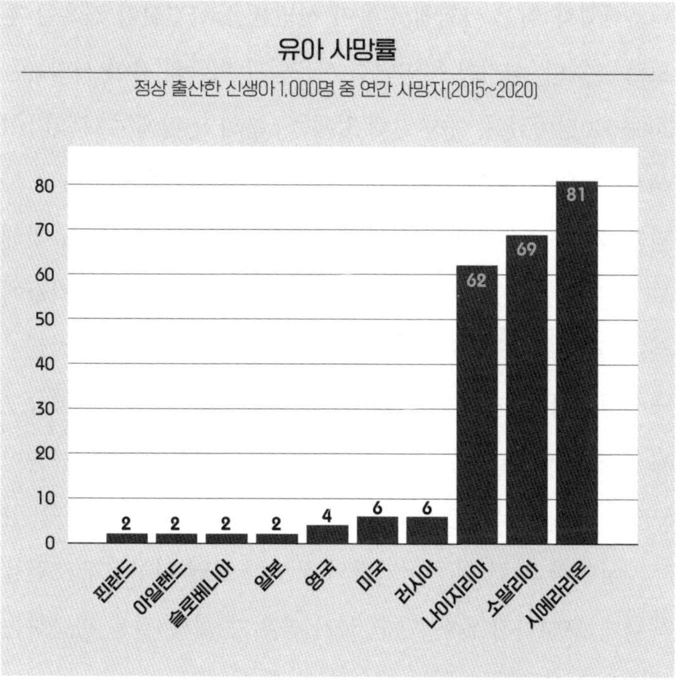

는 출생 전후 관리, 신생아 관리, 산모와 유아의 적절한 영양 관리, 충분히 위생적인 생활 조건, 취약 가정을 위한 사회적 지원), 그리고 이용 및 접근이 유지되는 사회 기반 시설, 소득, 정부와 개인의 적절한 지출에 근거한 조건을 겸비하지 않고는 유아 사망률을 낮출 수 없기 때문이다. 따라서 하나의 변수에 인간의 삶에서 가장 중요한 시기, 즉 생후 첫해의 생존을 결정짓는 상당수의 전제 조건이 담겨 있는 셈이다.

산업화 이전 사회에서 유아 사망률은 한결같이 잔혹할 정도로 높았다. 심지어 1850년경 서유럽과 미국의 유아 사망률은 200~300명이었다. 다시 말해 적게는 5분의 1, 많게는 3분의 1이 생후 365일을 넘기지 못했다. 1950년에야 서구의 평균 유아 사망률이 35~65명으로 떨어졌다. 20명의 신생아 중 1명이 첫해를 넘기지 못하고 사망했다는 뜻이다. 현재 부유한 국가들에서 가장 낮은 유아 사망률은 5명 미만이다. 즉 200명의 신생아 중 1명만이 첫 생일을 맞이하지 못한다. 안도라와 앵귈라, 모나코와 산마리노까지 초소형 국가를 제외하면, 유아 사망률이 5명보다 낮은 국가는 일본(2명)과 세르비아(5명 바로 아래) 등 약 35개국이다. 이런 선두 국가들의 분포를 보면 인구통계 조건을 폭넓게 고려하지 않은 단순 국가 순위가 삶의 질을 판단하는 기준으로 사용될 수 없는 이유를 알 수 있다.

유아 사망률이 낮은 국가는 대체로 작다. 구체적으로 말하면 인구가 1,000만 명 이하, 더 좁히면 대체로 500만 명 이하이다. 유아 사망률이 낮은 국가는 세계에서 가장 동질적(아시아에서는 한국과 일본, 유럽에서는 아이슬란드·핀란드·노르웨이)이기도 하다. 또 대부분의 국가에서 출생률이 무척 낮다. 상대적으로 덜 부유한 사회로부터 유입되는 이민자의 비율이 높고 인구가 많은 이질적 사회의 경우 유아 사망률을 낮추고 그 낮은 수준을 유지하는 일이 어려운 것은 사실이다. 따라서 현재 유아 사망률이 5명인 캐나다가 유아 사망률을 아이슬란드 수준(3명)까지 낮추기는 무척 어려울 것이다. 캐나다는 아이슬란드보다 인구가 100배나 많고, 매년 아이슬란드 총인구만큼의 이민자를 수십 개국으로부터 받아들이고 있기 때문이다. 게다가 이민자 대부분이 아시아의 저소득층 출신이기도 하다. 미국의 경우도 마찬가지이다. 하지만 미국이 상대적으로 높은 유아 사망률(6명)을 보이는 것은 높은 경제 불평등 탓임이 거의 분명하다.

이런 이유에서 유아 사망률은 평균 소득이나 인간개발지수보다 삶의 질을 나타내는 데 더 나은 지표이다. 물론 여전히 적잖은 단서가 필요하다. 하나의 기준으로는 한 국가의 삶의 질을 완전히 만족스럽게 판단할 수 없다는 것이다. 유아 사망률이 사하라 이남에 위치한 12개국에서 터무니없이 높다는 것은 의문의 여지가 없다. 그 국가들의 유아 사망률은 60명이 넘어 100년 전의 서유럽 수준과 비슷하다. 그 국가들이 유럽의 부유한 국가를 따라잡기 위해 줄여야 하는 발전 격차가 곧 100년이란 뜻이다.

3

최고의 투자 수익: 백신 접종

Numbers Don't Lie

유아기와 아동기에 전염병으로 사망하는 것은 현대 세계에서도 여전히 가장 잔혹한 운명이다. 하지만 얼마든지 예방할 수 있는 운명이기도 하다. 이런 안타까운 죽음을 최소화하는 데 필요한 조치의 중요성을 두고 순위를 매기는 것은 무의미하다. 깨끗한 식수와 충분한 영양 공급은 질병 예방과 적절한 위생만큼이나 중요하기 때문이다. 그러나 '편익-비용 비율benefit-cost ratio'을 기준으로 그러한 조치를 평가하면, 누가 뭐라 해도 백신 접종이 확실한 1위일 것이다.

현대적 의미의 백신 접종은 18세기까지 거슬러 올라간다.

백신 접종으로 예방한 사망자 수(2011~2020)

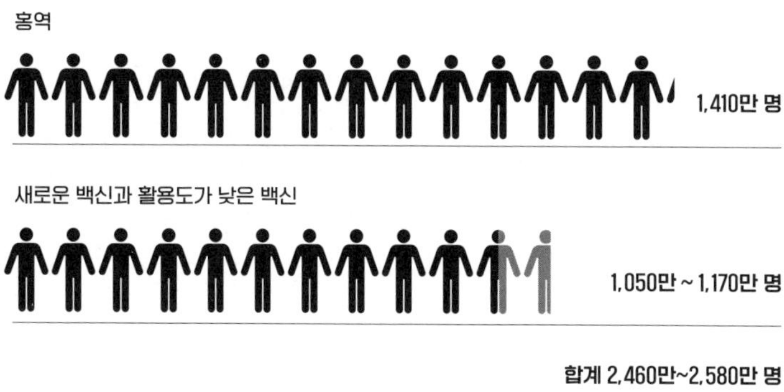

에드워드 제너Edward Jenner(1749~1823)가 천연두 예방 백신을 처음 개발한 때였다. 콜레라 백신과 페스트 백신은 제1차 세계대전 이전에, 결핵과 파상풍·디프테리아를 예방하기 위한 백신은 제2차 세계대전 이전에 개발되었다. 백신 개발에서 전후戰後의 돌파구는 백일해(그르렁거리는 기침을 동반한 호흡기 질환)와 소아마비를 예방하기 위한 일상적 백신 접종이었다. 오늘날에는 어디에서나 디프테리아·파상풍·백일해·천연두뿐 아니라 B형 헤모필루스 인플루엔자균이 원인인 세 가지 감염병, 즉 수막염·귓병·폐렴을 예방하는 혼합 백신pentavalent vaccine을 어린아이에게 접종하는 것이 기본 관례이다. 첫 번째 접종은 생후 6주에 시행하고, 나머지 두 번은 각각 10주와 14주에 한다. 각 혼합 백신의 값은 1달러 이하이다. 그 후로 다른 백신을 추가 접종받을 때마다 그 아이는 접종받지 않은 아이에 비해 전염병에 걸릴 확률이 줄어든다.

이런 현실을 고려하면 백신 접종의 편익-비용 비율이 무척 높다는 것은 분명하다. 물론 그 비율을 계량화하기는 쉽지 않지만, 2016년 미국 의료 전문가들이 게이츠 재단의 지원을 받아 볼티모어와 보스턴 그리고 시애틀에서 실시한 연구 덕분에 마침내 그 결과를 측정해낼 수 있었다. 그 연구는 21세기의 두 번째 10년 동안, 이른바 '백신의 10년' 동안 약 100곳의 저소득 및 중소득 국가를 대상으로 백신 접종 보급에 따른 투자 수익을 계산해내는 데 초점을 맞추었다.

편익-비용 분석을 위해 한쪽에는 백신을 제조·공급·운송하는 데 소요되는 비용을 두었고, 맞은편에는 발병과 사망을 피함으로써 얻는 수익 추정값을 두었다. 그러자 백신 접종에 1달러를 투자할 때마다 질병과 사망에 따른 의료 비용과 노동력 상실 및 생산성 저하를 예방함으로써 16달러를 절약할 수 있는 것으로 예측되었다.

게다가 질병 비용을 제한적으로 계산하지 않고 경제적 편익을 폭넓게 해석하면, 순 편익-비용 비율이 2배나 더 높아지는 것으로 나타났다. 불확실성 범위를 27에서 67로 확대하면 편익-비용 비율이 44배에 달했다. 홍역 예방의 투자 수익이

58배로 가장 높았다.

게이츠 재단은 최대 외부 기부자인 워런 버핏Warren Buffett에게 편지로 44배의 편익 결과를 알려주었다. 버핏도 엄청난 투자 수익에 틀림없이 놀랐을 것이다.

하지만 아직 가야 할 길은 멀다. 고소득 국가에서도 수 세대의 시간이 지난 지금에야 기본적인 백신 접종이 거의 보편화해 그 보급률이 약 96퍼센트에 이른다. 저소득 국가에서는 그동안 크게 약진한 결과, 보급률이 2000년 겨우 50퍼센트에서 2016년에는 80퍼센트까지 올라갔다.

전염병의 위협을 완전히 근절하기는 무척 어려운 듯하다. 소아마비는 이런 어려움을 가장 선명하게 보여주는 사례일 것이다. 1985년 전 세계적으로 소아마비 감염률은 약 40만 건이었는데, 2000년경에는 100건 이하로 떨어졌다. 그렇지만 2016년에도 나이지리아 북부, 아프가니스탄과 파키스탄처럼 폭력 사태가 빈번한 곳을 중심으로 여전히 37건이 보고되었다. 게다가 최근 등장한 에볼라 바이러스, 지카 바이러스, 코로나 바이러스에서 보듯 새로운 전염병은 언제라도 발생할 수 있다. 결국 백신이 그러한 질병을 통제하는 최선의 방법이다.

4

팬데믹이 유행할 때 얼마나 고약한 전염병인지 예측하기 어려운 이유

나는 이 글을 2020년 3월 말에 썼다. 코로나19 팬데믹이 유럽과 북아메리카 전역에서 급격히 확산하고 있을 때였다. 자칫하면 이 꼭지 자체가 무용지물이 될 염려가 있는 까닭에 나는 선불리 그 결과를 예측하지 않고, 그처럼 긴장된 상황에서 통계자료를 판단하고 해석하는 일을 항상 어렵게 만드는 불확실성을 설명하는 데 만족하기로 했다.

바이러스에 의한 범세계적 유행병, 즉 팬데믹이 초래한 두려움은 상대적으로 높은 사망률 때문이다. 그러나 전염병이 확산하는 도중에는 사망률을 정확히 집어내는 게 불가능하고, 심지어 팬데믹이 끝난 후에도 사망률을 정확히 계산하기는 쉽지 않다. 전염병학에서 가장 흔히 사용하는 접근법은 치사율을 계산하는 것이다. 치사율은 어떤 바이러스와 관련해 사망한 것으로 확인된 사례를 발병 사례의 수로 나눈 값이다. 분자를 차지하는 '사망 원인을 명기한 사망 진단서'는 명확하고, 대부분의 국가에서 발표하는 수치도 상당히 믿을 만하다. 그러나 분모에 불확실한 요소가 대거 끼어든다. 어떤 '사례'를 말하는 것일까? 검사실에서 확인한 감염만을 뜻하는가, 검사받지 않았지만 유사한 증상을 보인 사람까지 포함한 모든 사례를 뜻하는가? 아니면 무증상 사례까지 포함해 모든 감염 사례를 뜻하는가? 검사받은 사례만을 분모로 취한다면 정확도는 높아질 것이다. 하지만 그러려면 팬데믹 후에 국민을 대상으로 혈액에서 항체를 찾아내는 혈청 테스트를 실시하거나, 과거에 유행한 팬데믹을 근거로 개발한 여러 확산 방정식을 사용하거나, 가장 가능성 높은 승수[감염된 사람의 수(x)에 대한 실제로 사망한 사람 수(y)]를 가정함으로써 총감염자 수를 예측해보아야 한다.

2009년 세계적으로 유행한 인플루엔자 팬데믹, 즉 신종 플루는 2009년 1월 미국에서 시작되어 2010년 8월까지 일부 지역에서 끈질기게 이어졌고, 결국에는 새롭게 조합된 변종 H_1N_1 바이러스가 생겨나는 원인이 되기도 했다. 이 신종 플루의 치사율을 자세히 연구한 보고서를 보면 불확실성의 범위가 분명

2009년 신종 플루의 10만 명당 사망자 수

분모의 규모에 따라 사망자 수가 달라진다

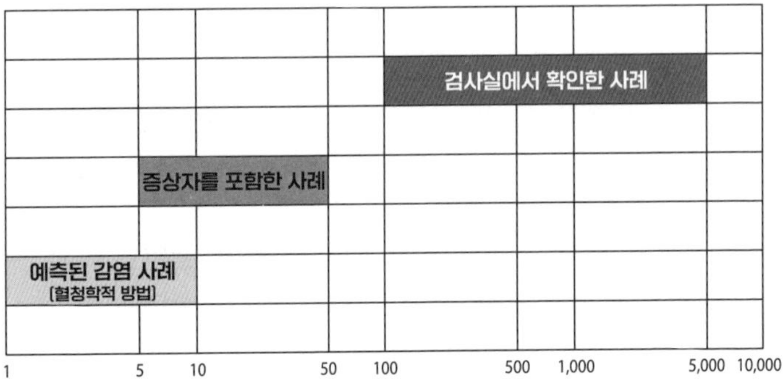

하게 드러난다. 분자에는 확인된 사망자만 있지만, 분모에는 세 가지 유형의 사례—검사실에서 확인한 사례, 증상자를 포함한 사례, 예측된 감염 사례(무증상 감염이 있을 것이란 전제하에 항체가 형성되었는지 검사하는 혈청 테스트에 근거한 예측)—가 있다. 이런 결과에 따른 차이는 10만 명당 사망자 수가 1명 미만부터 1만 명 이상까지 무척 컸다.

예측한 대로, 검사실에서 확인한 사례만을 분모로 선택하면 치사율이 가장 높아 10만 명당 사망자 수가 대체로 100명에서 5,000명에 달했다. 한편 증상을 보인 사람까지 포함한 사례를 분모로 선택하면 사망자 수가 5~50명, 예측된 감염 사례를 분모에 놓으면 사망자 수가 1~10명으로 줄어들었다. 따라서 양극단에 있는 방법은 치사율에서 최대 500배나 차이를 보였다!

2020년 코로나바이러스, 즉 제2형 중증급성호흡기증후군 코로나바이러스Severe Acute Respiratory Syndrome-Coronavirus 2, SARS-CoV-2에 의한 감염증인 코로나19가 확산하고 있는 지금도 우리는 동일한 불확실성과 씨름해야 한다. 예컨대 2020년 3월 20일 중국이 공식적으로 발표한 통계자료에 따르면, 팬데믹의 진원지로 최악의 상황은 그런대로 벗어난 듯한 우한에서의 발병 사례는 5만 6건이었고, 사망자는 2,547명이었다. 이 의심스러운 자료를 객관적으로 확인할 방법은 없다. 중국이 4월 17일 발표한 자료에 따르면, 사망자 수는 50퍼센트나 증가해 3,869명이지만, 감염자는 고작 325명만 늘었기 때문이다. 처음 발표한 자료에서는 치사율이 5퍼센트인데, 두 번째 자료에 따르면 치사율이 7.7퍼센트이다. 정확한 수치를 알아내는 것은 거의 불가능하다. 여하튼 분모로 검사실에서 확인한 사례나 증상이 있어 검사를 받고 확인한 사례만 선택한 것은 분명한 듯하다. 우한의 인구가 1,110만 명이란 사실을 고려하면, 5만 건의 사례는 인구의 0.5퍼센트만이 감염되었다는 뜻이다. 매년 유행하는 독감에 걸리는 사람 수에 비교하면 턱없이 적은 수치이다.

전체 감염자 수를 알지 못하더라도 인구통계학적 관점으로 접근해 1,000명당 특정한 원인에 의한 사망자 수를 계산하고, 이를 매년 독감에 의한 사망자 수와 비교하면 더 나은 통찰을 얻을 수 있을 것이다. 우한에서 코로나19에 의한 최악의 상황이 끝났고 그들의 공식 발표가 현실을 반영한다고 가정할 때 약 3,900명이란 사망자는 코로나19 팬데믹의 사망률이 0.35/1,000라는 뜻이다. 미국 질병통제예방센터Centers for Disease Control and Prevention, CDC는 2019~2020년 계절성 독감에 미국 총인구 3억 3,000만 명 중 3,800만~5,400만 명이 감염되고 적게는 2만 3,000명, 많게는 5만 9,000명이 사망할 것으로 내다보았다. 평균값을 선택해 4,600만 명이 감염되고 4,100명이 사망한다고 계산하면, 약 14퍼센트의 미국인이 감염되고 감염자 중 약 0.09퍼센트가 사망(치사율)한다는 뜻이다. 2020년 4월 중순 우한의 코로나19 팬데믹 사망률 0.35/1,000와 비교하면, 2019~2020년 계절성 독감에 따른 전체 사망률은 0.12/1,000이다. 다시 말해 1만 명당 약 1명이 사망한다는 뜻이다. 따라서 우한의 코로나19 사망률은 계절성 독감의 사망률보다 3배가량 높다. 그렇다면 관심을 가져야 하는 것은 분명하지만 공포에 사로잡혀 허둥지둥할 문제는 결코 아닌 것이다.

모든 팬데믹이 그렇듯 코로나19가 얼마나 고약한 전염병인지 정확히 파악하려면 팬데믹이 종식될 때까지 기다려야 할 것이다. 그때서야 우리는 정확한 수를 추적할 수 있다. 비록 국가별로나 범세계적으로나 감염자 총수를 결코 알 수 없기 때문에 최적의 추정치를 제시하는 데 그치겠지만 말이다. 어쨌든 그래야 그 결과에서 얻은 치사율을 비교할 수 있다. 그 수치는 2009년 신종 플루 팬데믹의 수치와 크게 다르지 않을 수도 있다.

여기서 대수학의 기본을 다시금 확인할 수 있다. 분자를 정확히 알더라도 분모를 확실하게 모르면 정확한 비율을 계산해낼 수 없다! 불확실한 것들이 향후에도 결코 완전히 해소되지 않겠지만, 독자들이 이 책을 읽을 때쯤에는 이 글을 쓸 때보다 코로나19 팬데믹의 전염력과 사망률이 훨씬 많이 밝혀질 것이다. 결과가 어떠하든 이 책을 계속 읽어가길 바란다.

5

평균 신장이 점점 커진다

Numbers Don't Lie

인간 조건에 대한 많은 연구가 그러하듯 신장에 대한 연구도 18세기 프랑스에서 시작되었다. 정확히 말하면 필리베르 게노 드 몽베야르Philibert Guéneau de Montbeillard(1720~1785)가 1759년부터 1777년까지, 즉 자신의 아들이 탄생한 때부터 18세가 될 때까지 아들의 키를 6개월마다 측정했고, 뷔퐁 백작 조르주루이 르클레르Georges-Louis Leclerc, Comte de Buffon(1707~1788)가 그의 유명한 《박물지Histoire Naturelle》 1777년 증보판에 그 소년의 신장 측정표를 실었다. 그런데 몽베야르의 아들은 또래에 비해 큰 편이었던지 10대 후반에 요즘 네덜란드인의 평균 신장에 가까웠다. 신장을 비롯해 어린이와 청소년의 성장과 관련한 체계적 자료는 에두아르 말레Édouard Mallet(1805~1856)와 아돌프 케틀레Adolphe Quetelet(1796~1874)의 노력으로 1830년대에 대규모로 갖추어졌다.

그 이후 연령별로 예측되는 신장의 변화, 신장과 체중의 관계, 영양과 유전이 신장에 미치는 영향, 급성장과 관련한 성별의 차이 등 모든 측면에서 인간의 신장이 연구되었다. 그 결과 연령별로 신장과 체중을 예측할 수 있게 되었고, 그 예측은 무척 정확한 편이다. 따라서 미국에서 젊은 엄마가 93센티미터의 두 살배기 아들을 데리고 소아과 의사를 찾아가면, 아들이 또래의 90퍼센트보다 키가 크다는 말을 의사에게 들을 것이다.

장기적 관점에서 신장의 변화를 측정하고 그 결과를 다른 국가들과 국제적으로 비교하는 데 관심 있는 사람에게, 신체 성장을 체계적으로 연구한 최적의 결과물은 평균 신장의 변화를 추적한 역사 기록이다. 발육 부진stunting(어린 나이에 키가 크지 않는 불충분한 성장)은 많은 빈곤국에서 여전히 흔한 현상이지만, 중국에서 빠르게 개선이 이루어진 덕분에 세계적 차원에서는 1990년 약 40퍼센트에서 2020년에는 약 22퍼센트로 크게 줄어들었다. 따라서 키가 점점 커지는 현상은 20세기의 범세계적 추세였다.

더 나아진 건강관리와 영양 공급, 특히 양질의 동물성 단백질(우유와 유제품, 육고기와 달걀)을 더 많이 섭취함으로써 변화가 앞당겨졌다. 더 커진 키는 놀랍도록 많은 긍정적 요인과 관련이 있다. 흔히 말하는 것처럼 기대 수명뿐 아니라 심혈관 질환의 위험도와도 관련이 있다. 또 인지능력, 평생 소득, 사회적 지위가 높을수록 키도 컸다. 신장과 소득의 상관관계가 처음 자료로 제시된 것은 1915년인데, 그 이후로 인도 광부부터 스웨덴 최고 경영자까지 여러 집단에서 꾸준히 재확인되었다. 게다가 최근 연구에서는 더 많은 자산을 보유한 기업을 운영하는 최고 경영자일수록 상대적으로 신장이 더 크다는 사실이 입증되었다.

세계 인구를 대상으로 한 장기적 연구의 결과도 흥미롭기는 마찬가지이다. 산업화 이전 유럽에서 남성의 평균 신장은 169~171센티미터였고, 세계 평균은 약 167센티미터였다. 200개국에서 확보한 인류학적 자료를 분석하면, 20세기 들어 평균적으로 성인 여성은 8.3센티미터, 성인 남성은 8.8센티미터가 커졌다. 유럽과 북아메리카에서도 모든 국가의 평균 신장이 커졌지만, 한국 여성은 평균 신장이 무려 20.2센티미터나 커지며 20세기 여성 중 최고의 증가율을 기록했고, 이란 남성은 16.5센티미터로 세계 남성 중 정상을 차지했다. 1900년부터 5~24세의 서로 다른 남녀 12개 연령 집단을 조사한 일본의 자료는 신체적 성장이 영양 공급과 어떤 관계가 있는지 잘 보여준다. 1900년부터 1940년까지 10세 남성의 평균 신장은 연간 0.15센티미터 커졌다. 그러나 전쟁으로 식량 공급이 부족해

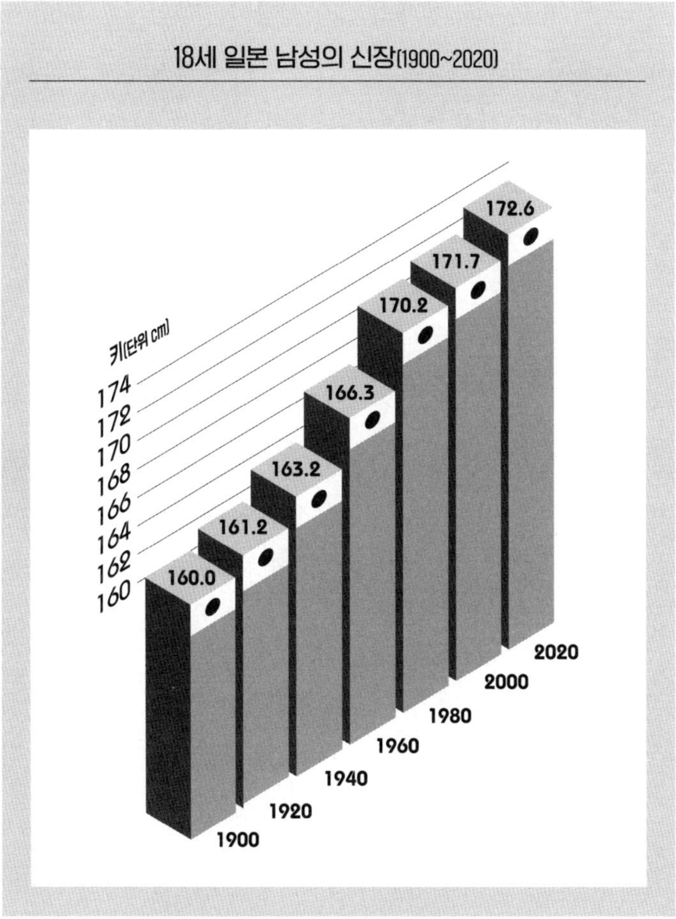

18세 일본 남성의 신장(1900~2020)

지자 연간 0.6센티미터 줄어들었다. 1949년에야 평균 신장이 다시 올라가기 시작했고, 20세기 후반기에는 연간 평균 0.25센티미터씩 성장했다. 중국의 경우도 유사했다. 세계적 대기근

(1959~1961)으로 중국 전체의 신장 성장이 멈추었지만, 주요 도시의 남성은 평균 신장이 20세기 후반기 동안 연간 1.3센티미터가량 커졌다. 한편 인도와 나이지리아에서는 20세기 후반기에도 평균 신장이 눈곱만큼 늘었고, 에티오피아에서는 변화가 없었으며, 방글라데시에서는 오히려 약간 줄었다.

어느 나라 국민의 키가 가장 클까? 남성의 경우, 기록 보유국은 네덜란드·벨기에·에스토니아·라트비아·덴마크이다. 여성의 경우에는 라트비아·네덜란드·에스토니아·체코공화국·세르비아이다. 신장이 가장 큰 또래 집단은 20세기 사사분기 동안 태어난 네덜란드인이다. 일본에서나 네덜란드에서나 우유가 성장을 좌우한 핵심 요인이었다. 제2차 세계대전 전까지 네덜란드 남성은 미국 남성보다 작았다. 그러나 1950년 이후 우유 소비량이 미국에서는 감소한 반면, 네덜란드에서는 1960년대까지 증가했고 지금도 미국보다 많다. 여기에서 얻을 수 있는 교훈은 명백하다. 어린아이의 키를 키우는 가장 쉬운 방법은 더 많은 우유를 마시게 하는 것이다.

6

기대 수명이 마침내 정점에 이른 것일까?

Numbers Don't Lie

구글의 수석 미래학자 레이 커즈와일Ray Kurzweil은 우리에게 2029년까지만 꾸역꾸역 버틸 수 있으면 의학의 발전으로 "당신의 기대 수명에 매년 1년씩 더할 수 있을 것이다. 내가 여기서 말하는 기대 수명은 당신의 출생일에 근거한 기대 수명이 아니라, 그 시점에 남은 기대 수명을 가리킨다"라고 말했다. 호기심 있는 독자라면 이런 변화가 세계 인구의 증가에 어떤 영향을 미칠지 계산해보고 싶겠지만, 여기서 나는 영생永生의 가능성을 간략히 검토하는 것으로 만족하려 한다.

1850년 남성과 여성의 복합 기대 수명은 미국, 캐나다, 일

국가별 기대 수명

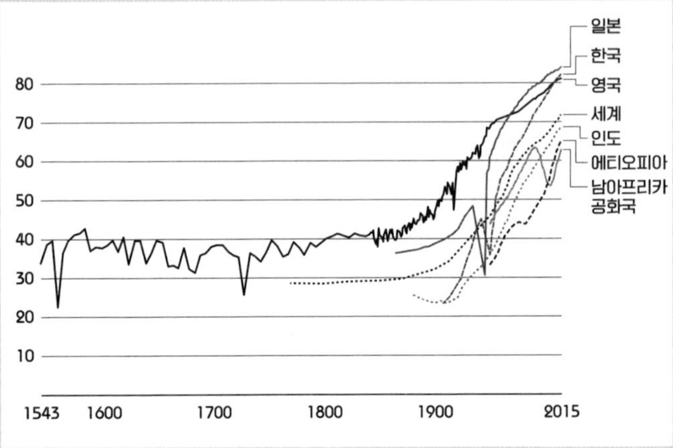

본 그리고 유럽 대다수 국가에서 40세가량이었다. 그 이후 기대 수명은 꾸준히 인상적으로 증가해 이제는 거의 2배로 올라섰다. 모든 국가에서 여성이 더 장수하며, 현재 최대 평균수명국은 여성이 87세를 넘긴 일본이다.

1950년부터 2000년까지 부유한 국가에서 노인의 기대 수명이 연간 약 34일씩 증가한 것을 고려하면, 이런 추세는 앞으로도 수십 년 동안 계속될 것으로 보인다. 그러나 노화 과정에 변화를 주는 근본적 발견이 없다면, 장수를 향한 추세는 결국 약화해 종국에는 꺾이고 말 것이다. 일본 여성의 기대 수명을 장기적으로 추적해보면 1990년 81.91세에서 2017년 87.26세로 증가하며 대칭형 로지스틱 곡선logistic curve을 이룬다. 따라서 약 90세부터 시작되는 점근선에 이미 가까이 접근한 셈이다. 다른 부유한 국가들의 궤적도 최고점에 다가가고 있는 중이다. 20세기의 자료를 분석하면, 평균수명의 증가는 뚜렷이 두 기간으로 나뉜다. 즉 1950년까지 전반기에는 20세가량 평균수명이 빠른 속도로 늘다가 그 후에는 증가 속도가 늦추어진다.

우리가 인간 수명의 한계에 아직 훨씬 미치지 못하고 있다면, 최대 생존 이득survival gain은 최고령층에서 기록되어야 할 것이다. 다시 말하면 81~85세의 노인들이 70~75세의 사람들보다 더 많은 이득을 보아야 한다는 뜻이다. 실제로 이런 결과는 1970년대부터 1990년대 초까지 프랑스, 일본, 미국, 영국에서 실시한 사례 연구에서 확인되었다. 하지만 그 이후의 연령에서 생존 이득은 변화가 없었다.

수명에 특별히 유전적으로 프로그램된 한계는 없는 듯하다. 달리는 속도에 한계를 두는 특별한 유전적 프로그램이 없는 것과 크게 다를 바 없다(7장 참조). 그러나 수명은 환경과 유전자의 상호작용에 영향을 받는 신체적 특징이다. 유전자는 그 자체로 생물물리학적 한계를 지니며 흡연과 같은 환경도 영향을 미친다.

세계 최장수 기록은 1997년 사망한 프랑스 여성 잔 칼망

Jeanne Calment(1875~1997)이 세운 122세이다. 이상하게도 20년 이상 지난 지금까지 그녀가 여전히 최장수자이고, 두 번째 장수자와도 상당한 격차가 있다. 그 격차가 의심스러울 정도로 커서 그녀의 연령과 신분 자체가 의심받는 실정이다. 여하튼 두 번째 슈퍼센티네리언supercentenarian(110년 넘게 생존한 사람)은 1999년 119세에 사망했다. 그때 이후로 117세를 넘겨 생존한 사람은 지금껏 없었다.

당신의 조상이 장수한 까닭에 당신도 100세까지 생존할 가능성이 높다고 생각한다면, 수명의 추정 유전력은 15~30퍼센트로 그다지 높지 않다는 걸 알아야 한다. 우리가 자신과 유사한 사람과 결혼하는 경향을 띤다는 사실, 즉 동류 교배assortative mating로 알려진 현상을 고려하면 장수의 유전 가능성은 그보다 훨씬 낮을 가능성이 크다.

물론 모든 복잡한 문제가 그렇듯 통계분석은 항상 다른 식으로 해석할 여지가 있다. 레이 커즈와일은 과학의 획기적 발전이 그를 영원히 지켜주기 전까지 식이요법을 비롯한 다양한 비결이 자신의 생명을 연장해줄 수 있길 바란다. 영생을 가능하게 할 방법에 대해서는 이런저런 아이디어가 있다. 예컨대 인간 세포의 말단소체telomere(염색체의 끝부분에 있고, 시간이 지남에 따라 소모되는 뉴클레오타이드 배열)를 연장함으로써 세포를 다시 젊게 만드는 방법도 그중 하나이다. 이 방법이 효과가 있으면 인간의 수명은 현실적인 최대치로 125세 훨씬 너머까지 늘어날 수 있을 것이다.

그러나 현재로서 내가 지나치게 시대를 앞서가는 독자를 제외한 모두에게 줄 수 있는 최상의 조언은 미리 장래를 계획하라는 것이다. 물론 22세기까지 먼 훗날을 내다보며 계획할 필요는 없다.

7

땀과 사냥의 관계

Numbers Don't Lie

수만 년 전 아프리카, 먼 거리를 날아가는 무기를 개발하기 이전에 우리 조상들이 고기를 확보하는 방법은 두 가지밖에 없었다. 하나는 힘센 짐승이 남긴 먹이를 찾아다니는 것이고, 다른 하나는 스스로 먹잇감을 찾아내 추적하는 것이었다. 인간이 이런 생태적 지위에서 두 번째 위치를 차지할 수 있었던 이유는 부분적으로 이족보행bipedalism이 지닌 두 가지 큰 이점 덕분이었다.

첫 번째 이점은 호흡하는 방법에 있다. 네발짐승은 앞발로 충격을 흡수해야 하기 때문에 운동 주기당 호흡을 한 번밖에

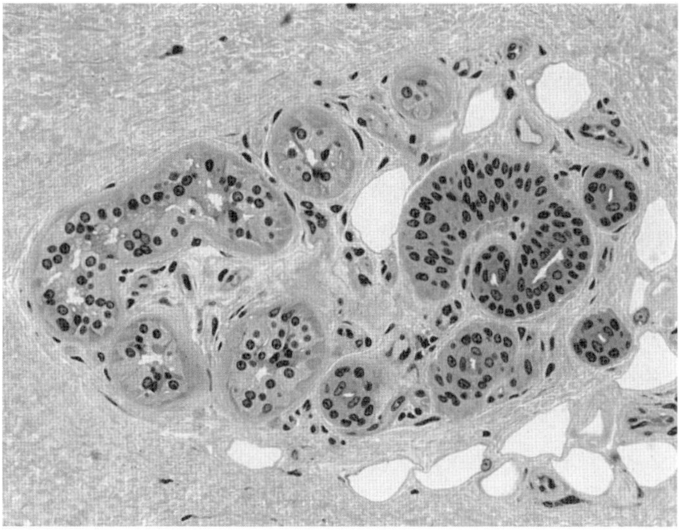

현미경으로 본 에크린샘(일종의 땀샘)의 단면.

할 수 없다. 하지만 인간은 호흡 방법을 조절할 수 있고, 그 때문에 에너지를 한층 융통성 있게 사용할 수 있다. 두 번째 이점은 체온을 조절하는 탁월한 능력에 있는데, 이러한 이점이 앞의 것에 비해 훨씬 더 크다. 여하튼 이런 능력 덕분에 우리는 사자도 못 하는 일을 해낼 수 있다. 예컨대 뙤약볕이 내리쬐는 한낮에도 오랫동안 힘껏 달릴 수 있다.

두 가지 이점은 발한發汗, 즉 땀이 분비되는 현상으로 나타난다. 몸집이 커서 우리가 짐을 옮길 때 주로 이용한 두 동물, 말과 낙타는 다른 네발짐승에 비교하면 땀을 많이 흘린다. 말은 1시간에 1제곱미터의 피부를 통해 약 100그램의 수분을 배출하고, 낙타는 250그램까지 배출한다. 그런데 인간은 제곱미터당 500그램을 쉽게 흘릴 수 있다. 그 정도의 땀은 550~660와트 상당의 열을 식히기에 충분한 수준이다. 시간당 최고 발한율은 제곱미터당 2킬로그램을 넘길 수 있고, 지금까지 보고된 단기적인 최고 발한율은 그보다 2배나 높았다.

땀을 흘리는 데 인간보다 능숙한 동물은 없다. 특히 마라톤을 하려면 우리는 땀 흘리기의 챔피언이 되어야 할 필요가 있다. 느린 속도로 마라톤을 하는 아마추어는 보통 700~800와트의 비율로 에너지를 소비한다. 한편 42.195킬로미터를 2.5시간 안에 뛰는 노련한 마라톤 선수는 약 1,300와트의 비율로 대사작용을 한다.

우리는 땀을 흘리더라도 배출한 수분을 즉시 보충할 필요가 없다. 이것도 상당한 이점이다. 우리는 일시적 탈수 현상을 상당한 정도까지 견뎌낼 수 있다. 하루 남짓 안에 보충하면 그것으로 충분하다. 심지어 최고 마라톤 선수는 달리는 동안 시간당 약 200밀리리터밖에 마시지 않는다.

이런 이점이 복합된 결과, 우리 조상들은 낮에 활동하는 온혈 포식자로서 독보적 존재가 되었다. 물론 영양보다 빨리 달리지는 못했지만, 뜨거운 대낮에 끈질기게 뒤쫓으면 결국 영양이 먼저 지쳐 쓰러졌다.

그렇게 장거리를 추적했다는 문서 기록이 세 대륙에 남아 있다. 심지어 가장 빨리 달리는 네발짐승을 추적했다는 기록도 있다. 북아메리카에서는 멕시코 북서부의 타라우마라족Tarahumara이 사슴을 추적했고, 더 북쪽에서 파이우트족Paiute과 나바호족Navajo은 가지뿔영양이 기진맥진해 쓰러질 때까지 쫓아갔다. 한편 남아프리카에서는 칼라하리사막의 바사르와족Basarwa이 건기 동안 다양한 종류의 영양뿐 아니라 얼룩말까지 추적했다. 오스트레일리아에서는 몇몇 원주민 부족이 캥거루를 끈덕지게 뒤쫓았다.

당시 먹을 것을 쫓아 달리던 사냥꾼에게는 요즘 값비싼 운동화를 신고 달리는 사람들보다 유리한 점도 있었다. 그들은 맨발로 달린 까닭에 에너지 비용을 4퍼센트가량 줄일 수 있었고(오랜 시간을 달려야 했던 상황을 고려하면 4퍼센트도 결코 사소하지 않은 이점이다), 발목과 종아리에 급작스러운 부상이 발생할 가능성도 낮은 편이었다.

우리 인간은 가장 빠른 동물도, 가장 효율적인 동물도 아니다. 그러나 땀을 흘리는 남다른 능력을 지닌 덕분에 가장 끈질긴 동물인 것은 확실하다.

8

대피라미드를 짓는 데 얼마나 많은 사람을 동원했을까?

Numbers Don't Lie

쿠푸의 대피라미드가 완성된 이후 흘러온 시간(거의 4,600년)을 고려하면, 멀리서 피라미드가 반짝거리는 것처럼 보이게 해주던 매끄럽게 다듬은 흰 석회암 표면은 닳아 없어졌지만 구조물 자체는 거의 손상되지 않은 편이다. 따라서 대피라미드의 정확한 형태(기단이 정다각형인 다면체), 원래 높이(사라진 방첨탑, 즉 관석冠石을 포함하면 146.6미터), 용적(약 260만 세제곱미터)에 대해서는 논란의 여지가 없다.

하지만 피라미드를 어떻게 지었는지는 정확히 모른다. 어떤 설명에나 문제가 있기 때문이다. 하나의 긴 경사로를 건설

기자의 대피라미드들.

하는 데 엄청난 양의 건자재가 필요했을 테고, 돌을 조금 위로 올리기 위해 피라미드를 에워싼 경사로를 짓는 작업도 무척 어려웠을 것이다. 무려 200만 톤 넘는 돌을 들어 올려 지정된 위치에 끼워 맞춰야 했기 때문이다. 그러나 피라미드가 어떻게 세워졌는지 모른다고 해서 피라미드를 짓는 데 얼마나 많은 사람이 필요했는지 자신 있게 말할 수 없는 것은 아니다.

먼저 쿠푸 왕의 재임 기간, 즉 20년이란 시간 제약을 감안해야 한다. 쿠푸 왕은 기원전 2530년경 사망한 것으로 추정한다. 고대 그리스의 역사가 헤로도토스Herodotos는 쿠푸의 피라미드가 완성되고 2,100년 넘게 지난 뒤 이집트를 여행하며, 한 번에 10만 명 정도의 일꾼이 석 달씩 교대로 일했다는 말을 듣고 그 이야기를 그대로 옮겨놓았다. 한편 1974년 독일 태생의 영국 물리학자 커트 멘델스존Kurt Mendelssohn(1906~1980)은 피라미드 건설에 계절별로 7만 명의 노동자가 투입되었고, 1만 명의 석공이 상주했을 것이라고 주장했다. 그러나 이 수치는 지나치게 과장되었다. 철저하게 물리학적으로 계산하면 실제 수치에 가깝게 접근할 수 있다.

대피라미드의 위치에너지potential energy(물체를 지면 위로 올리는 데 필요한 에너지)는 약 2.4조 줄이다. 이 에너지양을 계산하는 것은 어렵지 않다. 중력가속도, 피라미드의 질량, 피라미드의 질량 중심(높이의 4분의 1)을 연산해 간단히 얻을 수 있기 때문이다. 질량은 피라미드를 짓는 데 사용한 투라산Tura産 석회암과 모르타르의 고유한 밀도에 따라 달라지기 때문에 정확히 알아낼 수 없지만, 세제곱미터당 평균 2.6톤으로 추정하면 총질량은 약 675만 톤이 된다.

우리는 음식에서 얻는 에너지의 약 20퍼센트를 노동력으로 전환할 수 있고, 중노동하는 사람에게는 하루에 약 440킬로줄의 음식 에너지가 필요하다. 그렇다면 돌을 올리는 데만 550만 일을 작업해야 했을 것이다(2.4조÷440,000). 달리 말하면 20년 동안 매년 27만 5,000일을 작업해야 했다는 뜻이므로, 약 900명이 연간 300일 동안 매일 10시간씩 일한 것이 된다. 또 점점 올라가는 구조물에 돌을 설치하고 표면을 매끄럽게 다듬는 데도 비슷한 수의 노동자가 필요했을 것이다(대부분 돌의 안쪽은 표면이 거칠다). 20년 동안 260만 세제곱미터의 돌을 잘라내기 위해 채석공이 연간 300일을 작업하고, 구리 끌과 조립현무암 망치를 사용해 1인당 0.25세제곱미터를 생산했다면, 그 작업에도 약 1,500명이 필요했을 것이다. 따라서 피라미드 건설에 투입된 노동자를 모두 합하면 약 3,300명이 된다. 설계자와 관리자와 감독관, 또 돌의 운송과 연장의 보수에 필요한 인원, 현장 노동자를 위해 의식주를 마련하고 유지하는 데 투입된 인원을 고려해 그 수를 2배로 잡더라도 총합은 7,000명을 넘지 않았을 것이다.

피라미드를 건설할 당시, 이집트의 총인구는 150만~160만 명이었다. 따라서 1만 명 이하의 노동력을 효율적으로 이용했다면 이집트 경제에 큰 부담을 주지 않았을 것이다. 문제는 돌을 원활하게 공급하는 계획을 세우고 현장 노동자에게 적절한 의식주를 공급하는 데 있었을 것이다. 노동력을 효과적으로 운영해 내부 구조물(특히 중앙 묘실과 거대한 회랑)에 필요한 화강암을 비롯해 피라미드를 짓는 데 필요한 돌을 기자로부터 약 800킬로미터나 떨어진 남이집트에서 배로 운반해야 했기 때문이다.

1990년대에 고고학자들은 노동자들의 공동묘지뿐 아니라 정착지의 터를 발굴했다. 그 터는 쿠푸의 대피라미드 이후 역시 기자에 세워진 두 피라미드의 건설에 동원된 일꾼들의 숙소를 짓는 데 사용한 것으로, 현장 노동자가 2만 명을 넘지 않았다는 증거로 여겨진다. 쿠푸의 아들 카프레 왕을 위한 피라미드 건설은 기원전 2520년에 시작했고, 멘카우레 왕의 피라미드는 기원전 2490년에 시작했다. 2개의 피라미드를 추가로 건설하는 작업이 신속하게 이어졌다는 사실은, 그 거대한 구조물의 건립이 이집트 고왕국의 건축가와 관리자 그리고 노동자에게 새로운 사업이 되었을 정도로 상당한 수준에 올라섰다는 명백한 증거일 수 있다.

9

실업률 수치가 모든 것을 말해주지 못하는 이유

Numbers Don't Lie

경제와 관련한 많은 통계자료는 신뢰할 수 없기로 악명이 높다. 그 이유는 측정에 포함되는 요소 및 배제되는 요소와 대체로 관련이 있다. GDP가 좋은 예인데, 대기오염, 수질오염, 토양침식, 생물 다양성의 손실, 기후변화에 의한 영향 같은 핵심적 환경 요인을 배제한 채 측정하기 때문이다.

실업률 측정도 일종의 배제 작업이다. 미국의 경제 소식을 무심코 받아들이는 시민은 2019년 12월 기준 미국의 총실업률이 3.5퍼센트라는 공식 수치에만 익숙할 것이다. 그러나 그 수치는 미국 노동통계국이 노동 저활용labour underutilization을 계량화

대공황 당시 식량 배급을 받기 위해 줄을 길게 늘어선 실업자들.

하기 위해 사용하는 여섯 가지 방법 중 하나에 불과하다.

2019년 12월을 기준으로 실업과 관련한 수치를 오름차순으로 정리해보자. 15주 이상 실업 상태에 있던 사람이 민간 경제활동인구civilian labor force에서 차지하는 비율은 1.2퍼센트였다. 일자리를 잃거나 임시직을 끝낸 사람은 1.6퍼센트였다. 민간 경제활동인구 대비 총실업률, 즉 공식적으로 발표되는 실업률은 3.5퍼센트였다. 총실업자에 더는 일자리를 구하지 않는 구직 단념자discouraged worker를 더하면 민간 경제활동인구에서 차지하는 비율은 3.7퍼센트가 된다. 여기에 경계 노동자marginally attached worker(임시직이나 간헐적 노동에 종사하는 사람)까지 포함하면 총실업률은 4.2퍼센트이다. 끝으로 여기에 경제적 이유로, 혹은 상근직으로 일하는 걸 좋아하지 않아 시간제로만 일하는 사람을 포함하면 총실업률은 6.7퍼센트가 된다. 이런 여섯 가지 측정 방법의 결과는 편차가 상당히 크다. 공식적인 실업률(U-3)은 실업을 가장 폭넓게 규정한 경우의 비율(U-6)에 비교하면 절반에 불과하고, U-6는 가장 협소하게 규정한 경우의 비율(U-1)보다 5배 이상 높았다.

당신이 일자리를 잃어도 새로운 일자리를 계속 구하려는 경우에만 실업자로 계산된다. 그러지 않으면 당신은 결코 실업자에 속하지 않는다. 이런 이유 때문에 '실제' 실업률에 더 가까운 수치를 찾아내려면 경제활동 참가율labor force participation rate(노동가능 인구 중 취업자와 적극적으로 일자리를 구하는 사람이 차지하는 비율)을 살펴봐야 한다. 1950년 미국의 경제활동 참가율은 약 59퍼센트에 불과했다. 그 이후 반세기 동안 대체로 꾸준히 상승하며 2000년 봄에는 67.3퍼센트로 최고점을 찍었다. 그 뒤로는 하락하기 시작해 2005년 가을에 62.5퍼센트까지 떨어졌지만, 느릿하나마 다시 상승세로 돌아서서 2019년 말에는 63.2퍼센트까지 올라갔다. 물론 연령 집단 사이에도 상당한 차이가 있다. 예컨대 35세부터 44세 사이의 남성 집단의 경제활동 참가율이 가장 높아 약 90퍼센트에 이른다.

유럽의 실업률 수치에서는 실업률을 해당 국가의 사회구조나 국민의 개인적 만족도와 결부시키는 게 무척 어렵다는 사실이 여실히 드러난다. 예컨대 체코공화국의 실업률은 2퍼센트를 약간 넘어 유럽에서 가장 낮다. 반면 스페인에서는 오래전부터 높은 실업률이 계속되고 있다. 총인구 대비 실업률이 2013년 26퍼센트, 2019년 말에는 14퍼센트를 넘었다. 특히 스페인 청년층의 실업률은 약간 떨어졌음에도 불구하고 2019년 약 33퍼센트였다. 33퍼센트라는 수치는 노동시장에 들어가려는 연령층에게 우울한 현실임이 분명하다. 하지만 체코공화국의 행복 점수happiness score(10장 참조)는 스페인보다 겨우 8퍼센트 높을 뿐이다. 체코공화국의 자살률은 10만 명당 8명을 넘어 스페인의 3배이다. 강도 사건이 프라하보다 바르셀로나에서 더 많은 것은 사실이지만, 스페인의 평균값은 영국의 평균값보다 약간 높은 수준이다. 그러나 실업률에서 영국은 스페인의 4분의 1에 불과하다.

고용과 실업이라는 복잡한 현실을 이것저것 합한 수치로 요약할 수 없다는 것은 분명하다. 공식적으로 실업 상태인 사람 중에는 다수가 가족의 지원이나 실업 급여를 받아 그럭저럭 견뎌낸다. 한편 정직원으로 고용된 사람 중에는 자신의 운명을 한탄하면서도 직장을 쉽게 혹은 전혀 바꾸지 못하는 경우가 많다. 개인 능력 탓도 있지만 가족을 부양해야 한다는 의무감도 적지 않기 때문이다. 요컨대 수치는 거짓말하지 않지만, 그 수치에 대한 개인의 인식은 다를 수 있다.

10

우리는 무엇으로 행복한가?

Numbers Don't Lie

어떤 사회가 다른 사회보다 더 행복하다고 생각하는지 알아낼 수 있다면, 이 질문에 대답하는 데 도움이 될 것이다. 2012년 이후로 유엔 지속가능발전 해법 네트워크United Nations Sustainable Development Solutions Network가 매년 발표하는 〈세계 행복 보고서World Happiness Report〉를 참조하면, 이 질문에 쉽게 대답할 수 있다. 2016~2018년의 자료와 조사를 요약한 2019년 보고서에서는 핀란드가 두 번 연이어 세계에서 가장 행복한 나라로 선정되었고 덴마크, 노르웨이, 아이슬란드가 그 뒤를 이었다. 네덜란드와 스위스 바로 다음은 스웨덴이었다. 달리 말하면 북유럽 국가들이 상위 7개국 중 다섯 자리를 차지한 셈이다. 여기에 뉴질랜드, 캐나다, 오스트리아가 상위 10개국 안에 들었다. 20위권은 11위 오스트레일리아부터 20위 체코공화국까지였다. 영국은 15위, 독일은 17위, 미국은 19위로 아슬아슬하게 20위권에 들었다.

여기까지가 언론에서 흔히 보도하는 내용이다. 항상 행복한 북유럽 국가들을 칭찬하며 미국은 부가 공평하게 분배되지 않아 돈으로도 행복을 살 수 없다고 지적한다. 그런데 각국의 행복 점수가 실질적으로 어떻게 매겨지는지는 거의 보도하지 않는다. 행복 점수는 1인당 GDP, 사회적 지지social support(곤란한 상태에 있는 사람에게 믿을 만한 친척이나 친구가 있느냐 없느냐로 결정), 건강한 기대 수명(건강과 관련한 100가지 요인에 대한 세계보건기구의 평가를 반영), 선택의 자유("당신이 삶의 과정에서 행하는 일을 선택하는 자유에 만족하십니까?"라는 질문에 대한 대답으로 점수화), 관용("당신은 지난달 자선 기관에 돈을 기부한 적이 있습니까?"), 부패에 대한 인식(정부 전체와 기업 활동에서) 등 여섯 가지 요인을 기초로 산정한다.

모든 점수가 그렇듯 행복 점수를 계산할 때도 여러 요인을 고려한다. 하지만 미국달러로 환산한 GDP는 지독히 미심쩍은 지표이고, 선택의 자유에 대한 인식은 서로 다른 문화권 사이에서 쉽게 비교할 수 없다. 그나마 건강한 기대 수명에 대한 점수가 객관적이고 명확한 변수를 기준으로 매겨진다. 따라서 이

국가별 행복 점수(2016~2018)

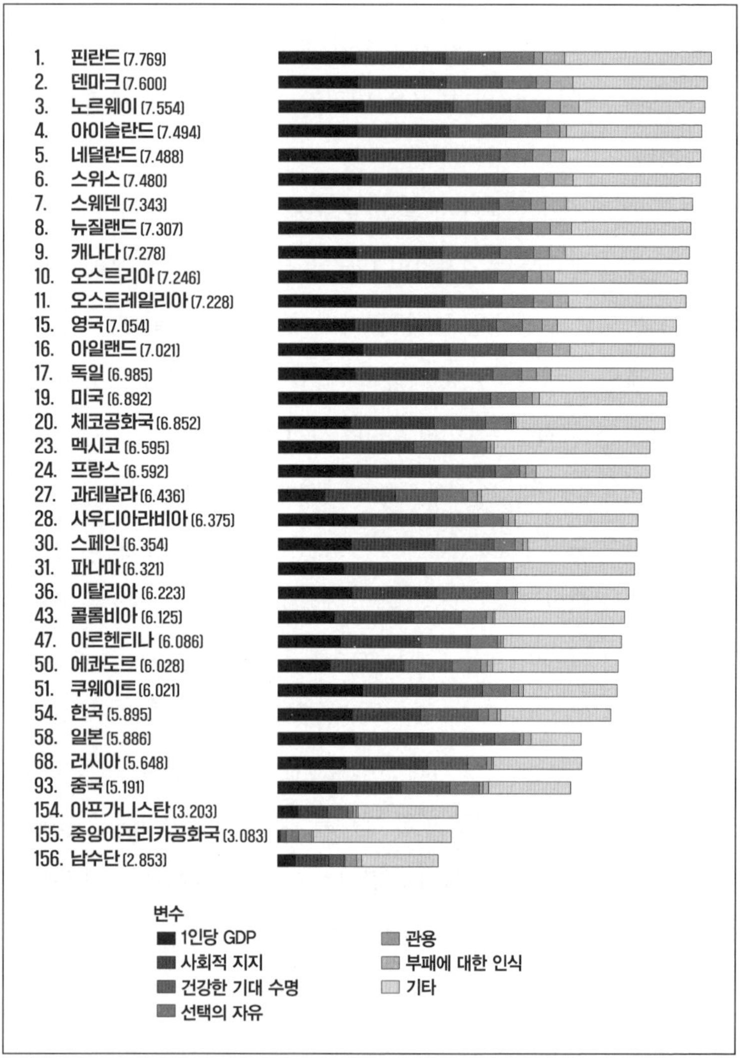

런 요인을 뒤섞어 결정한 순위에 의심을 품을 수밖에 없다. 특히 언론에서 결코 보도하지 않는 것, 즉 각국이 실제로 확보한 점수(소수점 세 자리까지 정확히!)를 자세히 뜯어보면 그 의심이 더욱 굳어진다. 우연의 일치로, 2019년 나는 세계에서 가장 행복한 세 국가 모두에서 강연할 기회가 있었다. 그러나 핀란드 사람들(7.769)이 덴마크 사람들(7.600)보다 2.2퍼센트(0.169÷7.600)만큼 더 행복하고, 덴마크 사람들이 노르웨이 사람보다 0.6퍼센트만큼 더 행복하다는 걸 전혀 눈치챌 수 없었다. 이런 비교 자체가 불합리하다. 행복 점수가 아홉 번째로 높은 캐나다도 핀란드에 비교하면 고작 6.3퍼센트 낮을 뿐이다. 행복 점수를 결정할 때 반영하는 요인들에 내재된 불확실성, 그리고 가중치를 두지 않고 각 요인의 점수를 단순히 더하는 데 그친다는 사실을 고려하면 점수를 가까운 쪽으로 반올림하거나 반내림하는 게 더 정확하고 더 정직한 것 아닐까? 아니면 아예 순위를 정하지 않고 어떠어떠한 10개국이나 20개국이 최상위에 있다고 말하는 것으로 그치는 게 더 낫지 않을까?

게다가 행복과 자살 사이에는 특별한 상관관계가 없다. 특히 행복과 자살이란 두 요인을 유럽 국가들에 적용하면 아무런 관계도 찾아낼 수 없다. 실제로 행복 점수가 최상위권에 있는 몇몇 국가는 자살률이 상대적으로 높고, 행복 점수가 낮은 몇몇 국가에서는 자살 빈도가 무척 낮다.

그러나 북유럽인과 부자를 제외할 때 무엇이 사람을 행복하게 해주는 것일까? 행복 점수의 순위가 어울리지 않는 듯한 국가들에서 흥미로운 단서를 찾을 수 있다. 점수를 매긴 156개국 중 아프가니스탄, 중앙아프리카공화국, 남수단이 끝에서 세 자리를 차지한 것은 안타깝지만 예상을 벗어나는 순위는 아니다. 오랜 내전이 그들을 파국으로 몰아넣지 않았던가. 그런데 폭행률과 살인율이 턱없이 높고 마약에 의존하는 국가로 알려진 멕시코가 23위로 프랑스를 앞섰다. 과테말라가 사우디아라비아를 앞섰고, 파나마가 이탈리아를 앞섰다. 콜롬비아가 쿠웨이트보다, 아르헨티나가 일본보다, 에콰도르가 한국보다 행복하다. 이렇게 제시한 비교에는 눈에 띄는 분명한 패턴이 있다. 뒤에 놓인 국가가 더 부유하고, 더 안정적이며, 덜 폭력적이다. 한마디로 앞쪽의 국가보다 훨씬 편안한 삶을 제공하는 국가이다. 한편 앞에 놓인 국가들의 공통점은 명백하다. 상대적으로 가난하고 혼란스러우며 폭력적인 동시에 모두가 과거 스페인 식민지였고, 그 때문에 가톨릭 신자가 압도적으로 많다. 그 국가들이 모두 상위 50개국에 속한다. 에콰도르가 정확히 50위로 일본(58위)보다 앞섰고, 순진한 서구인들이 행복한 쇼핑객으로 넘쳐나는 진정한 경제 파라다이스라 여기는 중국(93위)보다는 훨씬 앞섰다. 루이 비통이 중국에서 떼돈을 벌고 있을지는 모르지만, 거대한 쇼핑몰은 물론이고 전지전능하다는 공산당 지도부가 중국인을 행복하게 해주지는 못한 것이다. 정부 기능이 마비되고 훨씬 가난한 나이지리아(85위) 국민이 오히려 더 행복하다고 느낄 정도이다.

여기에서 얻는 교훈은 명확하다. 당신의 조국이 상위 10개국에 속해 있지 않다면, 즉 당신이 북유럽이나 네덜란드·스위스·뉴질랜드·캐나다에 살고 있지 않다면 "가톨릭으로 개종하고 스페인어를 배우기 시작하라!"라는 것이다. 부디, 좋은 결과가 있기를!

II

메가시티의 등장

Numbers Don't Lie

근대성modernity은 풍요와 이동성의 향상, 비용이 크게 들지 않는 즉각적 통신, 적절한 가격에 얼마든지 구입할 수 있는 음식, 한층 길어진 기대 수명 등 많은 것을 뜻한다. 그러나 지구에 정기적으로 정찰 탐사선을 보내는 외계 관찰자가 있다면 우주에서도 확연히 눈에 띄는 변화, 즉 도시가 아메바처럼 주변 지역을 끊임없이 잠식하며 밤에도 환히 빛나는 강렬한 빛 덩어리를 만들어내는 도시화의 급격한 속도에 깊은 인상을 받을 것이다.

1800년에는 세계 인구의 2퍼센트 이하가 도시에 거주했고, 1900년쯤에도 그 비율은 여전히 5퍼센트가량에 불과했다. 그러다 1950년에는 그 비율이 30퍼센트까지 치솟았고, 2007년은 세계 인구의 절반 이상이 도시에 거주하는 첫해가 되었다. 유엔이 2016년 실시한 포괄 조사에 따르면, 인구 100만 명 이상인 도시가 512곳이다. 그중 45곳은 500만 명이 넘었고, 31곳은 1,000만 명을 넘었다. 이렇게 인구가 1,000만 명을 넘는 도시에는 '메가시티megacity'라는 특별한 이름이 붙었다.

점점 커져가는 도시에 인구가 지속적으로 집중되는 현상은 기업이 들어오면 사람과 지식 그리고 활동까지 한곳에 모이기 때문에 더욱 가속화했다. 범세계적 차원에서 금융 자본의 중심지 런던과 뉴욕을 생각해보라. 또 가전제품의 중심지로 부상한 중국 광둥성의 선전을 생각해보라. 규모의 경제는 많은 면에서 유리하다. 생산자와 부품 공급자 그리고 소비자 간 상호작용을 관리하는 일이 한층 쉬워지고, 기업은 노동을 비롯한 여러 분야의 전문가와 폭넓게 접촉할 수 있다. 물론 대도시에는 인구 과밀 현상과 환경문제가 있지만, 삶의 질이 전반적으로 높은 까닭에 유능한 인재가 모여든다. 이제는 세계 전역에서 모여든다. 도시는 협력과 투자의 기회가 얼마든지 있는 곳이고, 고등교육과 보람 있는 일자리를 제공하는 곳이다. 이런 이유에서 대도시 주변의 시골 지역과 소도시는 인구가 줄어들지만, 메가시티는 하루가 다르게 커져만 간다.

규모를 기준으로 메가시티의 순위를 매기기는 쉽지 않다.

메가시티(2018)

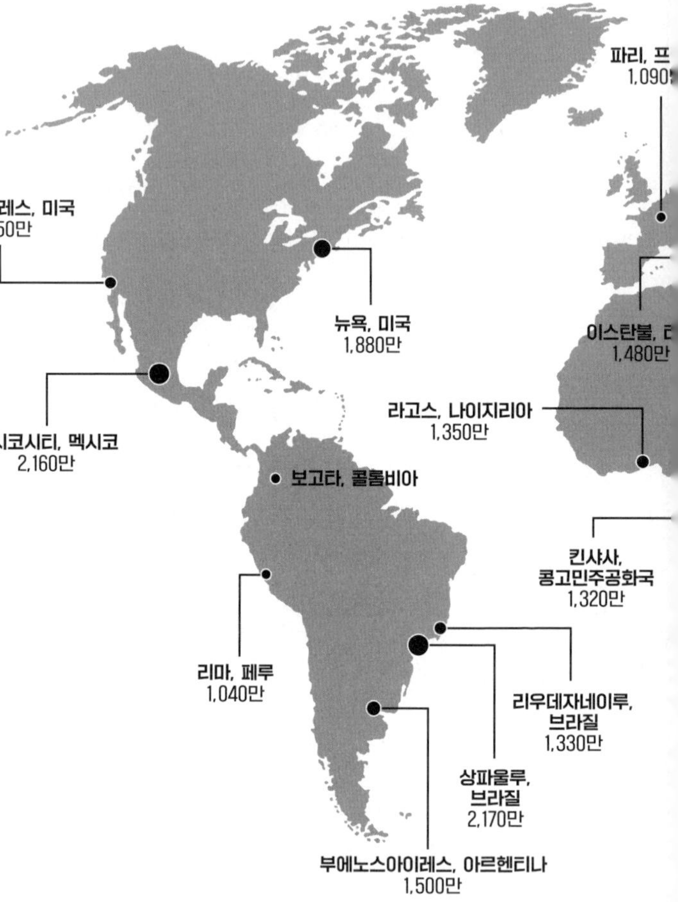
파리, 프
1,090
로스앤젤레스, 미국
1,250만
뉴욕, 미국
1,880만
이스탄불,
1,480만
멕시코시티, 멕시코
2,160만
라고스, 나이지리아
1,350만
보고타, 콜롬비아
킨샤사,
콩고민주공화국
1,320만
리마, 페루
1,040만
리우데자네이루,
브라질
1,330만
상파울루,
브라질
2,170만
부에노스아이레스, 아르헨티나
1,500만

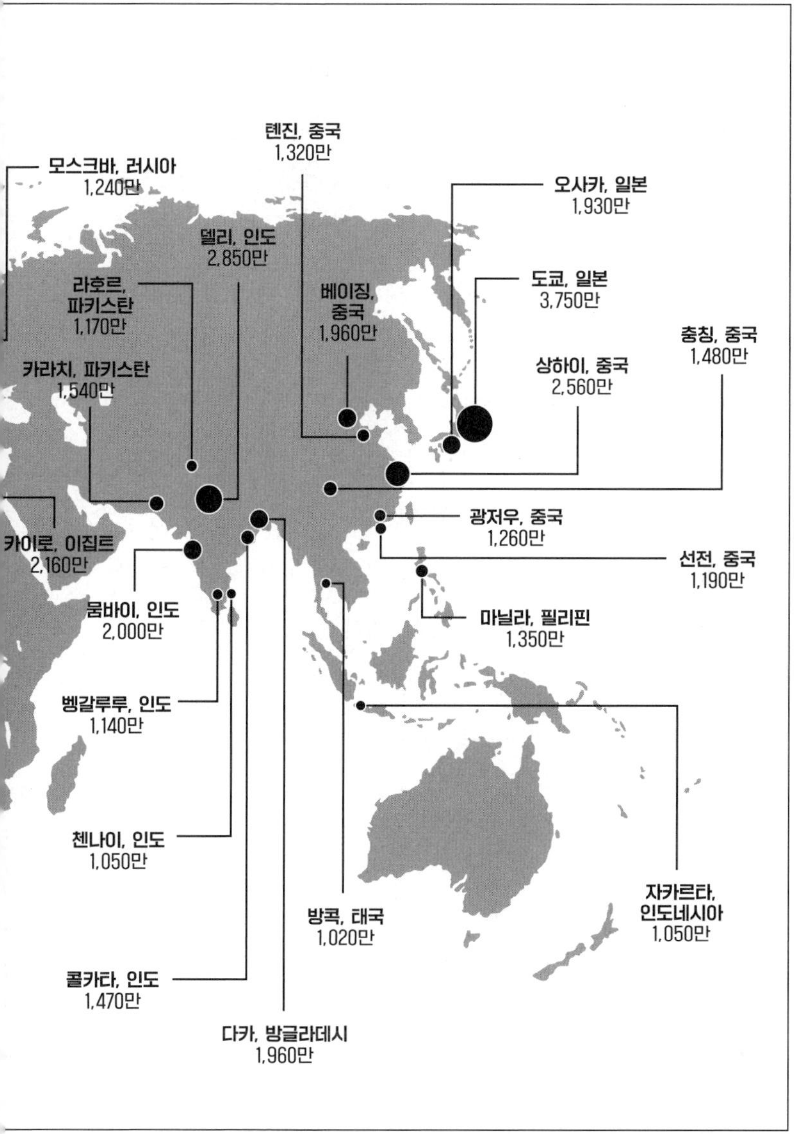

톈진, 중국
1,320만
모스크바, 러시아
1,240만
오사카, 일본
1,930만
델리, 인도
2,850만
도쿄, 일본
3,750만
라호르, 파키스탄
1,170만
베이징, 중국
1,960만
충칭, 중국
1,480만
상하이, 중국
2,560만
카라치, 파키스탄
1,540만
광저우, 중국
1,260만
카이로, 이집트
2,160만
선전, 중국
1,190만
뭄바이, 인도
2,000만
마닐라, 필리핀
1,350만
벵갈루루, 인도
1,140만
첸나이, 인도
1,050만
자카르타, 인도네시아
1,050만
방콕, 태국
1,020만
콜카타, 인도
1,470만
다카, 방글라데시
1,960만

메가시티를 기능적 단위로 여길 때와 달리 행정적 경계를 어떻게 하느냐에 따라 인구수가 달라지기 때문이다. 세계에서 가장 큰 도시 도쿄는 옛 도쿄시에 속한 23구부터 인구가 거의 4,500만에 이르는 수도권 지역까지 사법 관할권이나 통계 기준에 따라 여덟 가지 방법으로 정의된다. 도쿄 시정부가 사용하는 정의는 신주쿠에 우뚝 서 있는 쌍둥이 건물, 즉 도쿄 도청사로부터 70킬로미터 내에 있는 통근권으로 도쿄 대도시권을 가리키며, 현재 이 지역의 거주자는 약 3,900만 명이다.

메가시티의 성장은 서구의 영향력이 줄어들고 아시아가 도약하는 현상을 가장 완벽하게 설명해주는 증거라 할 수 있다. 1900년만 하더라도 세계 10대 도시 중 9곳이 유럽과 미국에 있었다. 1950년에는 뉴욕과 도쿄만이 메가시티였고, 1975년 멕시코시티가 세 번째로 메가시티 반열에 올랐다. 20세기 말에는 18곳이 메가시티 목록에 이름을 올렸고, 2020년에는 35곳에 달한다. 이런 거대 도시에 총 5억 명이 거주하고 있다. 도쿄는 캐나다보다 인구가 많고, 독일 GDP의 절반에 버금가는 생산을 창출하며, 여전히 최고의 메가시티라는 지위를 유지하고 있다. 35곳의 메가시티 중 20곳, 즉 거의 60퍼센트가 아시아에 있다. 그 밖에 라틴아메리카 6곳, 유럽 2곳(모스크바와 파리), 아프리카 3곳(카이로, 라고스, 킨샤사), 북아메리카 2곳(뉴욕, 로스앤젤레스)이다.

어떤 메가시티도 삶의 질이란 기준에서 상위에 있지는 않다. 도쿄는 깨끗하고, 도심에서 멀지 않은 거주 지역이 무척 조용하며, 대중교통이 모범적이고, 범죄율도 아주 낮다. 그러나 주택은 비좁고, 통근 거리가 무척 멀어 고생스럽다. 중국의 메가시티들은 모두 농촌 지역 이주자들에 의해 건설되었고 신축 건물과 번쩍이는 공공사업의 전시장이지만, 얼마 전까지도 그들은 그 도시에 거주할 권리를 인정받지 못했다. 게다가 대기의 질과 수질이 좋지 않고, 주민들은 끊임없이 감시받아 사소한 사회규범 위반도 허용되지 않는다. 반면 아프리카의 메가시티는 법치가 실종된 상태이다. 라고스와 킨샤사는 혼란과 불결 및 환경 붕괴의 전형이다. 그러나 이런 결함은 거의 문제되지 않는다. 도쿄에는 미쉐린 별점을 받은 식당이 가장 많고, 뉴욕은 해외에서 태어난 주민의 비율이 가장 높으며, 리우데자네이루는 살인율이 10만 명당 40명에 가깝다. 하지만 어떤 메가시티에나 사람이 계속 모여든다. 게다가 유엔은 2030년까지 메가시티가 10곳 더 생겨날 것이라고 예측했다. 아시아에 인도 아마다바드와 하이데라바드를 비롯한 6곳, 아프리카에 3곳(남아프리카공화국의 요하네스버그, 탄자니아의 다르에스살람, 앙골라의 루안다), 남아메리카에서는 콜롬비아의 보고타가 유력한 후보지이다.

NUMBERS DON'T LIE

2

COUNTRIES
Nations in the Age of Globalization

국가

세계화 시대의 국가

12

제1차 세계대전이 낳은 비극

Numbers Don't Lie

2018년 11월의 행사만큼 깊은 공감을 얻은 종전 100주년 기념식은 없었다. 최초로 일어난 진정한 의미의 범세계적 무력 충돌의 종전을 기리는 행사였다. 제1차 세계대전의 대학살은 한 세대의 기억에 큰 상처를 남겼다. 그러나 이 전쟁이 남긴 가장 비극적인 유산은 그 후유증, 즉 공산주의자의 러시아 지배(1917), 파시스트의 이탈리아 지배(1922), 나치의 독일 지배(1933)였다. 이런 여파가 제2차 세계대전으로 이어지면서 더 많은 사람이 죽었고, 지금도 우리 삶을 괴롭히는 직간접적 유산—북대서양조약기구North Atlantic Treaty Organization, NATO 대 러시아, 한국

솜 전투(1916). 영국군과 마크 I 탱크.

의 분단—을 남겼다.

제2차 세계대전이 더 치명적이긴 했지만, 제1차 세계대전이 많은 후유증을 낳았기 때문에 더 중대한 재앙이었다는 주장은 충분히 설득력이 있다. 제2차 세계대전 당시 파괴력이 훨씬 더 큰 무기, 예컨대 왕복기관(즉 피스톤식 엔진)의 동력을 얻어 훨씬 빨라진 전투기, 엔진 4개를 장착한 거대한 폭격기 B-17, 독일의 V-1 및 V-2 미사일, 그리고 전쟁이 끝날 즈음 히로시마와 나가사키를 초토화시킨 원자폭탄 등을 사용한 것은 사실이다.

반면 제1차 세계대전은 주로 참호전이었다. 전선이 거의 움직이지 않아 그다지 역동적이지 않은 전쟁이었다. 그러나 자세히 뜯어보면 전쟁 기간이 늘어나고 사망자 수가 많아진 데는 기술 발전에 전적으로 큰 책임이 있다는 것을 알 수 있다.

제1차 세계대전 이후로는 전쟁터에서 독가스를 대규모로 사용하지 않았는데, 독가스 사용을 제외하면 핵심적인 현대전의 적잖은 방식이 제1차 세계대전 동안 고안되고 다듬어졌다고 할 수 있다. 디젤엔진을 장착한 최초의 잠수함이 상선 호위함을 기습적으로 공격하는 데 사용되었고, 최초의 탱크가 전쟁터에 배치되었다. 비행선dirigible과 비행기를 이용한 최초의 공중폭격도 이뤄졌다. 최초의 전투용 항공모함은 1914년에 진수되었다. 프랑스는 1916년 공중에서 지상으로, 1917년에는 공중에서 공중으로 음성을 전달할 수 있는 휴대용 송신기를 개발하는 데 성공함으로써 점점 작아지면서도 효율성은 높은 전자 부품을 향한 긴 여정의 발판을 놓았다.

이런 모든 발전 중에서도 중대한 혁신 하나를 꼽는다면, 봉쇄된 독일이 4년 동안 두 전선에서 견딜 수 있게끔 해준 '암모니아NH_3 합성'이었다. 전쟁이 시작되자 영국 해군은 독일이 폭발물 제조에 필요한 칠레산 질석을 수입하지 못하도록 해안을 차단했다. 그러나 기막힌 우연의 일치로 독일은 국내에서 제조한 질산염을 자체 공급할 수 있었다. 1909년 카를스루에대학교의 프리츠 하버Fritz Haber(1868~1934) 교수는 암모니아를 인공적으로 합성하기 위한 오랜 연구를 완성했다. 질소와 수소를 고압 상태에서 결합하고 촉매를 사용해 암모니아를 합성해낸 것이다.

1913년 10월, 당시 세계 최고의 화학 복합기업으로, 카를 보슈Carl Bosch(1874~1940)가 운영하던 바스프BASF는 독일 오파우 지역에 세계 최초의 암모니아 공장을 세워 암모니아를 상업용으로 생산하기 시작했다. 이 합성 암모니아는 소듐이나 질산 암모니아 같은 고형 비료를 생산하는 데도 사용할 예정이었다 (52장 참조).

그런데 그로부터 1년이 지나지 않아 제1차 세계대전이 발발했다. 바스프는 암모니아를 비료 원료로 사용하지 않고, 전쟁용 폭발물을 합성하는 데 쓰는 질산으로 전환하기 위해 그 혼합물을 대량생산하기 시작했다. 1917년 4월에는 라이프치히 서쪽의 레우나 지역에 더 큰 암모니아 공장을 완공했고, 두 공장은 전쟁이 끝날 때까지 독일군에 필요한 폭발물을 제조하기에 충분한 양의 합성 암모니아를 생산했다.

산업적 역량이 결핍을 타개하는 방법을 찾아냄으로써 제1차 세계대전은 지루하게 이어지며 수백만 명의 인명을 앗아갔다. 제1차 세계대전은 지루한 교착 상태가 계속된 진창의 참호전으로 흔히 묘사되지만, 이 섬뜩한 현대적 혁신으로 그 원시적인 이미지가 뒤집어졌고, 한 세대 후에는 훨씬 큰 살육전이 전개되었다.

13

미국은 정말 예외적인 국가인가?

Numbers Don't Lie

미국예외주의American exceptionalism는 과학과 경제의 눈부신 발전으로 더욱 공고해진 이상과 생각 그리고 자유가 독특하게 혼합된 이론으로, 이에 대한 믿음은 지금도 건재하다. 버락 오바마Barack Obama 전 미국 대통령은 비감성적 통치 방식으로 유명하던 까닭에 처음에는 미국예외주의를 마지못해 인정했지만, 나중에는 돌아섰다. 재임 초기(2009년 4월)에 오바마는 "영국인이 영국예외주의를 믿고, 그리스인이 그리스예외주의를 믿는다고 의심할 정도로만 나는 미국예외주의를 믿는다"라고 말하며, 미국예외주의를 기본적으로 부정하는 견해를 확고히 드러냈다. 그러나 2014년 5월에는 "나는 온몸으로 미국예외주의를 굳건히 믿는다"라고 물러섰다.

이런 주장은 사실에 부합하지 않으면 아무런 의미가 없다. 여기서 정말 중요한 것은 해당 국가의 GDP 규모 혹은 그 국가가 보유한 핵탄두나 특허 수가 아니라, 시민의 신체적이고 정신적인 안녕을 엄밀히 평가하는 변수들이다. 간단히 예를 들면 삶과 죽음, 지식 등이 이런 변수에 속한다.

유아 사망률은 소득과 주택, 영양 공급, 교육 및 건강관리 등 많은 조건을 에둘러 보여주는 훌륭한 변수이다. 시민이 깨끗한 주택에 거주하며 고등교육을 받고, 영양 상태 좋은 부모가 자녀에게 적절한 영양과 건강관리를 제공하는 풍요로운 국가에서는 유아 사망률이 극히 낮다(2장 참조). 그렇다면 세계의 약 200개 국가 가운데 유아 사망률에서 미국은 몇 위나 될까? 최근의 조사에 따르면 미국은 1,000명당 6명이 생후 1세 미만에 사망해 상위 25개국에도 끼지 못한다. 미국의 유아 사망률은 프랑스(4명), 독일(3명), 일본(2명)에 비하면 턱없이 높다. 심지어 금융 위기 이후 언론에서 경제가 완전히 마비된 국가로 보도하는 그리스(4명)보다 50퍼센트나 높다.

미국은 유럽 국가들이 동질적인 민족으로 이루어졌기 때문이란 말로 자국의 낮은 순위를 변명하지만, 이런 변명은 설득력이 떨어진다. 요즘에는 프랑스와 독일도 이민자가 넘치기

기대 수명

(단위: 년)

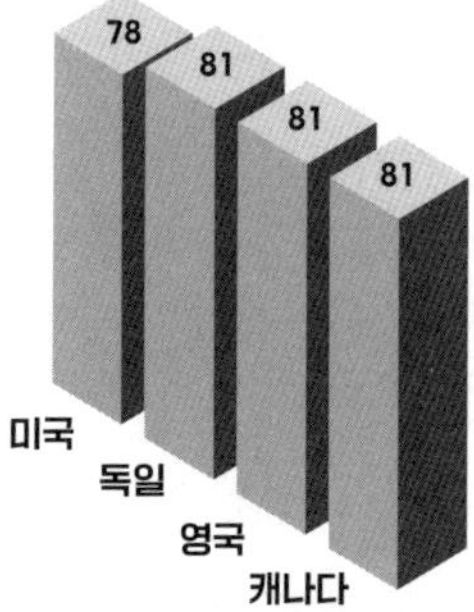

미국 28위	독일 24위
영국 22위	캐나다 13위

(36개 OECD 국가)

유아 사망률

(신생아 1,000명당 사망자 수)

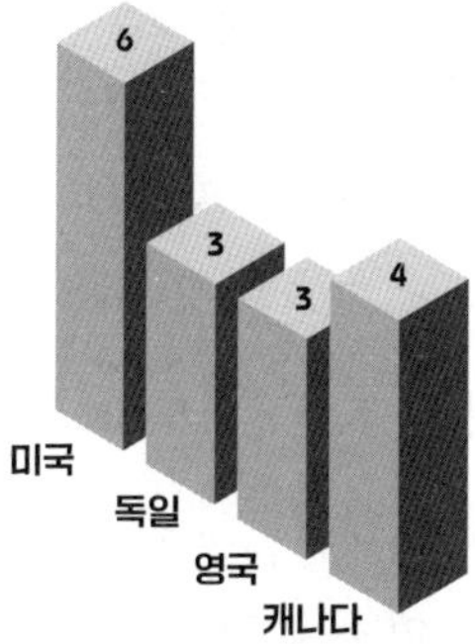

미국 33위	독일 19위
영국 24위	캐나다 30위

(36개 OECD 국가)

비만

(단위: 국민 대비 백분율)

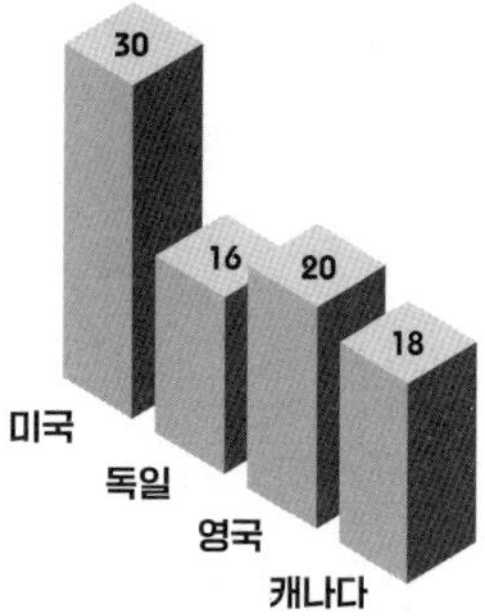

미국 1위	독일 19위
영국 3위	캐나다 4위

(36개 OECD 국가)

행복 점수

(최고점 7.769, 최하점 2.853)

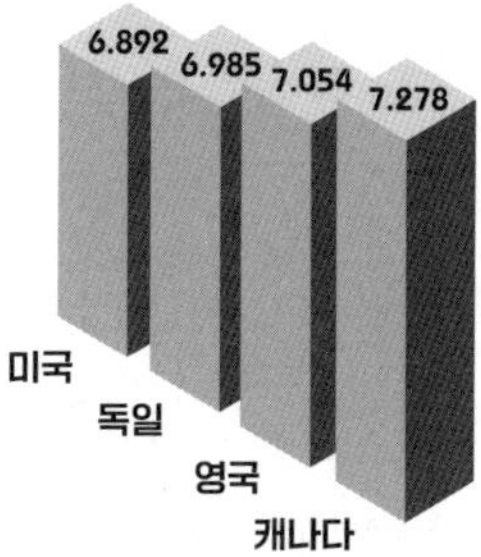

미국 19위	독일 17위
영국 15위	캐나다 9위

(156개 국가)

때문이다(마르세유나 뒤셀도르프에서 조금만 시간을 보내면 이런 사실을 확인할 수 있다). 더 중요한 요소는 부모의 지식, 적절한 영양 공급, 경제 불평등의 정도, 보편적 건강관리의 접근성이다. 그러나 미국은 부유한 나라 중에서 보편적 건강관리가 보장되지 않는 유일한 국가로 악명이 높다.

다른 조사에서도 미국은 비슷하게 초라한 결과를 얻었다. 기대 수명에서 미국은 남녀 모두 약 79세로, 상위 24개국에 이름을 올리지 못했다. 이번에도 미국은 한국(약 83세)은 물론 그리스(약 81세)에도 뒤처졌다. 미국인과 비교할 때 캐나다인은 평균 3년, 일본인은 6년을 더 산다.

경제협력개발기구OECD는 3년 주기로 국제학생평가프로그램Program for International Student Assessment, PISA을 통해 세계 학생들의 교육 성취도(혹은 부족한 면)를 조사한다. 15세 학생들을 평가한 2018년의 결과에 따르면, 미국은 수학에서 러시아·슬로바키아·스페인보다 아래였고, 캐나다·독일·일본과는 비교하기도 민망할 정도였다. 미국 학생들은 과학에서 497점을 받아 PISA 평균(501)에도 미치지 못했고, 읽기에서는 498점을 받아 평균(496)을 약간 상회했다. 여하튼 인구가 많고 부유한 다른 서구 국가들에 비하면 매우 뒤처졌다. 이런 모든 연구가 그렇듯 PISA에도 약점이 있지만, 상대적 순위에서의 상당한 차이가 뜻하는 바는 명백하다. 미국 학생들은 뛰어난 교육 성취도를 전혀 보여주지 못하고 있다는 얘기다.

미국 독자들에게 이런 사실을 지적하는 것은 불쾌할 수 있다. 그러나 여기에는 논란의 여지가 없다. 다른 부유한 국가보다 미국에서 유아가 사망할 가능성이 더 높고, 고등학생의 상대적 학습량이 떨어진다. 정치인들은 미국예외주의의 증거를 찾아 사방으로 눈을 돌리겠지만, 정작 중요한 수치에서는 그 증거를 찾지 못할 것이다.

14

왜 유럽은 현재 상태에 만족해야 하는가?

Numbers Don't Lie

1958년 1월 1일, 벨기에·프랑스·이탈리아·룩셈부르크·네덜란드·독일연방공화국(서독)이 유럽경제공동체European Economic Community, EEC를 결성하며 관세동맹 내에서 경제통합과 자유무역을 목표로 내세웠다.

당면 목표는 당연히 경제적인 것이었지만, 유럽경제공동체의 꿈은 훨씬 더 높은 곳에 있었다. 유럽경제공동체 설립의 기초가 된 로마 조약Treaty of Rome에서 회원국들은 "유럽인을 끊임없이 더 가까이 결집하는 연합체의 기초를 놓고" "유럽을 갈라놓는 장벽을 해소하기 위해 공동으로 노력함으로써 회원국의 경제·사회적 진보를 반드시 이루어내기로" 결정했다. 당시 이런 목표는 상당히 비현실적으로 보였다. 유럽은 국가적 편견과 경제 불평등뿐 아니라 더 근본적으로는 발트해부터 흑해까지 이어지는 철의 장막에 의해 분열되고 갈라져 있었기 때문이다. 더구나 모스크바가 그 동쪽의 국가들을 지배하고 있지 않았던가!

1968년 프라하의 봄이 실패한 후 소비에트연방(소련)의 지배가 더욱 강화되었지만(체코슬로바키아가 시도한 개혁이 소련의 침공으로 좌절되었다), 유럽경제공동체는 새로운 회원국을 꾸준히 받아들였다. 1973년에는 영국·아일랜드·덴마크, 1981년에는 그리스, 1986년에는 스페인·포르투갈이 가입했다. 게다가 1991년 소련이 붕괴한 후에는 범유럽의 통합을 위한 문이 활짝 열렸다. 1993년 마스트리히트 조약Maastricht Treaty 이후 1994년에는 유럽연합European Union, EU이 탄생했다. 1999년에는 공동 화폐인 유로를 도입했다.

현재 유럽연합의 회원국은 27개국이다. 유럽연합의 인구는 거의 4억 5,000만 명에 달하며, 세계 인구의 약 6퍼센트를 차지한다. 경제 생산량은 세계 전체의 20퍼센트로, 25퍼센트를 차지하는 미국에는 미치지 못한다. 또 자동차·여객기·의약품·사치품 등 세계 상품 수출의 15퍼센트를 차지한다. 게다가 유엔 인간개발지수에 따르면 27개 회원국 절반이 삶의 질에서

유럽연합에 대한 유럽인의 평가(단위: %)

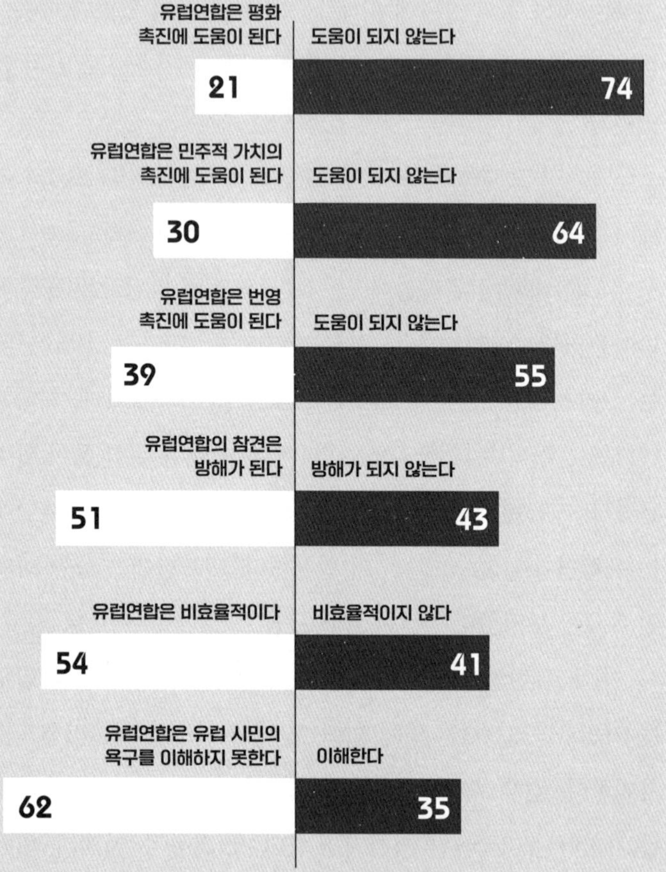

주: 백분율은 유럽 10개국의 조사 결과에 기초한 중앙값이다.

상위 30개국에 속한다.

하지만 오늘날 유럽연합 내에서 불안과 불만이 점점 커지고 있다. 유럽연합의 결속력이 느슨해지고, 영국은 완전히 탈퇴했다.

전문가들은 유럽에서 눈에 띄는 이런 새로운 원심적 성향centrifugal temper을 어떻게든 설명해보려 애쓰고 있다. 그들은 그 원인으로 브뤼셀(벨기에의 수도이자 유럽연합 본부가 있는 곳—옮긴이)의 과도한 관료주의적 통제, 국가 주권에 대한 재천명reassertion, 형편없는 경제·정치적 선택, 특히 개별 국가의 재정을 공동으로 책임지지 않으면서 채택한 공동 화폐 등 이런저런 의견을 제시한다.

솔직히 말하면, 나는 요즘 나타나는 현상이 당혹스럽다. 나는 나치 치하에서 태어나 철의 장막 동쪽에서 자랐고, 내 가족사는 유럽에서 흔한 현상으로 국가와 언어 측면에서 복잡하기 이를 데 없다. 이런 내 눈에 유럽은 단점까지도 놀라운 결과로 보인다. 달리 말하면, 믿을 수 없을 정도로 좋은 상태이다. 유럽연합이 지금까지 이루어낸 성취를 보면 유럽을 재통합하려는 타협에 배전의 노력을 기울일 가치가 있다.

하지만 평화와 번영의 수십 년을 당연하게 받아들이는 동안 반복된 실수와 곤경이 해묵은 편견과 적대감에 다시 불을 붙였다. 물론 어떤 실수는 피할 수 없는 것이었고 어떤 실수는 용서할 수 없는 것이긴 했다. 그러나 개인적으로 나는 유럽이 잘되길 바랄 뿐이다. 그렇게 되지 못하는 경우를 결코 가볍게 생각해서는 안 된다.

15

브렉시트: 가장 중요한 것은 바뀌지 않을 것이다

Numbers Don't Lie

브렉시트 이후 영국에서는 실질적으로 무엇이 달라질까? 물론 예상외로 오래 끈 준비 기간 동안 이미 많은 것이 변했다. 그동안 있었던 변화는 영국에 성공적으로 스며든 덕분에 영어에서 흔히 사용하는 단어들로 가장 잘 요약할 수 있을 듯하다. 요컨대 영국은 비난과 독설, 규탄과 착각, 곡해와 오해, 맞대응이 난무하고 교양이 시험받는 혼란스러운 시기를 겪었다.

그러나 영국 국민의 생활을 결정하는 근본 요소라는 측면에서는 무엇이 향후 5~10년 사이에 실질적으로 변할까? 가장 중요한 것부터 먼저 생각해보자. 우리는 누구나 먹어야 한다.

현대사회는 전례 없이 다양한 식품을 전반적으로 알맞은 값에 공급해왔다. 또 우리는 연료와 전기를 끊임없이 제공함으로써 건물과 산업체 그리고 교통수단에 에너지를 공급해야 한다. 제조와 건설, 유지와 보수를 통해 우리 사회의 기본 시설을 짓고 교체해야 한다. 국민에게 교육의 기회를 제공하고 질병과 노환으로부터 국민을 보살피려면 학교와 병원 및 요양소 등 적절한 기반 시설이 필요하기도 하다.

이런 수많은 요소에 대해 평가하기는 그다지 어렵지 않다. 영국은 수세기 전부터 식량을 자급하지 못했다. 수입 의존도는 1980년대 초에 약 20퍼센트였고, 최근에는 40퍼센트로 2배가량 증가했다. 따라서 단기적으로는 극단적 식량 배급 외에 어떤 조치도 수입 의존도를 크게 줄일 수 없을 테고, 겨울철에는 신선한 채소를 아예 포기해야 할 것이다. 영국은 식량의 4분의 3을 유럽연합에서 수입한다. 영국은 스페인의 채소 재배자와 덴마크의 베이컨 생산자로부터 계속 상품을 구입하고 싶을 테고, 그들도 자신의 상품을 어떻게든 판매하고 싶을 것이다. 이런 이유로 수요 자체를 파괴하는 관세나 가격 책정은 펴지 못할 것이다.

북해에서 석유와 천연가스를 채굴한 덕분에 얻은 에너지 순 수출국으로서 영국의 지위는 2003년에 막을 내렸다. 최근에는 일차에너지(주로 천연가스)의 30~40퍼센트를 수입하고 있다.

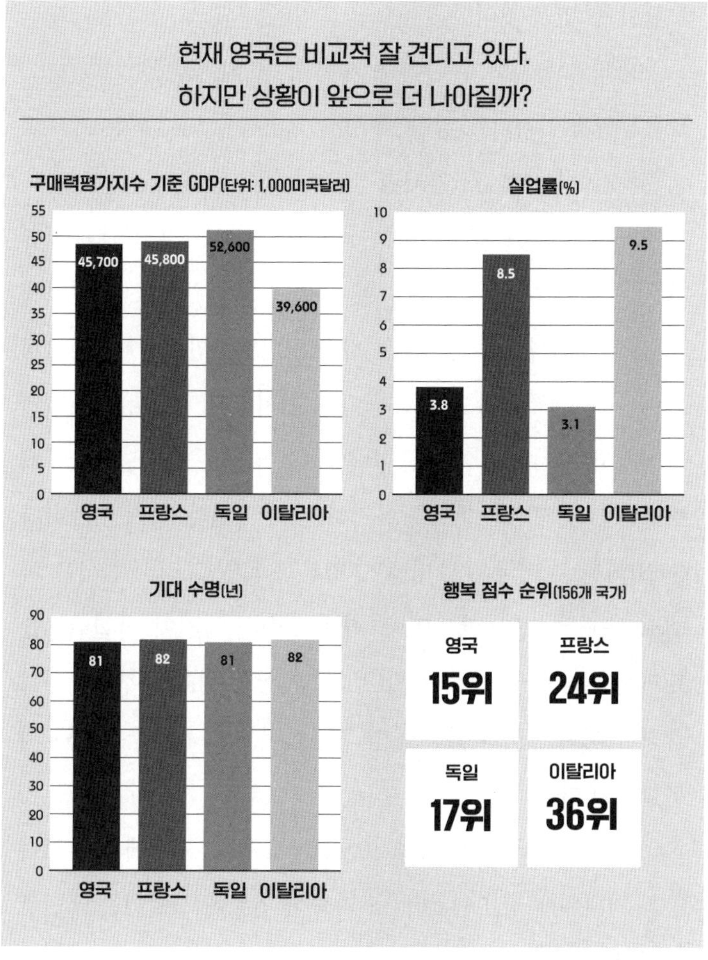

에너지 분야에서는 가까운 장래에 큰 변화가 일어나지 않을 테고, 풍족한 국제 시장을 통해 적정한 가격에 에너지를 꾸준히

수입할 수 있을 것이다.

영국은 물리학자 마이클 패러데이Michael Faraday(1791~1867), 토목공학자 이점바드 킹덤 브루넬Isambard Kingdom Brunel(1806~1859), 이론물리학자 제임스 클러크 맥스웰James Clerk Maxwell(1831~1879), 기계공학자 찰스 앨저넌 파슨스Charles Algernon Parsons(1854~1931)가 태어난 국가이다. 따라서 한때 현대 과학에 기초한 산업에서 경쟁 상대가 없는 발명국이자 선구자였지만, 이제는 역사적으로 서구 세계에서 공업화가 가장 뒤처졌던 캐나다보다 전체 경제에서 차지하는 제조업 비중이 떨어진다. 2018년 영국 제조업은 GDP의 9퍼센트를 차지하는 데 그쳤다. 하지만 캐나다는 10퍼센트, 미국은 11퍼센트, 일본과 독일 그리고 한국은 차례로 19퍼센트, 21퍼센트, 27퍼센트였다. 심지어 아일랜드는 32퍼센트로 중국의 29퍼센트보다 높았다. 제조업 부문에서의 급격한 정책 변화가 없다면 영국은 이런 역사적 흐름을 바꾸지 못할 것이다.

모든 유럽 국가가 그렇지만 영국도 현대 교육에서 질보다 양을 지나치게 강조해왔다. 또 과중한 업무에 시달리는 국민보건청 직원과 과도한 부담에 짓눌린 병원에 대해 쏟아지는 보고서에서 쉽게 입증되듯 영국의 의료 시스템은 치밀한 연구가 이뤄지긴 했지만 그에 따른 무수한 제약에 들볶인다. 게다가 고령화하는 인구로 인해 미래에는 더 많은 자원이 필요할 것이다. 영국의 노령자 부양률old-age dependency ratio(20~64세의 경제활동인구 대비 65세 이상 노인이 차지하는 비율)은 2020년 32퍼센트—프랑스와 독일은 이보다 약간 낮다—에서 2050년경에는 47퍼센트까지 치솟을 것으로 추정된다. 정부의 개입, 국가 주권을 회복하겠다는 선언, 브뤼셀 관료주의와의 단절 등 어떤 조치도 국민의 노령화라는 흐름에는 영향을 미치지 못할 것이다.

합리적 관찰자라면 이런 근본적 현실을 고려해 영국이 고립된 섬나라로 되돌아갈 때 구체적으로 무엇이 달라지고 어떤 이점이 있을지 생각해봐야 할 것이다. 잘못된 주장을 버스 옆구리에 덧칠하거나 쉽사리 과장된 약속을 제시해 순간적이나마 자부심과 만족감이 확신을 안겨줄 수는 있지만, 이런 덧없는 무형의 구호로 영국의 상황을 바꿀 수는 없다. 영국은 고령화 사회이고, 제조업 비율이 크게 떨어지고, 활력을 상실했으며, 1인당 GDP도 아일랜드의 평균치를 조금 웃도는 국가이다. 조너선 스위프트Jonathan Swift(1667~1745), 윌리엄 글래드스턴William Gladstone(1809~1898), 윈스턴 처칠Winston Churchill(1874~1965)이라면 도무지 이해할 수 없는 현상일 것이다. 한마디로 영국은 한물간 강대국으로, 이제 유일무이함을 주장할 것이라곤 골칫덩이인 왕족, 지나치게 많은 하인들이 바글대는 음침한 저택을 무대로 펼쳐지는 TV용 시대극의 수출이 전부인 듯하다.

16

일본의 미래

Numbers Don't Lie

1945년 9월 2일, 일본 정부 대표단은 도쿄만에 정박한 미군 전함 미주리호 선상에서 항복 문서에 서명했다. 현대 전쟁사에서 가장 무모했던 전쟁이 그렇게 끝났다. 그 전쟁은 시작하기 전부터 과학기술에서 앞선 미국의 승리가 뻔했기 때문이다. 일본은 진주만을 공격할 때 이미 물량 면에서 크게 뒤처진 상태였다. 예컨대 1940년 미국의 철강 생산량은 일본의 약 10배였고, 전쟁이 진행되는 동안 그 격차는 더 벌어졌다.

황폐화한 일본 경제는 1953년에야 전쟁 전의 정점을 넘어섰다. 하지만 그때까지는 일본의 극적 부흥을 위한 기초를 놓은 시간이었다. 곧이어 최초의 트랜지스터라디오(소니)부터 최초의 초대형 원유 운반선(스미토모)까지 날개 돋친 듯 상품을 수출했다. 1973년 혼다 시빅 자동차를 미국에 처음 수출한 것을 시작으로 1980년에는 일본 자동차가 미국 자동차 시장의 30퍼센트를 차지했다. 석유를 완전히 수입에 의존하던 일본은 1973~1974년 석윳값을 5배로 증액한 석유수출국기구Organization of the Petroleum Exporting Countries, OPEC의 결정에 큰 타격을 입었지만, 에너지 효율성을 추구함으로써 어려움을 신속히 이겨냈다. 1978년 일본은 세계에서 미국 다음으로 큰 경제 대국이 되었다. 1985년 엔화가 지나치게 강세를 보이자 미국은 일본 수입품에 위기감을 느끼고 엔화의 평가절하를 요구했다. 그래도 일본 경제는 계속 성장했다. 1985년 1월 이후 5년 동안 닛케이지수는 3배 이상 급등했다.

믿기지 않을 정도의 성장이었다. 실제로 성공 뒤에는 부풀려진 주가와 부동산 가격이 끌어올린 거대한 거품 경제가 있었다. 최고 정점에 오르고 10년이 지난 뒤, 2000년 1월 닛케이지수는 1990년의 절반까지 하락했고 최근에야 그 저점에서 벗어났다.

소비자 가전제품 제조업체의 상징이던 소니, 도시바, 히타치 등은 이제 수익을 내기 위해 몸부림쳐야 하는 실정이다. 한때 신뢰도에서 필적할 상대가 없던 세계적 자동차 기업 도요타와 혼다는 수백만 대를 리콜하고 있다. 다카타Takata의 에어백은 치명적 결함으로 2014년 이후 부품 회사로서는 세계 최대 리콜을 실시해야 했다. 2013년에는 지에스유아사GS-Yuasa가 신형 보잉 737에 납품한 리튬 이온 배터리가 문제를 일으키기도 했다. 여기다 잦은 정권 교체까지 더해졌다. 또 그런 와중에 2011년 3월 쓰나미가 동부 해안을 덮친 후에는 후쿠시마 재앙, 예측할 수 없는 북한에 의한 거듭되는 불안감, 중국 및 한국과의 관계 악화가 뒤따랐다. 한마디로 일본의 미래는 걱정스럽게만 그려진다.

그런데 한층 근본적인 문제가 있다. 장기적 관점에서 국가의 미래는 인구 추세로 결정된다. 일본은 세계에서 가장 빠른 속도로 노령화하는 주요 경제국일 뿐만 아니라(이미 4명 중 1명이 65세 이상이고, 2050년에는 그 비율이 거의 40퍼센트에 이를 것으로 추정된다), 인구도 줄어들고 있다. 현재의 인구는 1억 2,700만 명이지만 2050년에는 9,700만 명으로 쪼그라들 것이고, 그 결과 건설과 의료에 필요한 젊은 노동인구마저 부족해질 것으로 예측한다. 그때가 되면 포괄적이고 놀라울 정도로 효율적인 일본의 교통 기반 시설을 누가 유지하고 보수할까? 또 수백만 명의 고령자를 누가 돌볼 것인가? 2050년쯤에는 80세 이상의 고령자가 어린아이의 수까지 넘어설 텐데 말이다.

모든 주요 국가가 역사적으로 흥망성쇠를 겪지만 전성기

일본 인구의 변화 추세

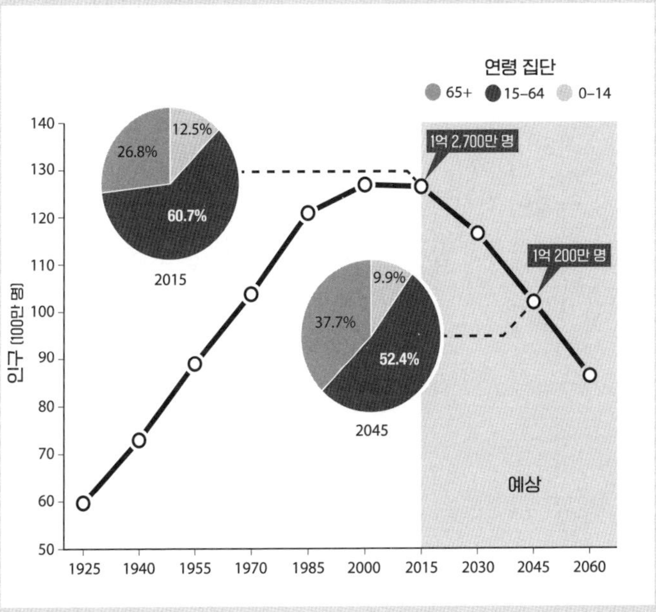

를 누린 기간에는 큰 차이가 난다. 어떤 국가는 상대적으로 오래 전성기를 누리고 천천히 쇠락하는 반면, 짧은 기간에 정상을 향해 급속도로 치고 올라간 뒤 다소 빠른 속도로 쇠락하는 국가도 있었다. 대영제국과 20세기 미국이 전자에 적합한 사례라면, 일본은 후자의 범주에 속하는 게 분명하다. 제2차 세계대전 이후 일본의 급속한 성장은 1980년대 말에 끝났고, 그 이후로는 내리막길에 들어섰다. 한 번의 생애 주기에 해당하는 기간 만에 처참한 폐허를 딛고 일어서 모두에게 찬사를 받으면서도 두려움을 안겨주는 경제 초강대국으로 성장한 뒤, 노령화 사회의 침체와 쇠락을 맞이한 것이다. 일본 정부는 해결책을 찾으려고 오래전부터 노력해왔지만 온건한 수준의 이민 정책조차 여전히 진지하게 고려하지 않고, 이웃 국가들과도 아직 진정으로 화해하지 않는 보수 국가에서 급진적 개혁을 기대하기란 쉽지 않다.

17

중국은 어디까지 갈 수 있을까?

Numbers Don't Lie

수년 전부터 중대한 사건이 있을 것이란 예측이 빗발쳤고, 지금도 그런 예측은 끊이지 않는다. 2015년이나 2020년 혹은 2025년, 여하튼 언제쯤인가에 중국이 미국을 넘어서 세계 최대 경제국이 될 거라는 기사가 얼마나 많았는가? 그 시기는 우리가 어떤 통화를 사용하는지에 달려 있다. 각국 화폐의 환율 변동에 따른 왜곡을 제거한 상태에서 각국의 GDP를 비교하는 구매력평가지수를 기준으로 하면 중국은 이미 미국을 앞섰다. 국제통화기금International Monetary Fund, IMF의 발표에 따르면 2019년 중국의 구매력평가지수 기준 GDP는 미국보다 32퍼센트가량 높다.

하지만 미국달러에 대한 위안화의 환율을 믿는다면, 명목 GDP에서는 미국이 훨씬 앞선다. 2019년을 기준으로 21조 4,000억 달러 대 14조 1,000억 달러로 미국이 50퍼센트가량 앞섰다. 그러나 최근 중국의 GDP 성장이 둔화하긴 했지만, 즉 두 자릿수 성장에서 공식 발표로는 6~7퍼센트까지 떨어지고 실제로는 그보다 더 낮을 것으로 추정하지만, 여전히 미국의 성장률보다는 월등히 높다. 따라서 명목 GDP에서도 중국이 1위로 올라서는 것은 시간문제일 뿐이다.

1위를 향한 여정은 1978년에 시작되었다. 그때 중국은 30년간의 총체적 잘못을 뒤로하고 경제 근대화를 추진했다. 그 이후 수십 년 동안 중국은 곡물·석탄·시멘트를 세계에서 가장 많이 생산하는 국가가 되었고, 수년 전부터는 공산품, 특히 가전제품의 최대 수출국으로 올라섰다. 중국 인구가 세계 최대(2016년 기준 14억 명)라는 사실을 고려하면 이런 결과는 놀라울 게 없다. 더구나 중국의 새롭게 현대화한 경제를 유지하려면 그에 상응하는 엄청난 생산량이 필요하다.

그러나 상대적 관점에서 중국은 결코 부유하지 않다. 세계은행이 너그럽게 계산한 구매력평가지수를 기준으로 할 때 2019년 중국의 1인당 GDP는 1만 9,504달러, 즉 세계 73위였다. 몬테네그로와 아르헨티나보다 뒤이고, 도미니카공화국·가

봉·바베이도스를 겨우 앞선 순위이다. 결코 놀라운 순위는 아니다. 물론 부유한 중국인이 밴쿠버와 런던에서 부동산을 구입하고 파리의 고급 백화점 갈르리 라파예트에서 다이아몬드로 장식한 시계를 구입한다는 것은 널리 알려진 사실이다. 하지만 그들은 중국 인구의 극소수에 불과하다.

GDP와 벼락부자의 수는 중국의 실질적인 삶의 질을 호도하는 수치이다. 중국의 환경은 지속적으로 악화하고 있다. 도시의 대기오염 수준은 믿기지 않을 정도로 심각하다. 세계보건기구에 따르면 지름 2.5나노미터 이하의 미세 입자를 받아들일 수 있는 최대 수준은 대기 1세제곱미터당 25마이크로그램이다. 그러나 중국의 많은 도시에서 대기오염 농도가 500마이크로그램을 거의 언제나 상회한다. 일부 도시에서는 1,000마이크로그램을 넘는 경우도 적지 않다. 2015년 베이징의 평균 대기오염 농도는 80마이크로그램이었는데, 뉴욕의 평균치는 10마이크로그램보다 낮았다. 이처럼 극단적으로 심각한 대기오염 때문에 호흡기 질환과 심장 질환 발병률은 높아진 반면 기대수명은 줄어든다.

수질오염도 고질적이다. 중국 농촌 지역의 거주자 중 거의 절반이 현대적 위생 시설의 혜택을 누리지 못한다. 1인당 경작지도 인도보다 적다. 그래도 면적이 훨씬 좁은 일본과 달리 식량 수입에 크게 의존하지는 않는다. 석유와 천연가스 매장량

중국과 미국의 노령자 부양률

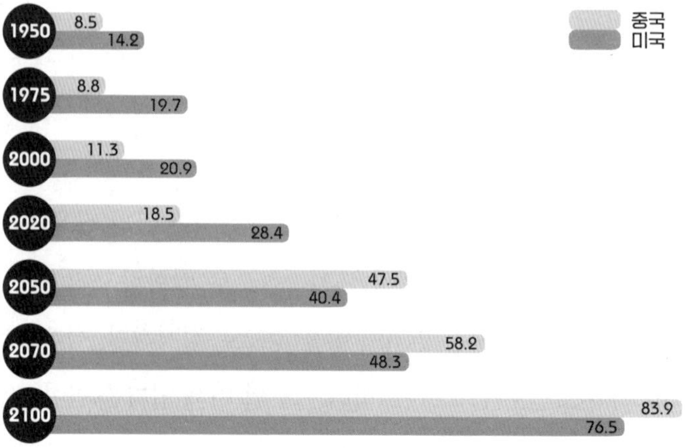

은 미국에 비하면 턱없이 적다. 따라서 요즘 미국은 석유를 거의 수입하지 않지만, 중국은 전체 소비량의 60퍼센트를 수입해야 한다. 또 후쿠시마 같은 재앙은 생각하지 않고 인구가 밀집한 해안 지역에 많은 핵원자로를 서둘러 짓고 있다. 육류를 현장에서 도축해 파는 시장에서 또 다른 팬데믹이 시작될지도 모른다는 가능성은 생각조차 하기 싫다.

끝으로 인구 역시 상당히 빠른 속도로 고령화하고 있으며, 이런 이유로 중국공산당은 '한 가정 한 자녀' 정책을 2015년 포기했다. 그러나 결과적으로 중국의 인구통계학적 이점은 이미 약화하기 시작했다. 경제적으로 의존해야 하는 사람에 대한 경제활동인구의 비율은 2010년 정점에 올랐다. 그 비율이 줄어들면서 중국의 산업적 역동성도 떨어질 것이다.

우리는 이런 모든 현상을 전에도 목격했다. 서구 세계가 위협을 느낄 만큼 성장하던 1990년의 일본과 30년간 침체를 겪은 2020년의 일본을 비교해보라(16장 참조). 2020년의 중국과 2050년의 중국이 어떻게 다를지 예측하는 데 큰 도움이 될 것이다.

18

인도 대 중국

인도가 세계 1위? 운명적으로 그럴 수밖에 없다. 인도는 조만간 중국을 제치고 세계에서 가장 인구가 많은 국가로 올라설 것이다. 문제는 인도가 경제력에서도 중국에 도전할 정도로 성장할 수 있느냐는 점이다.

적어도 로마제국 해체 이후, 중국의 왕조들은 다른 어떤 정권보다 많은 국민을 지배해왔다. 중국 인구는 왕정이 끝난 1912년 대략 4억 2,800만 명이었고, 공산주의자들이 정권을 잡은 1949년에는 5억 4,200만 명이었다. 2000년에는 약 12억 7,000만 명, 2019년 말에는 약 14억 명이었다. 증가율이 낮아진 것은 1979년 채택해 2015년에 끝낸 한 가정 한 자녀 정책의 직접적 결과이다(17장 참조). 그사이 인도의 인구는 1950년 3억 5,600만 명에서 2000년에는 10억 500만 명, 2019년 말에는 13억 7,000만 명으로 증가했다.

중국은 빠르게 우위에서 내려오고 있다. 단기적 인구 예측이 대체로 맞는다는 사실을 고려하면, 늦어도 2025년쯤에는 총인구에서 인도가 중국을 넘어설 게 분명하고(최근 발표한 유엔의 예측), 빠르면 2023년에도 추월이 가능하다.

그 전에라도 두 인구 대국을 비교해보는 것은 흥미로울 듯하다. 인도와 중국은 여아를 선택적으로 낙태시키기 때문에 신생아의 성비가 비정상적이다. 정상 비율은 여아 1명당 남아 1.06명이지만, 인도는 1.12명, 중국은 1.15명이다.

인도와 중국은 똑같은 정도로 부패에 찌든 국가이다. 국제투명성기구Transparency International, TI가 최근 발표한 부패인식지수Corruption Perceptions Index, CPI에 따르면 인도와 중국은 180개국 중 똑같이 80위를 차지했다(덴마크가 가장 덜 부패한 국가, 소말리아가 가장 부패한 국가였다). 인도와 중국 모두에서 지니계수로 측정하는 경제 불평등의 정도는 무척 높다. 인도는 48, 중국은 51이다. 참고로 덴마크는 25, 영국은 33, 미국은 38이다. 또 인도와 중국 모두에서 부자들은 경쟁하듯 호사스럽게 소비하고, 값비싼 자동차를 수집하고, 궁전 같은 저택에서 살아간다. 인도의 재벌

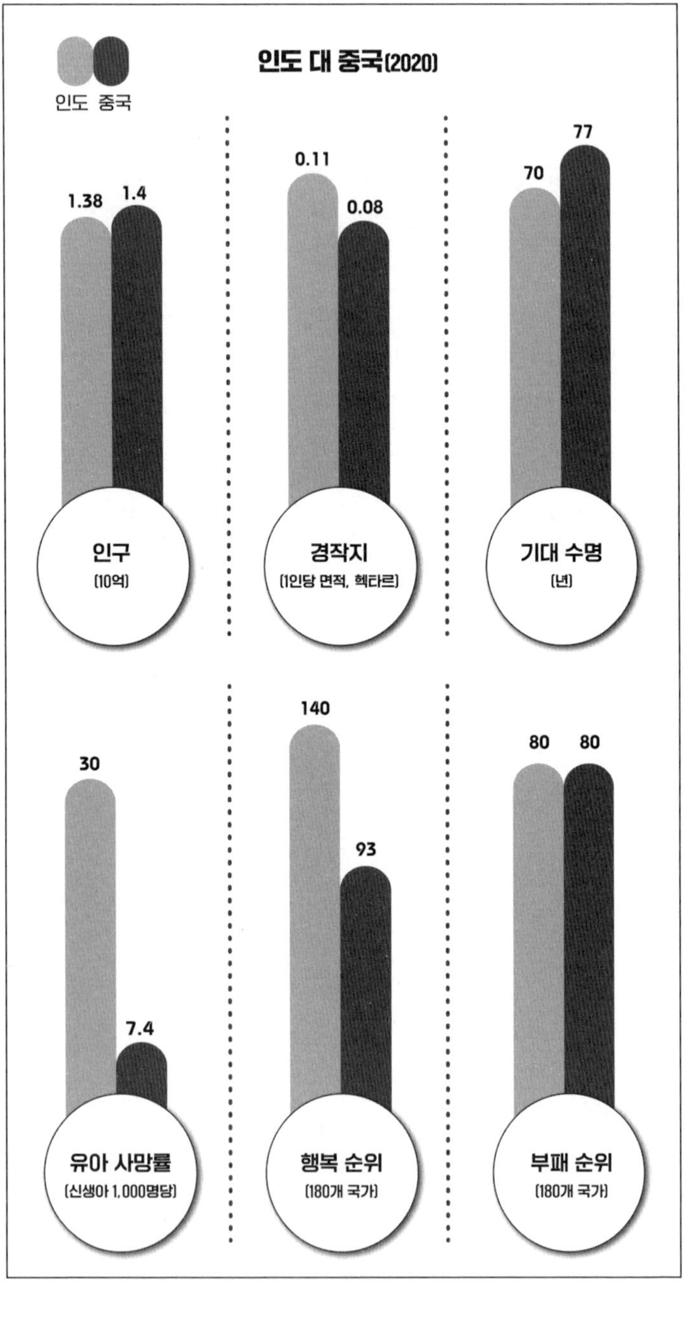

인도 대 중국(2020)
인도
중국
1.38
1.4
인구
(10억)
0.11
0.08
경작지
(1인당 면적, 헥타르)
70
77
기대 수명
(년)
30
7.4
유아 사망률
(신생아 1,000명당)
140
93
행복 순위
(180개 국가)
80
80
부패 순위
(180개 국가)

기업 릴라이언스 인더스트리스Reliance Industries의 회장 무케시 암바니Mukesh Ambani는 세계에서 가장 비싼 개인 저택을 소유하고 있다. 안틸라Antilia라는 이름이 붙은 그 저택은 2012년 완공한 27층의 고층 건물로 그곳에서는 뭄바이의 빈민가가 고스란히 내려다보인다.

그러나 두 국가 사이에는 근본적인 차이도 적지 않다. 1980년 이후 경제가 급속히 성장한 덕분에 중국이 인도보다 훨씬 더 부유하다. IMF가 발표한 2019년 추정치에 따르면 중국은 인도보다 명목 GDP가 거의 5배나 많다(14.1조 달러 대 2.9조 달러). 역시 IMF의 추정치에 따르면 2019년 구매력평가지수로 환산한 1인당 평균 GDP 역시 중국은 인도보다 2배 이상 많다(2만 980달러 대 9,030달러).

한편 중국은 7명의 원로로 구성된 중앙위원회가 운영하는 엄격히 통제된 일당 독재국가인 반면, 인도는 무척 불완전하지만 누구도 부인할 수 없는 민주국가이다. 2019년 프리덤 하우스Freedom House는 자유지수에서 인도에 75점을 주었지만, 중국에는 고작 11점을 부여했다. 참고로 영국은 93점, 캐나다는 99점을 받았다.

또 하나 눈에 띄게 다른 점이 있다. 중국에서는 최첨단 기술이 곳곳에 새로 도입한 '사회 신용 체계'의 일환으로 무지막지한 인터넷 검열과 흉포한 감시에 쓰이지만, 인도에서는 국내 및 국외에서 첨단 기업의 리더를 키워내는 데 큰 역할을 하고 있다. 실제로 인도에서 미국으로 건너간 많은 이민자가 실리콘밸리의 리더가 되었다. 구글의 순다르 피차이Sundar Pichai, 마이크로소프트의 사티아 나델라Satya Nadella, 어도비의 샨타누 나라옌Shantanu Narayen, 글로벌파운드리스의 최고 경영자를 지낸 산자이 자Sanjay Jha가 대표적이다.

인도가 중국의 경제적 성공을 어느 정도까지 재현해낼 수 있을지 지켜보는 일도 흥미로울 것이다. 앞으로 중국은 인구통계의 변화에 대처해야 한다. 2012년 이후로 의존율—경제활동인구를 너무 어리거나 너무 늙어서 일할 수 없는 사람의 수로 나눈 값—이 꾸준히 상승해 이제 40퍼센트를 넘어섰다. 문제는 중국이 노령화하기 전에 진정으로 부유한 국가로 올라설 수 있느냐는 것이다. 인도와 중국은 커다란 환경문제도 안고 있으며, 많은 국민을 먹여 살려야 하는 과제도 해결해야 한다. 그러나 인도는 경작지가 50퍼센트나 더 많다.

상황을 복잡하게 만드는 마지막 문제는 인도와 중국이 핵무기를 보유하고 있으면서도 히말라야산맥 주변의 영토 분쟁을 종식시키기 위해 구속력 있는 어떤 조약도 아직 맺지 않았다는 것이다. 두 나라는 그 문제를 두고 다툼까지 벌인 적이 있다. 특히 1962년에는 대규모 무력 충돌이 있었다. 힘이 점점 강대해지는 두 국가가 국경과 관련해 의견이 충돌하면 상황이 심각해질 수 있다.

하지만 영토 분쟁이 인도의 가장 시급히 해결해야 할 문제는 아니다. 출산율을 최대한 신속하게 낮추는 것이 급선무이다(그 밖의 모든 조건이 동일할 때 출산율을 낮추는 것만으로도 1인당 소득이 올라간다). 또 기본 식량의 자급자족을 유지하고(식량을 수입에 의존하기에 14억 명이란 인구는 너무 많다), 힌두교도와 이슬람교도 간의 악화하는 관계를 해결할 방법을 찾아내는 것도 시급하다.

19

왜 제조업이 여전히 중요할까?

Numbers Don't Lie

제조업은 더 커지면서도 더 작아졌다. 2000~2017년 세계 전역의 공장에서 생산된 상품의 가치는 6.1조 달러에서 13.2조 달러로 2배 이상 상승했다. 그사이 제조업의 '상대적' 중요성은 급속히 떨어지며, 과거 농업이 밟았던 하락을 되짚어가고 있다(현재 농업이 세계경제 생산에서 차지하는 비율은 4퍼센트에 불과하다). 유엔이 동일한 기준에서 발표하는 국가별 통계에 따르면, 제조업 분야가 세계경제 생산에 기여하는 비중은 1970년 25퍼센트였지만 2017년에는 16퍼센트 이하로 떨어졌다.

이런 하락 추세는 주식시장에서 일찌감치 나타났는데 초

일자리를 만들어내는 제조업

10대 제조업 강국 중 두 곳만이 최근 실업률이 5퍼센트를 넘었다.

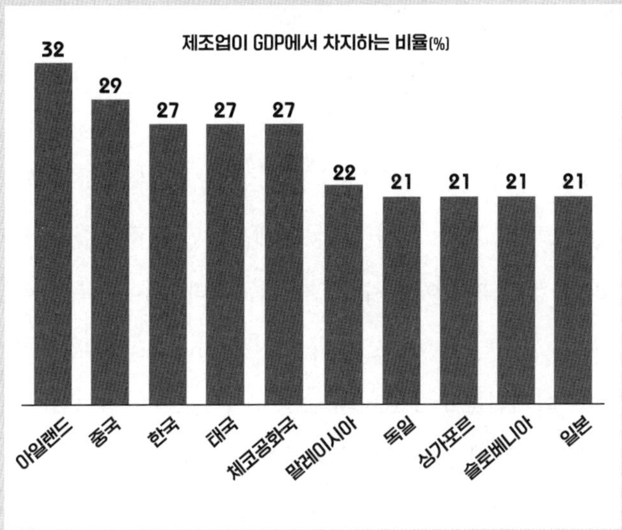

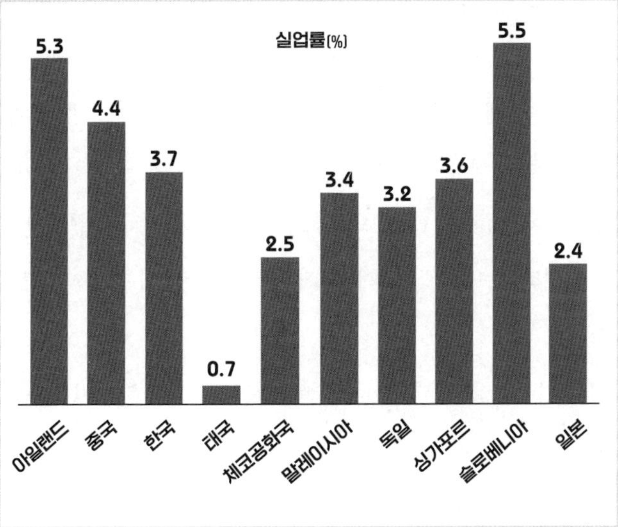

대형 제조업체보다 많은 서비스 기업의 시가총액이 더 높다. 2019년 말, 셀카의 끝없는 조달자 페이스북의 시가총액은 약 5,750억 달러로, 세계 최대 승용차 제조업체인 도요타의 거의 3배에 달했다. 유럽 최대의 소프트웨어 개발 회사 SAP는 유럽 최대의 항공기 제조 회사 에어버스보다 시가총액에서 60퍼센트가량 높았다.

하지만 제조업은 한 국가의 경제 건전성을 유지하는 데 여전히 중요하다. 다른 어떤 분야도 제조업만큼 적정한 임금의 일자리를 많이 만들어낼 수 없기 때문이다. 페이스북을 예로 들어보자. 2019년 말 페이스북의 직원은 약 4만 3,000명이었지만, 2019 회계연도에 도요타의 고용 직원은 37만 명이었다. 결국, 제품을 만들어내는 직종이 여전히 중요하다는 뜻이다.

4대 경제 대국은 여전히 4대 제조업 강국이며, 2018년에는 세계 제조업 생산량의 약 60퍼센트를 책임졌다. 중국이 최상위국으로 약 30퍼센트를 차지했다. 그 뒤를 미국(약 17퍼센트), 일본, 독일이 차례로 이었다. 그런데 이들 국가의 경제에서 제조업이 차지하는 상대적 중요성은 현저히 다르다. 중국의 경우에는 제조업이 2018년 GDP의 29퍼센트 이상을 차지했지만, 같은 해 일본과 독일에서는 약 21퍼센트, 미국에서는 11퍼센트에 불과했다.

1인당 제조업 가치로 국가별 순위를 매기면, 2018년에는 독일이 약 1만 200달러로 4대 제조업 강국 중 1위를 차지했고, 일본이 약 7,900달러, 미국이 약 6,800달러, 중국은 약 2,900달러에 불과했다. 그러나 현재 제조업 최강국은 아일랜드이다. 1973년 당시 유럽경제공동체였던 유럽연합에 가입하기 전까지 아일랜드 경제에서 제조업은 작은 부문에 불과했다. 그렇지만 낮은 법인세(13.5퍼센트)로 수십 곳의 다국적기업을 끌어들였고, 이제 이런 기업들이 아일랜드에서 제조해 수출하는 물량의 90퍼센트를 생산한다. 아일랜드의 1인당 제조업 가치는 연간 2만 5,000달러를 넘어 스위스의 1만 5,000달러를 앞선다. '스위스의 제조업' 하면 노바티스와 로슈(제약 기업), 스와치그룹(론진, 오메가, 티소를 비롯해 여러 명품 시계를 제조하는 기업) 같은 유명한 국내 기업을 떠올린다. 하지만 아일랜드의 제조업을 이끄는 애플, 존슨 앤드 존슨, 화이자 등은 모두 외국계 기업이다.

공산품이 총상품 무역의 90퍼센트 이상을 차지하는 국가로는 중국과 아일랜드 외에도 체코공화국, 이스라엘, 한국이 있다. 독일은 90퍼센트에 가깝고, 미국은 70퍼센트에 못 미친다.

제조업 분야의 국제 무역수지는 두 가지를 명확히 드러낸다는 점에서 중요하다. 첫째는 한 국가에서 소화할 수 있는 상품의 규모이고, 둘째는 그 상품에 대한 해외 수요이다. 예상대로 스위스·독일·한국은 무역수지에서 큰 흑자국인 반면, 미국은 상품수지에서 2018년 8,910억 달러, 1인당으로는 약

2,700달러의 적자를 기록했다. 이런 적자액은 전자 제품, 의복, 가구, 주방용품을 아시아로부터 수입하며 지불한 돈이었다.

그러나 미국도 1982년까지 수 세대 동안 상품수지가 흑자였다. 한편 중국은 1989년까지 만성적인 적자국이었다. 상품수지에서 미국이 중국과의 엄청난 불균형을 바로잡을 가능성이 있을까? 또 제조업에서 인도가 중국의 성공을 재현할 가능성이 있을까?

20

러시아와 미국: 결코 변하지 않는 것들

Numbers Don't Lie

21세기가 시작되고 20년 동안 있었던 러시아와 미국 간 갈등은 오랫동안 지속된 두 초강대국의 경쟁의식이 다시 구체화한 것에 불과하다. 2019년 8월, 미국은 러시아와 함께 중거리 핵전력 조약Intermediate-Range Nuclear Forces Treaty, INF을 탈퇴했다. 양측 모두 새로운 미사일을 개발하고 있으며, 한때 소련의 일원이던 우크라이나의 미래를 두고도 옥신각신 싸우고 있다.

돌이켜 보면 미국과 러시아 간의 오랜 대치 가운데 결정적인 순간은 1957년 10월 4일(금요일)이었다. 소련이 최초의 인공위성 스푸트니크 1호를 쏘아 올린 날이었다. 기술적으로는 대

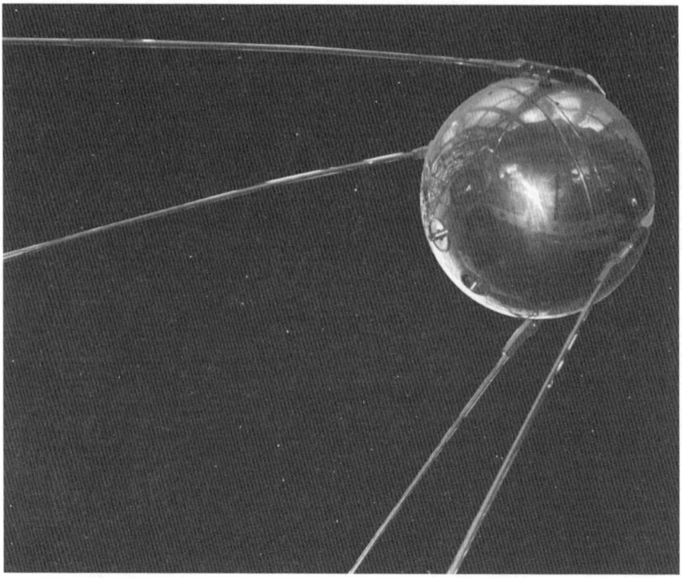

인공위성 스푸트니크 1호.

단치 않은 사건이었다. 직경 58센티미터, 무게 약 84킬로그램의 구체에 막대기 같은 안테나들이 달린 인공위성을 지구의 저궤도에 쏘아 올린 것이었다. 3개의 은아연 합금 배터리가 전체 질량의 60퍼센트를 차지했지만, 전체 전력은 1와트에 불과했다. 하지만 3주 동안 20.007메가헤르츠와 40.002메가헤르츠로 날카로운 신호음을 발신하기에는 충분한 전력이었다. 스푸트니크 1호는 지구를 1,440번 회전하고, 1958년 1월 4일 대기권에 진입하며 불타버렸다.

스푸트니크 1호는 전혀 놀라운 사건이 아니었다. 그 전부터 소련과 미국은 국제지구관측년International Geophysical Year (1957~1958) 동안 인공위성을 지구 궤도에 쏘아 올릴 것이라고 꾸준히 밝혀왔기 때문이다. 심지어 소련은 스푸트니크 1호를 발사하기 전에 기술적인 세부 사항을 발표하기도 했다. 하지만 그렇다고 일반 대중이 1957년 말에 발신음을 삐삐거리는 작은 구체를 제대로 인식한 것은 아니었다.

서구 세계는 놀라면서도 두려운 반응을 보였고, 미국은 당혹감을 감추지 못했다. 스푸트니크 1호의 충격을 상쇄하기 위해 그해 12월 서둘러 발사한 뱅가드 TV_3 로켓이 케이프커내버럴 공군기지의 발사대에서 이륙하고 2초 만에 폭발하자 미국의 당혹감은 더욱 깊어졌다. 유엔에 파견된 소련 대표단은 미국 대표단에 미개발 국가를 위한 프로그램에 따라 소련의 기술 지원을 받겠느냐고 묻기도 했다.

이런 공개 모욕은 미국 정부에 우주 프로그램을 가속화하고, 확인된 기술 격차를 해소하고, 수학과 과학 교육을 강화하라는 요구로 이어졌다. 당시 미국 교육계는 역사상 가장 큰 충격을 받았을 것이다.

이 모든 것이 나에게는 개인적으로 중대한 의미가 있었다. 1957년 10월, 나는 10대 소년으로 체코슬로바키아에 살았다. 매일 학교에 등교할 때마다 철조망 건너편의 서독, 그러나 지뢰 때문에 다가갈 수 없는 서독 쪽을 바라보며 그 땅이 차라리 다른 행성이면 더 좋았으리라고 생각했다. 당시 소련공산당 서기장 니키타 흐루쇼프는 서방 세계에 "우리가 너희를 묻어버릴 것"이라 주장했다. 공산주의 과학과 공학의 우월성에 대한 그의 호언장담은 거의 공황에 가까운 미국의 반응 덕에 더욱 힘을 얻었다. 따라서 소련이 보여준 능력은 대부분 사람에게 소련의 우월함이 우리 세대에 끝나지 않을 수도 있다는 두려움을 불러일으켰다.

그러나 과학과 공학에서 실질 격차는 없었다는 게 곧 밝혀졌다. 미국은 통신, 기후 예측, 첩보 등 여러 목적의 위성을 연이어 쏘아 올리며 결정적 우위에 올라섰다. 스푸트니크 1호로 인해 충격을 받고 12년이 지나지 않아 닐 암스트롱과 버즈 올드린이 달을 밟았지만, 소련 우주 비행사는 아직 달에 착륙하지 못했다.

스푸트니크 1호를 쏘아 올리고 11년이 지난 후, 프라하의 봄 동안 소련 제국의 영향력은 일시적이나마 약화했다. 그때 체코슬로바키아는 소련공산당의 지배를 받으면서도 더 많은 자유를 얻으려고 애썼다. 그 결과 공산당원이 아닌 체코 시민도 서방 세계를 여행할 수 있는 여권을 얻을 수 있었다. 덕분에 1969년 나는 아내와 함께 뉴욕에 도착했다. 그리고 몇 주일이 지나지 않아 국경이 다시 20년 동안 봉쇄되었다.

1975년 우리가 미국에서 캐나다로 이주한 직후, 신축 위니펙 컨벤션센터Winnipeg Convention Center에서 소련 우주 프로그램을 최초로 공개하는 대규모 전시회가 열렸다. 실물 크기로 제작한 스푸트니크 1호의 모형이 중앙 로비의 공중에 철선으로 매달려 있었다. 나는 에스컬레이터를 타고 그 반짝이는 구체를 올려다보며 1957년 10월 4일로 기억을 되돌렸다. 그때 그 삐삐거리는 인공위성은 적어도 나에게는 공학과 과학의 승리가 아니라, 소련의 힘이 내 평생 동안 계속될 거라는 두려움의 상징이었다.

그 두려움에서는 벗어났지만 프랑스어로 흔히 말하듯 "많은 것이 변하더라도 본질은 변하지 않는다".

21

쇠락하는 제국들: 태양 아래 새로운 것은 없다

(황제나 황후가 있는) 실제 제국이든 (경제력과 군사력으로 정의되고, 힘의 과시와 변화무쌍한 동맹으로 유지되는) 실질적인 제국이든 그 제국을 유지하기는 예부터 결코 쉽지 않았다. 제국들은 중앙집권의 정도, 또 영토와 경제 그리고 정치에 실질적으로 지배권을 행사한 정도가 달랐기 때문에 그 수명을 단편적으로 비교하기는 쉽지 않다. 그러나 한 가지 결론은 분명하다. 주요 국가들의 군사력, 기술력, 경제력이 꾸준히 향상되기 때문에 거대 제국을 상당한 기간 동안 유지하기가 더 어려워졌다는 것이다.

2011년 당시 하버드대학교의 정량사회과학연구소 선임

최근의 실질적인 제국과 '실제 제국'의 수명

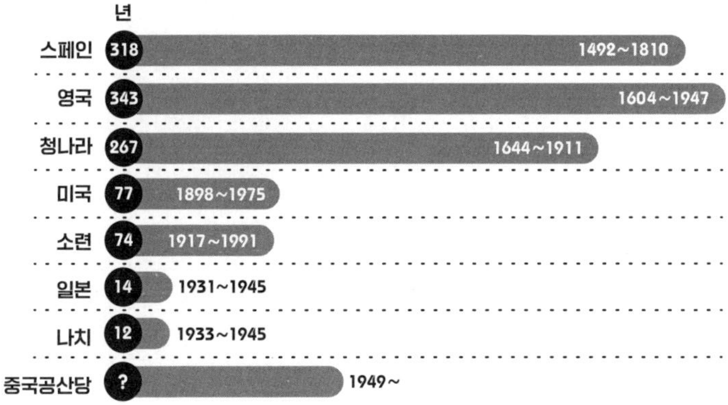

연구원이던 새뮤얼 아베스먼Samuel Arbesman은 기원전 3000년부터 기원후 600년까지 존재한 41개 고대 제국의 수명을 분석했다. 그 결과, 제국의 평균 지속 기간은 220년이지만 적어도 200년간 지속한 제국이 800년간 존속한 제국보다 대략 6배는 많기 때문에 제국의 수명 분포가 무척 왜곡되는 현상을 보인다는 사실을 알아냈다. 게다가 가장 오랫동안 존속한 세 제국—1,000년 동안 지속된 메소포타미아의 엘람 제국, 각각 500년 동안 지속된 이집트의 고왕국과 신왕국—은 기원전 1000년 이전에 전성기를 누렸다(엘람 제국은 기원전 1600년경, 이집트 고왕국은 기원전 2800년경, 이집트 신왕국은 기원전 1500년경).

기원후 600년 이후에도 제국은 존재했지만, 자세히 분석하면 특별히 장수한 제국은 없었다. 물론 중국은 1911년까지 제국의 지배를 받았다. 하지만 외부의 침략자가 세운 왕조들, 예컨대 단명한 몽골의 원나라(1279~1368), 만주의 청나라(1644~1911)를 포함해 12개 왕조가 중국을 다스렸다. 각 왕조는 중원 지역을 넘어 서쪽과 북쪽 지역을 어떻게 지배하느냐에 따라 영토가 확대되거나 줄어들었다.

스페인 제국과 대영제국의 시기에 대해서는 논란이 많다. 스페인 제국이 1492년에 시작되어 1810년에 실질적으로 와해된 것으로 본다면, 마드리드(1584년 이후에는 스페인 군주의 거주지이던 엘에스코리알)의 지배는 300년을 조금 넘는다. 대영제국은 1497년(존 캐벗이 북아메리카로 항해한 때)이나 1604년(잉글랜드-스페인 전쟁을 종결지은 런던 조약을 체결한 때)에 시작되어 (앵귈라부터 터크스케이커스제도까지 작은 해외 영토를 논외로 하면) 1947년(인도가 독립한 때)이나 1960년(아프리카에서 인구가 가장 많은 나이지리아가 독립한 때)에 끝난 것으로 보아야 할까? 후자라면 대영제국의 존속 기간은 356년이 된다.

20세기 내내 존속한 제국은 없었다. 중국의 마지막 왕조 청나라는 1911년에 몰락해 267년간(청나라 군대가 베이징을 점령하며 명나라를 최종적으로 멸망시킨 1644년을 기준으로 함—옮긴이)의 통치를 끝냈고, 그 후 새로운 공산주의 제국은 1949년에야 세워졌다.

로마노프왕조를 계승한 소련 제국은 과거 차르가 지배하

던 영토 중 폴란드 일부와 핀란드를 제외하고 대부분을 되찾아, 제2차 세계대전 이후에는 발트해부터 흑해까지 내려오는 철의 장막으로 동유럽과 중유럽 국가들에까지 지배력을 확대했다. 냉전 동안 소련 제국은 북대서양조약기구의 전략가들과 워싱턴의 정책 결정자들에게 강력한 적으로 보였지만, 나를 포함한 내부인은 그처럼 가공할 상대로는 여기지 않았다(나는 26세까지 소련 치하에서 살았다). 그렇기는 해도 소련이 그처럼 쉽사리 해체된 것은 놀라운 일이었다. 소련 제국은 1917년 11월의 첫 주부터 1991년 12월의 마지막 주까지 74년 1개월 동안 지속되었다. 그 기간이면 유럽 남성의 평균수명이다.

다행히 일본과 독일의 침략적 제국은 훨씬 더 단명으로 끝났다. 일본군은 1931년 9월 만주를 점령하기 시작했고, 1937년 초부터는 중국 동부의 여러 주를 장악했다. 또 1940년부터는 베트남, 캄보디아, 태국, 미얀마 및 오늘날 인도네시아의 일부를 손에 넣었다. 1942년 6월에는 애투섬(알류샨열도 최서단에 위치한 섬)과 그곳에서 동쪽으로 약 300킬로미터 떨어진 키스카섬을 점령했다. 일본은 동쪽 끝의 두 전초기지를 13개월 후에 잃었다. 1945년 9월 2일에는 항복 문서에 서명했다. 결국 일본 제국의 확장은 정확히 14년 동안 유지되었다. 그사이 독일의 제3제국은 1,000년 동안 존속할 것이라 장담했지만, 아돌프 히틀러가 1933년 1월 30일 총리에 오른 이후 12년 3개월 만에 사라졌다.

미국도 '제국'일까? 설령 미국 제국이 실제로 존재하고, 1898년(미국-스페인 전쟁으로 필리핀, 푸에르토리코, 괌을 병합한 때)에 시작되었다고 믿더라도, 그 제국이 지금까지 강대해지고 있다고 믿어야 할까? 제2차 세계대전은 미국이 결정적 승리를 거둔 마지막 주요 전쟁이었다. 한국전쟁과 베트남전쟁, 아프가니스탄전쟁, 이라크전쟁 등은 지루하게 계속되며 큰 희생을 치렀지만 승패를 명확히 판정하기 힘든 전쟁이었다. 1990~1991년의 걸프전쟁은 짧게 끝났지만, 12년 후 다시 이라크를 침략하고 오랜 교착 상태(2003~2011)로 많은 피를 흘려야 했기 때문에 확실한 승리는 아니었다. 미국이 세계경제 생산에서 차지하는 몫도 1945년 비정상적인 정점에 오른 이후 지속적으로 내려앉고 있다(1945년에 다른 모든 경제 대국은 전쟁으로 파괴되거나 피폐해진 상태였다). 게다가 이른바 미국 중심의 궤도에 있던 많은 국가들도 이제는 무작정 미국의 뜻을 따르거나 동의하는 경향을 띠지 않는다. 따라서 미국은 아직도 존속하는 '제국'이라 말할 수 없다.

제국의 종말에 대한 이런 교훈에 누가 가장 주목해야 할까? 당연히 중국공산당이다. 중국공산당이 티베트와 신장웨이우얼자치구를 억압하는 데다 그들의 정책이 긴 국경을 마주한 국가들로부터 진정한 지지를 받지 못하고 있는데도 욕심을 내며 남중국해로 세력을 확장하고 있기 때문이다. 게다가 실크로드식으로 아시아와 아프리카의 가난한 국가들에 과도하게 투자하는 결정은 장기적으로 정치적 영향력을 행사하려는 의도가 분명하다. 2019년 10월 중국공산당은 중화인민공화국 창건, 즉 제국 통치의 환생을 축하하는 70주년 기념식을 진행했다. 근대 제국의 수명을 고려하면 지금으로부터 약 70년 후에도 중국공산당이 존재할 확률은 얼마나 될까?

NUMBERS DON'T LIE

3

MACHINES, DESIGNS, DEVICES
Inventions That Made Our Modern World

기계, 설계, 장치

현대 세계를 만든 발명

22

어떻게 1880년대는 현대 세계를 만들었을까?

Numbers Don't Lie

전자화한 세계를 흠모하는 사람들의 주장에 따르면, 20세기 말과 21세기의 처음 20년 동안 전례 없이 많은 중대한 발명이 있었다. 그러나 최근에 이루어진 대부분의 발전은 과거의 두 핵심적 발견을 변형한 것에 불과하기 때문에 이런 주장은 전형적인 착각이라 할 수 있다. 그중 하나가 마이크로프로세서(28장 참조)이고, 다른 하나는 전자기 스펙트럼의 일부인 전파의 활용이다. 이제는 더 강력하고 더 전문화한 마이크로칩이 제트여객기의 자동조종장치와 산업 로봇부터 주방용 레인지와 디지털카메라까지 모든 것을 움직이고, 이동통신 기기, 즉 스마트폰은 극초단파를 이용하고 있다.

아마도 인류 역사에서 가장 많은 발명이 이루어진 때는 1880년대일 것이다. 전기와 내연기관보다 현대 세계에 큰 영향을 미친 근원적 발명과 획기적 발견이 또 있을까?

마이크로칩이 없어도 전기만으로 세련되고 풍요로운 세계는 가능하다(마이크로칩은 1960년대에야 탄생했다). 게다가 마이크로칩이 지배하는 사이버 세계도 철저히 전기에 의존한다. 한편 지금도 전기 공급의 기본적 설계는 화력전기와 수력전기 시스템에 기반을 두고 있다. 화력과 수력은 1882년 처음 시장에 도입되었으며, 지금도 세계에서 소비하는 전기의 80퍼센트 이상을 생산하고 있다. 우리는 적어도 99.9999퍼센트의 시간, 즉 언제라도 전기를 사용할 수 있기를 바란다. 그래야 전기가 전자 장비와 관련한 모든 것을 뒷받침하는 역할을 해낼 수 있기 때문이다.

여기에 카를 벤츠Karl Benz(1844~1929)와 빌헬름 마이바흐Wilhelm Maybach(1846~1929) 그리고 고틀리프 다임러Gottlieb Daimler(1834~1900)의 공적을 더해야 한다. 그들은 휘발유를 연료로 사용하는 엔진을 성공적으로 개발했고, 그들의 엔진에 영감을 받은 루돌프 디젤Rudolf Diesel(1858~1913)은 10년 후 한층 효율적인 대안을 생각해냈다(25장 참조). 또 19세기 말에는 모든 내연기관 중 가장 효율적인 기관, 즉 가스터빈gas turbine이 개념적으로는 이미 설계된 상태

경이로운 1880년대

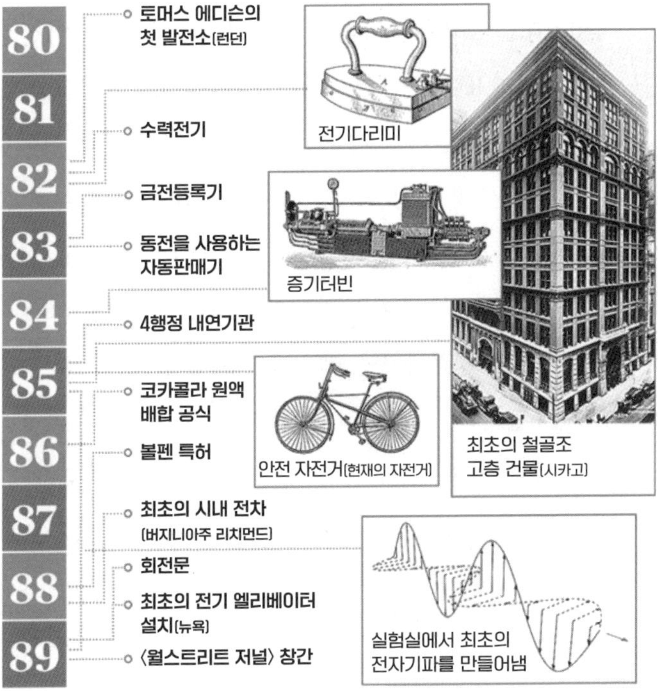

였다. 하인리히 헤르츠Heinrich Hertz(1857~1894)가 실험으로 전자기파의 존재를 입증한 때도 1880년대였다. 전자기파는 전기장과 자기장의 진동으로 만들어지며, 전자기파의 파장은 매우 짧은 우주선線부터 엑스레이, 자외선, 가시광선, 적외선을 거쳐 마이크로파와 전파까지 차례로 증가한다. 전자기파의 존재 자체는 수십 년 전에 제임스 클러크 맥스웰이 예측했지만, 헤르츠가 우리에게 무선 세계로 향하는 실질적인 문을 열어주었다.

1880년대는 우리 삶의 작은 부분에까지 깊숙이 들어왔다. 나는 15년 전 발표한 《20세기 만들기Creating the Twentieth Century》에서, 그 경이로운 10년에 근거를 둔 세속적인 인공물과 행동을 통해 미국인의 몇몇 일상을 추적했다. 예컨대 미국의 어떤 도시에서 한 여성이 아침에 일어나 맥스웰 하우스 커피(1886년에 론칭)를 마신다. 그녀는 좋아하는 앤트 제미나 팬케이크(1889년부터 판매)를 먹을까 생각하지만, 퀘이커 오츠 포장 상자(1884년부터 판매)로 손을 뻗는다. 그녀는 전기다리미(1882년 특허 취득)로 블라우스를 다리고, 발한 억제제(1888년부터 판매)를 몸에 바른다. 갈색 포장지가 없어 점심 식사를 싸지는 못한다(튼튼한 크라프트지紙를 제작하는 기술은 1880년대에 상업화되었다).

그녀는 전기로 움직이는 경輕철도(1880년대 미국 도시에서 운행되기 시작한 시내 전차를 확장한 것)로 통근한다. 자전거(1880년대에 발명되었지만 동일한 크기의 두 바퀴와 체인을 설치했다는 점에서 요즘의 자전거와 똑같다)에 거의 치일 뻔했다가(43장 참조), 회전문(1888년 필라델피아의 한 건물에 처음 설치)을 통해 철골조 고층 건물(1885년 시카고에 최초로 건설)로 들어간다. 그녀는 1층의 신문 판매소 앞에 멈춰서서 〈월스트리트 저널〉(1889년 창간)을 구입한다. 판매원은 금전등록기(1883년 특허)에 신문의 판매액을 기록한다. 그 후에 그녀는 엘리베이터(1889년 뉴욕시의 한 건물에 최초의 전기 엘리베이터 설치)를 타고 10층까지 올라가서 자동판매기(요즘과 같은 형태의 자동판매기는 1883년에 처음 등장) 앞에 멈춰서는 코카콜라(1886년 원료 배합 공식 완성) 한 캔을 산다. 업무를 시작하기 전에 그녀는 볼펜(1888년 특허)으로 기억해야 할 것을 기록해둔다.

1880년대는 경이로웠다. 1880년대에는 발한 억제제, 저렴한 인공조명, 신뢰할 수 있는 엘리베이터, 전자기장 이론 등 그 전까지와는 전혀 다른 것들이 우리의 삶을 윤택하게 해주었다. 그러나 요즘 일순간의 트위트와 페이스북의 쑥덕공론에 매몰된 사람들은 어느 시대 덕분에 그런 즐거움을 누리는지 거의 모를 것이다.

23

어떻게 전동기는 현대 문명의 동력원이 되었을까?

Numbers Don't Lie

전기장치는 1880년대에 급속히 발전했다. 1880년대에는 최초의 발전소가 세워졌고 내구성을 띤 전구와 변압기가 발명되었다. 그러나 그 기간 동안 전동기는 거의 발전하지 못했다.

초보적 단계의 직류전동기는 1830년대까지 거슬러 올라간다. 버몬트의 토머스 대븐포트Thomas Davenport(1802~1851)가 미국 최초의 전동기로 특허를 받았고, 그 전동기를 이용해 인쇄기를 돌렸다. 한편 상트페테르부르크의 모리츠 폰 야코비Moritz von Jacobi(1801~1874)는 자신이 발명한 전동기로 네바강에 띄운 작은 외륜선에 동력을 제공했다. 그러나 이런 전지를 동력으로 이용한 장치는 증기기관과 경쟁이 되지 않았다. 사반세기가 더 지난 후에야 토머스 에디슨Thomas Edison(1847~1931)이 여러 장의 문서를 동시에 제작하기 위해 스텐실용 전기 펜을 마침내 상용화하는 데 성공했지만, 이 장치도 직류전동기에서 동력을 얻었다. 1882년 이후 상업용 전기 발전이 확산되기 시작한 때부터 전동기도 흔해졌다. 1887년쯤 미국 제조업자들은 연간 약 10만 대의 전동기를 판매했고, 그중 일부는 전기 엘리베이터를 움직이는 데 사용했다. 하지만 그때까지도 모든 전동기는 직류로 작동했다.

에디슨의 옛 직원이던 세르비아 태생의 니콜라 테슬라Nikola Tesla(1856~1943)는 직접 회사를 세워 교류로 작동하는 전동기를 개발했다. 교류발전기의 개발 목적은 경제성과 내구성, 작동의 편이성과 안전성이었다. 그러나 테슬라가 처음으로 교류발전기를 세상에 알린 것은 아니었다. 1888년 3월, 이탈리아 공학자 갈릴레오 페라리스Galileo Ferraris(1847~1897)가 토리노의 왕립과학학술원에서 교류발전기에 대해 강연했고, 한 달 후에는 자신의 연구 결과를 논문으로 펴냈다. 테슬라가 미국 전기공학회에서 관련 강의를 하기 한 달 전이었다. 그렇지만 교류유도전동기뿐 아니라, 교류전동기에 반드시 필요한 교류변압기와 배전 시스템까지 설계한 주역은 미국 발명가들로부터 넉넉한 자금을 지원받은 테슬라였다. 테슬라는 다상多相전동기polyphase motor를 위

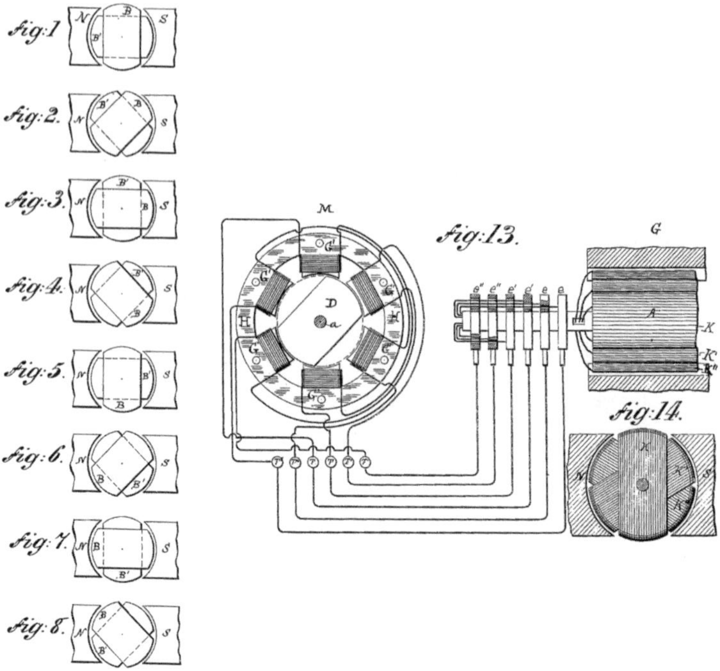

테슬라가 교류발전기의 특허를 획득하기 위해 미국 특허청에 제출한 서류에 첨부한 그림들.

한 두 건의 기본 특허를 1888년에 얻었고, 그 후로 1891년까지 36건 넘는 특허를 신청했다.

다상전동기에는 고정자 안의 각 전자극에 다수의 권선捲線, winding이 있고, 각 권선을 따라 주파수와 진폭은 동일하지만 전압의 위상位相은 다른 교류 전기가 흐른다(삼상三相전동기의 경우 3개의 권선을 사용).

젊은 시절의 니콜라 테슬라.

조지 웨스팅하우스George Westinghouse(1846~1914)는 1888년 7월 테슬라에게 교류 특허를 구입했다. 그리고 1년 후 웨스팅하우스 주식회사는 세계 최초의 소형 전기기구, 즉 125와트의 교류전동기로 움직이는 선풍기를 판매하기 시작했다. 테슬라의 첫 특허는 이상二相전동기용이었지만, 현재 많은 가정에서 사용하는 전기 제품에 작은 단상교류전동기를 활용한다. 상대적으로 크고 효율성도 더 나은 삼상전동기는 주로 산업용으로 쓰인다. 독일 기업 아에게AEG에서 선임 전기 기사로 일한 미하일 오시포비치 돌리포도브로폴스키Mikhail Osipovich Dolivo-Dobrovolsky(1862~1919)는 1889년 최초로 삼상유도전동기를 조립해냈다.

요즘에는 매년 약 120억 개의 비산업용 소형 전동기가 판매되고, 그중에는 휴대폰 진동 알림에 사용하는 20억 개의 초소형 직류전동기(직경 4밀리미터)도 포함되어 있다. 이 전동기를 작동하는 데 필요한 동력은 1와트의 몇 분의 1에 불과하다. 그 반대편에는 프랑스 초고속 열차Train à Grande Vitesse, TGV에 동력을 공급하는 6.6~12.2메가와트 전동기가 있으며, 공기압축기, 선풍기, 환풍기, 컨베이어 등에 사용하는 초대형 고정식 전동기의 출력은 60메가와트가 넘는다. 이처럼 다양한 출력을 갖추고 어디에나 존재함으로써 전동기는 이제 현대 문명에 없어서는 안 될 동력원, 즉 에너자이저가 되었다.

24

변압기: 찬양받지 못하는 조용하고 수동적인 장치

Numbers Don't Lie

나는 큰돈이 들지 않는 핵융합, 값싼 초음속 여행, 다른 행성을 지구처럼 만들기 등에서 과학기술적 돌파구가 임박했다는 과장된 주장을 예부터 좋아하지 않았다. 대신 현대 문명의 많은 부분을 떠받치는 기본적이고 단순한 장치, 특히 그 역할을 묵묵히 심지어 눈에 띄지 않게 해내는 장치들은 무척 좋아한다.

변압기transformer만큼 이런 표현에 어울리는 장치는 없을 것이다. 변압기라는 장치가 존재한다는 걸 모르는 공학자도 없지만, 그것이 어떻게 작동하고 우리 일상생활에 어느 정도까지 필요한 장치인지 정확히 알고 있는 공학자도 무척 드문 편이다.

이론적 기초는 1830년대 초에 마련되었다. 마이클 패러데이와 조지프 헨리Joseph Henry(1797~1878)가 서로 독자적으로 전자기 유도를 발견한 덕분이었다. 그들은 자장磁場에 변화를 주면 더 높은 전압의 전류가 유도되거나(점증), 더 낮은 전류가 유도되는 것(점강)을 입증했다. 그러나 반세기가 지난 후에야 뤼시앵 골라르Lucien Gaulard(1850~1888), 존 딕슨 기브스John Dixon Gibbs(1834~1912), 찰스 브러시Charles Brush(1849~1929), 서배스천 지아니 데 페란티Sebastian Ziani de Ferranti(1864~1930)가 그런대로 쓸 만한 변압기의 원형原型을 처음으로 설계할 수 있었다. 그 후에는 헝가리의 삼인조 공학자 오토 블라치Ottó Bláthy, 미크서 데리Miksa Déri, 카로이 지페르노브스키Károly Zipernowsky가 그 설계를 개선한 도넛 모양의 변압기를 제작해 1885년에 공개했다.

바로 다음 해에는 미국 공학자 삼인방 윌리엄 스탠리William Stanley, 앨버트 슈밋Albert Schmid, 올리버 B. 섈렌버거Oliver Blackburn Shallenberger가 좀 더 개선된 설계를 제시했다. 그들은 모두 웨스팅하우스에서 일하던 공학자였다. 그 장치는 고전적인 스탠리 변압기 형태를 띠었고, 그 형태, 즉 얇은 규소 강판들로 만든 철심을 중앙에 두고 미리 감아둔 구리선 코일을 쉽게 끼워 넣을 수 있도록 한쪽은 E 모양, 반대편은 I 모양을 띠는 형태가 그 이후로 줄곧 유지되었다.

윌리엄 스탠리는 1912년 미국 전기공학회에서 열린 강연

지멘스가 중국에 설치한 세계에서 가장 큰 변압기.

에서 "이 장치가 까다로운 문제를 완벽하게 간단히 해결합니다. 이 장치는 균형을 잡으려는 모든 기계적 시도를 창피하게 만들죠. 그런 시도에 투입되고 빼앗기는 에너지양을 대단히 쉽고 확실하게, 또 경제적으로 해결합니다. 이 장치는 믿을 수 있고, 강력하며, 확실합니다. 철심과 구리선을 결합한 이 장치에서는 경이로운 힘들이 믿기지 않을 정도로 멋지게 균형을 이룹니다"라고 자랑했는데, 이는 조금도 과장이 아니었다.

이런 기본적 설계를 초대형으로 구현함으로써 전기를 멀리까지 전달할 수 있게 되었다. 2018년 지멘스는 중국과 계약한 7대의 1,100킬로볼트 변압기 중 첫 번째 것을 인도했다. 중국은 그 변압기를 이용해 거의 3,300킬로미터의 직류 고압선으로 연결된 여러 지방에 전기를 공급할 예정이다.

스탠리가 얼마를 상상했든 거의 매일 충전해야 하는 휴대용 전자 기기의 수요가 폭발적으로 증가한 덕분에 이제 변압기의 개수는 그의 상상을 초월했다. 2016년 전 세계 스마트폰 생산량은 18억 대를 넘어섰다. 휴대폰과 함께 제공하는 충전기에는 작은 변압기가 들어 있다. 휴대폰 충전기의 심장부를 보겠다고 그 작은 장치를 분해할 필요는 없다. 인터넷에 포스팅된 아이폰 충전기의 완전 분해 과정을 통해 변압기가 충전기에서 가장 큰 부품이라는 걸 쉽게 확인할 수 있다.

그러나 많은 충전기에 그보다 훨씬 작은 변압기가 담겨 있다. 이 변압기는 스탠리형, 즉 전선이 감긴 장치가 아니라 압전효과piezoelectric effect(결정체에 압력이나 변형을 가하면 전류가 발생하고, 결정체에 전류를 흘리면 압력이나 변형이 생기는 현상)를 이용한 변압기이다. 음파가 그런 결정체에 영향을 주어도 전류를 발생할 수 있고, 전류가 그런 결정체에 흐르면 소리를 만들어낼 수 있다. 전류를 이런 식으로 사용하면 무척 다른 전압을 가진 전류를 만들어내는 게 가능하다.

전자식 변압기electronic transformer는 최신 혁신이 창조해낸 장치이다. 전통적인 변압기와 비교하면 전자식 변압기는 크기와 질량이 크게 작아진 덕분에, 앞으로는 풍력과 태양광처럼 불안정한 전기를 전력망에 모아두는 데, 또 직류 마이크로그리드microgrid(소규모 자급자족 전력 체계—옮긴이)에 특히 중요해질 것이다.

25

왜 아직은 디젤엔진을 폐기할 때가 아닌가?

Numbers Don't Lie

1897년 2월 17일, 뮌헨공과대학교의 이론공학 교수 모리츠 슈뢰터Moritz Schröter(1851~1925)는 루돌프 디젤의 엔진을 공식적으로 인증하기 위한 테스트를 시행했다. 그 목적은 디젤엔진의 효율을 검증하고, 더 나아가 디젤엔진을 상업용으로 개발하는 데 대한 적합성까지 입증하는 것이었다.

4.5톤의 디젤엔진은 인상적인 효능을 보여주었다. 최대 출력이 13.4킬로와트(18마력, 요즘 소형 오토바이의 출력)였고, 그 상태에서 순효율이 26퍼센트였다. 달리 말하면, 당시의 어떤 휘발유 엔진보다 효율이 탁월하게 좋았다. 이에 자신감을 얻은 디

젤은 아내에게 "누가 설계한 엔진도 내 엔진만큼의 성능을 보여준 적이 없었소. 이제 내가 내 전문 분야에서 최고가 되었다고 떳떳하게 자랑할 수 있을 것 같소"라는 편지를 보냈다. 그해 말, 디젤이 설계한 엔진의 순효율은 30퍼센트까지 오르며, 휘발유를 연료로 사용한 당시의 오토 엔진Otto engine(니콜라우스 오토 Nikolaus Otto가 설계한 4행정 내연기관—옮긴이)보다 2배나 높은 효율을 보여주었다.

시간이 지남에 따라 효율성의 격차는 줄어들었지만, 오늘날에도 디젤엔진은 휘발유 엔진보다 여전히 15~20퍼센트가량 더 효율적이다. 디젤엔진에는 여러 이점이 있다. 첫째, 에너지 밀도energy density가 높은 연료를 사용한다. 동일한 부피에서 디젤유는 휘발유보다 12퍼센트의 에너지를 더 함유한다. 따라서 동일한 부피의 연료로 디젤 자동차는 더 멀리 갈 수 있다. 둘째, 자기 점화를 위한 압축비가 휘발유 엔진에 비해 2배 더 높다. 따라서 더 완전히 연소되고, 배기가스는 더 차갑다. 셋째, 디젤엔진은 품질이 낮은 연료, 즉 더 값싼 연료를 태워 사용할 수 있다. 게다가 현대의 전자식 연료 분사 시스템을 사용하면 연료를 고압으로 실린더에 분사함으로써 효율성을 더 높이고, 배기가스의 오염도를 낮출 수 있다.

1897년의 테스트는 성공적으로 끝났지만, 실망스럽게도 신속한 상업화가 뒤따르지는 않았다. "시장성이 충분한 기계"

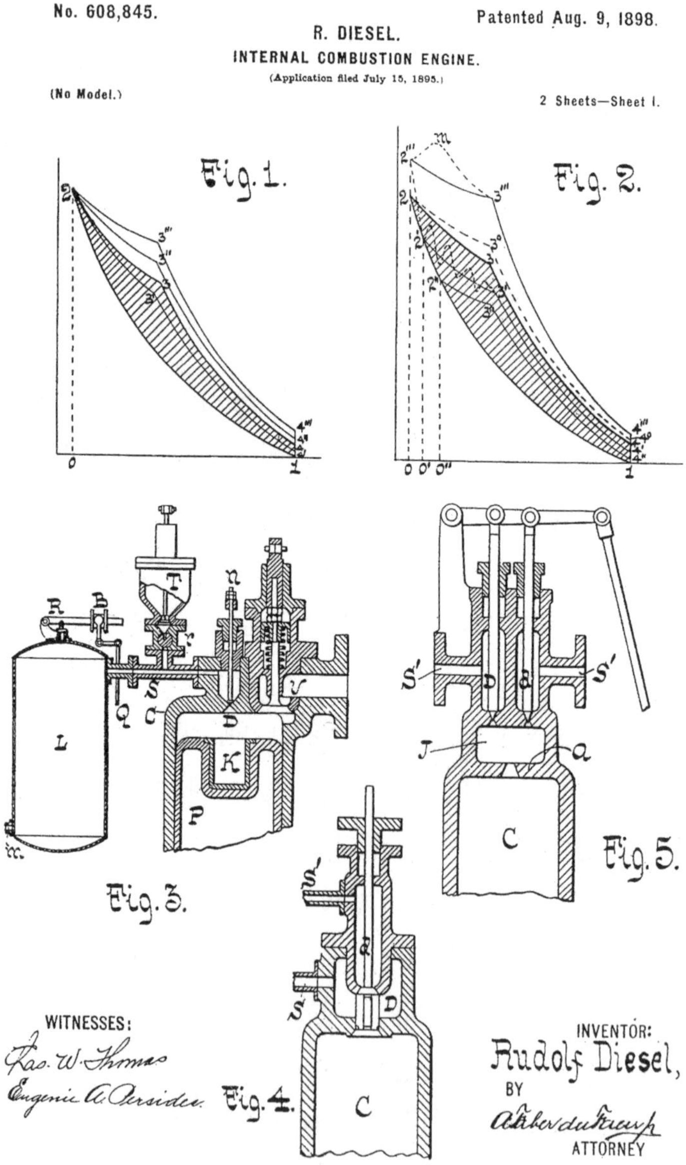

루돌프 디젤이 새로운 내연기관의 특허를 획득하기 위해 미국 특허청에 제출한 서류.

여서 "나머지 문제는 자동으로 해결될 것"이라는 디젤의 결론은 착각이었다. 1911년이 되어서야 덴마크 원양 화물선 셀란디아호가 최초로 디젤엔진을 장착했고, 제1차 세계대전이 끝난 뒤에야 디젤엔진이 선박의 주요 동력원이 되었다. 육지에서는 견인 기관차에 처음 사용했고, 곧이어 대형 운송 수단, 도로가 아닌 곳을 달리는 차량, 건설용 기계와 농기구에 쓰였다. 최초의 디젤 자동차 메르세데스-벤츠 260D는 1936년 처음 출시되었다. 오늘날 유럽연합에서는 약 40퍼센트의 승용차가 디젤엔진을 사용한다. 미국에서는 휘발유가 상대적으로 값싼 까닭에 디젤 자동차의 점유율이 3퍼센트에 불과하다.

루돌프 디젤이 처음에 품은 꿈은 산업 현장이 아닌 곳에서 개별적인 소형 공구tool에 주로 사용하는 작은 엔진을 만드는 것이었지만, 120년이 지난 지금 그의 꿈은 정반대로 실현되었다. 디젤엔진은 대규모 산업 생산에서 빼놓을 수 없고 무엇으로도 대체할 수 없는 세계화의 견인차이다. 디젤엔진은 실질적으로 모든 컨테이너선과 자동차 운반선 및 원유와 액화 천연가스, 광석과 시멘트, 비료와 곡물 같은 화물을 운송하는 벌크선에 동력을 공급한다. 디젤엔진은 또한 거의 모든 트럭과 화물열차의 동력원으로 사용된다.

이 책의 독자들이 먹고 입는 것들은 디젤을 연료로 사용하는 기구에 의해 적어도 한 번, 종종 여러 번 운송된다. 대부분

다른 나라에서 수입하는 것이기 때문이다. 옷은 방글라데시에서, 오렌지는 남아프리카공화국에서, 원유는 중동에서, 보크사이트는 자메이카에서, 자동차는 독일에서, 컴퓨터는 중국에서 수입한다. 디젤엔진의 낮은 운전 비용과 높은 효율성 그리고 높은 신뢰성과 탁월한 내구성이 없었다면 오늘날의 경제를 규정짓는 세계화가 지금처럼 진척되지 못했을 것이다.

디젤엔진은 한 세기 이상 사용되는 동안 출력과 효율성 모두 향상되었다. 요즘 선박용 디젤엔진의 출력은 81메가와트(10만 9,000마력) 이상이고, 최고 순효율은 50퍼센트를 웃돈다. 약 40퍼센트인 가스터빈보다 더 높다(32장 참조).

디젤엔진은 여전히 우리 생활의 일부이다. 게다가 디젤엔진만큼 적정한 비용으로, 또 효율적이고 신뢰할 만한 수준으로 세계경제를 계속 통합할 수 있는 마땅한 대안이 아직은 없다.

26

움직이는 모습을 포착하라: 말부터 전자까지

Numbers Don't Lie

영국 사진작가 에드워드 마이브리지Eadweard Muybridge(1830~1904)는 1867년 이동 작업실을 요세미티 계곡으로 옮겨 그곳의 경이로운 풍경을 흑백사진으로 촬영하며 미국에서 명성을 쌓았다. 5년 후에는, 당시 센트럴 퍼시픽 철도 회사의 사장이자 캘리포니아 주지사를 지냈으며 훗날 팰로앨토Palo Alto에 자신의 이름을 딴 대학을 설립한 릴런드 스탠퍼드Leland Stanford(1824~1893)로부터 "말이 달릴 때 네 다리가 모두 공중에 뜨는가"라는 오랜 논쟁을 해결해달라는 의뢰를 받았다. 스탠퍼드 자신도 말을 사육하고 있던 까닭에 그런 의문을 가질 만했다.

마이브리지가 찍은, 전속력으로 달리는 말.

마이브리지에게도 그 문제를 증명하는 것은 쉽지 않았다. 1872년 그는 말의 모든 발굽이 공중에 떠 있는 순간을 담은 사진을 한 장 찍었지만 잃어버리고 말았다. 그러나 그는 실망하지 않고 계속 연구해 마침내 해결책을 찾아냈다. 셔터가 열려 있는 시간, 즉 셔터 속도를 1,000분의 1초로 짧게 한 카메라로 움직이는 물체를 찍는 방법이었다.

1878년 6월 19일, 스탠퍼드의 팰로앨토 농장에서 결정적 실험이 이뤄졌다. 마이브리지는 트랙을 따라 실을 당겨 작동시키는 유리 감광판 카메라 여러 대를 설치하고, 말의 상을 최상으로 드러내기 위해 흰 판지를 배경으로 사용했다. 그렇게 얻은 일련의 스틸 사진을 주프락시코프zoopraxiscope라는 단순한 원통형 장치에 옮겼다. 이 장치에서 스틸 사진을 빠르게 회전시키면 그 사진의 주인공이 움직이는 것처럼 보였다.

샐리 가드너(스탠퍼드가 실험을 위해 제공한 말)는 전속력으로 달릴 때 네 발굽이 모두 공중에 떠 있는 모습을 뚜렷이 보여주었다. 그러나 말이 달리는 모습을 묘사한 유명한 그림들과는 네발이 지면에 떠 있는 순간의 모습이 달랐다. 지금 루브르 박물관에 전시되어 있는 테오도르 제리코Théodore Géricault(1791~1824)의 '1821년 엡솜의 더비 경마'에서 말은 네발을 몸통에서 최대한 멀리 뻗고 있다. 그런데 오히려 네 다리는 몸통 아래로 모을 때, 즉 말이 뒷다리를 힘차게 내뻗기 직전 공중에 떴다.

이 작업은 마이브리지의 대표작으로 이어졌다. 그 작품은 원래 그가 펜실베이니아대학교를 위해 준비하던 것이었다. 1883년부터 그는 동물과 인간의 움직임을 묘사하는 일련의 작업을 시작했다. 36미터 길이의 트랙에 평행하게 설치한 24대의 카메라를 사용했다. 각 카메라의 끝에는 두 조로 이뤄진 12개의 이동식 배터리가 달려 있었다. 트랙에는 대조적인 배경막을 설치했다. 동물이나 사람이 트랙을 달리며 셔터와 팽팽하게 연결된 끈을 끊으면 셔터가 작동했다.

그렇게 작업한 최종 결과물인 781장의 사진이 1887년 한

권의 책으로 출간되었다. 이 사진집에는 달리는 가축(개·고양이·소·돼지)뿐 아니라 들소·사슴·코끼리·호랑이가 움직이는 모습, 심지어 맹렬히 달리는 타조와 하늘을 나는 앵무새의 모습까지 담겨 있었다. 또 인간이 달리는 모습, 계단을 오르내리는 모습, 무언가를 들어 올리고 던지는 모습, 씨름하는 모습, 바닥을 기어가는 아기, 여인이 물 한 양동이를 다른 여인에게 끼얹는 모습을 연속으로 촬영한 사진도 있었다.

마이브리지의 셔터 속도는 1,000분의 1초에서 곧 1만 분의 1초가 되었다. 1940년 특허를 얻은 회전 거울 카메라의 설계에서는 그 속도가 100만 분의 1초까지 빨라졌다. 1999년에는 이집트계 미국인 화학자 아메드 즈웨일Ahmed Zewail(1946~2016)이 펨토초femtosecond(10^{-15}, 즉 1,000조분의 1초)의 척도로 화학반응의 전이 상태를 포착할 수 있는 분광 사진술spectrograph을 개발한 공로로 노벨 화학상을 수상했다.

오늘날 우리는 훨씬 빠르고 강력한 레이저파를 사용해 사건을 아토초attosecond, 즉 10^{-18}초로 분리해 포착할 수 있다. 이렇게 시간 간격을 극단적으로 분해함으로써 우리는 최근까지 어떤 직접 실험에서도 시각적으로 보지 못하던 것을 볼 수 있게 되었다. 예컨대 원자 규모에서 전자의 운동을 파악할 수 있다.

19세기를 마무리 짓던 마지막 수십 년 이후 우리가 과학과 공학에서 이뤄낸 눈부신 성과를 설명하는 사례는 얼마든지 제시할 수 있다. 발광 효율luminous efficacy(37장 참조)과 소득 및 성과에 맞추어 조정한 전기 비용(40장 참조)을 비롯해 몇몇 인상적인 사례는 이 책에서 자세히 다루겠지만, "말이 달릴 때 네 다리가 모두 공중에 뜨는가"라는 오랜 논쟁을 해결한 에드워드 마이브리지의 발견과 쏜살같이 움직이는 전자를 관찰하는 방법을 찾아낸 아메드 즈웨일의 발견도 내 머리로 생각해낼 수 있는 다른 어떤 발전만큼이나 인상적이다.

27

축음기부터 스트리밍까지

토머스 에디슨은 1931년 사망할 때까지 거의 1,100개의 미국 특허와 2,300개 넘는 세계 특허를 보유했다. 그 많은 특허 중에서 압도적으로 유명한 것은 전구 특허이다. 하지만 에디슨은 진공상태의 유리 용기라는 아이디어를 처음 생각해내지도, 백열하는 필라멘트를 처음 사용하지도 않았다. 그보다 중요한 것은 에디슨이 전기의 발전과 송전 그리고 변환이란 시스템 전체를 완전히 새로운 관점에서 생각하고 이해했다는 데 있다. 그는 자신의 생각을 처음에는 1882년 런던에서, 나중에는 로어맨해튼Lower Manhattan에서 실행에 옮겼다.

토마스 에디슨과 그의 축음기.

거의 마법에 가까운 순전한 독창력의 산물로는 1878년 2월 19일 발급된 미국 특허 번호 200521, 즉 녹음된 소리를 듣는 방법을 역사상 최초로 보여준 발명에 비교할 만한 것이 없다.

축음기(소리를 기계적으로 녹음하고 재생하는 장치)는 전신과 전화에서 탄생했다. 에디슨은 전신의 성능을 개선하기 위해 상당히 오랜 시간을 들였고, 그가 초기에 받은 특허 대부분도 인쇄 전신기printing telegraph와 관련한 것이었다. 또 1876년 전화 발명 이후 에디슨은 전화에도 관심의 끈을 놓지 않아 1878년에는 전화와 관련한 최초의 특허를 얻었다. 에디슨은 녹음된 전신 테이프를 빠른 속도로 재생하면 인간의 목소리와 유사한 소음이 들린다는 걸 알아냈다. 전화 수신기의 진동판에 바늘을 설치해 통화 메시지를 녹음하면, 즉 바늘로 테이프에 음각해서 그 테이프를 재생하면 어떻게 될까? 이런 생각에 에디슨은 홈이 파인 원통에 주석박tin foil을 씌워 진동판의 움직임을 쉽게 인식하고 녹음할 수 있는 작은 장치를 설계했다. 훗날 에디슨은 당시를 회상하며 이렇게 말했다. "나는 '마리아에게는 어린 양이 있었다'라고 말했습니다. 그러고는 재생기를 조정했죠. 내 기계는 그 소리를 완벽하게 재생해냈습니다. 나조차 깜짝 놀랐습니다. 생전에 그렇게 놀란 적이 없었죠. 모두가 놀랐습니다. 나는 처음 시도해서 작동하는 것을 항상 두려워했거든요."

곧 에디슨은 축음기를 들고 미국 전역을 순회했다. 백악관에도 가져갔다. 뜻밖에도 에디슨은 축음기를 "토머스 에디슨 최후의 작품"이라고 광고했다. 어떻게든 미국의 모든 가정이 그 기계를 구입할 수 있기를 바랐다는 뜻이리라. 에디슨은 1880년대 말 밀랍을 씌운 원통(원래는 전화를 발명한 알렉산더 그레이엄 벨Alexander Graham Bell의 동료들이 생각해낸 방법)과 전기로 움직이는 전동기를 사용해 처음의 설계를 크게 개선한 후, 가족의 목소리를 녹음하는 장치와 음악상자, 또 기업인을 위한 구술 기계와 맹인을 위한 오디오북이라고 광고했다.

하지만 판매는 결코 만족스럽지 않았다. 밀랍 원통, 특히 초기의 밀랍 원통은 쉽게 부서지는 데다 제작하기도 어려워 비쌀 수밖에 없었다. 1887년 알렉산더 그레이엄 벨의 아메리칸 그래퍼폰 컴퍼니American Graphophone Company가 에디슨 축음기의 경쟁 상대로 특허를 얻었지만, 여전히 값이 비쌌다. 요즘 가치로 환산하면 약 4,000달러였다.

1880년대 동안 전기 조명을 도입하고 개선하는 데 몰두한 에디슨은 발전소를 세우고 송전 시스템을 설계 및 개발하는 데도 시간을 아끼지 않았다. 그러다 1898년 에디슨은 에디슨 스탠더드 축음기를 20달러(현재 가치로 환산하면 약 540달러)에 판매하기 시작했다. 1년 후에는 7.50달러에 불과한 보급형 젬모델Gem Model을 출시했다. 당시 시어스 로벅Sears, Roebuck and Co.에서 다리미판iron bed을 그 가격에 판매하고 있었다. 드디어 에디슨이 1912년 깨지지 않는 셀룰로이드 원통을 대량생산하기 시작할 즈음, 에밀 베를리너Emile Berliner(1851~1929)가 1887년 처음 특허를 얻은 축음기 그라모폰gramophone은 셸락 원반형shellac disc 기록 장치를 채택했다.

에디슨은 초기의 생각을 쉽게 포기하지 못했다. 그러나 축음기 원통은 1929년 10월 마지막으로 생산되었다. 그 이후 그라모폰에 사용하는 나선형 홈의 납작한 원반이 20세기 내내 대세를 이루었고, 소리를 녹음하는 새로운 방식이 속속 등장했다. 이른바 LP 음반long play record의 미국 판매량은 1978년 최고조에 이르렀다. 그로부터 10년 후에는 콤팩트 카세트compact cassette, 즉 카세트테이프가 대세를 이뤘고, 1984년 처음 등장한 콤팩트디스크compact disc, CD는 1999년에 가장 많이 판매되었다. 이런 판매량은 7년 후 절반으로 떨어졌고, 이제는 무료 무선 스트리밍을 비롯해 음악 다운로드가 CD의 판매량을 훌쩍 넘어섰다. 에디슨이었다면, 이렇게 전자화한 방식으로 소리를 재생하는 방법을 어떻게 생각했을까?

28

집적회로의 발명

Numbers Don't Lie

벨 연구소가 트랜지스터를 재발명하고 11년이 지난 1958년쯤에는 반도체가 무척 소형화되어야만 전자 시장을 정복할 수 있다는 사실이 명백해졌다. 독립된 부품을 손으로 납땜해 회로를 제작하는 수준에서는 눈에 띄는 진전이 없었다. 그러나 흔히 그렇듯 정말 필요한 때 해결책이 나왔다.

1958년 7월, 텍사스 인스트루먼츠Texas Instruments의 잭 세인트 킬비Jack St. Kilby(1923~2005)가 일체식 회로라는 개념을 내놓았다. 그는 특허 출원서에서 그 개념을 "분산된 p-n접합을 지닌 일체一體의 반도체 물질로부터 혁신적으로 제작한 소형화된 전자

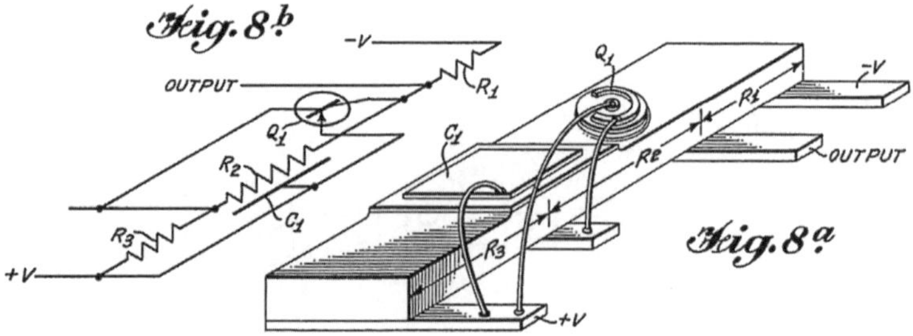

집적회로: 킬비의 '당김줄' 특허.

회로로, 전자회로에 필요한 모든 부품이 이 반도체 물질에 완전히 집적된다"고 설명했다. 특히 킬비는 "이런 식으로 제작할 수 있는 회로에는 복잡성이나 배치에 어떤 한계도 없다"는 점을 강조했다.

킬비의 아이디어는 개념상으로 완벽했지만, 그가 1959년 2월 제출한 특허 출원서에서 묘사한 것처럼 실행되지는 않았다. 그 설계도에는 회로판 표면 위로 아치 모양의 유선 연결이 필요해 평면의 부품을 만들기가 거의 불가능했기 때문이다. 킬비는 자신의 설계가 실현되지 않을 것임을 알았던 까닭에 다른 방법으로도 연결을 시행할 수 있다는 주석을 덧붙여놓았다. 일례로 그는 회로판 표면의 산화규소층에 금을 침전시키는 방법을 언급했다.

1959년 1월, 페어차일드 반도체 주식회사Fairchild Semiconductor

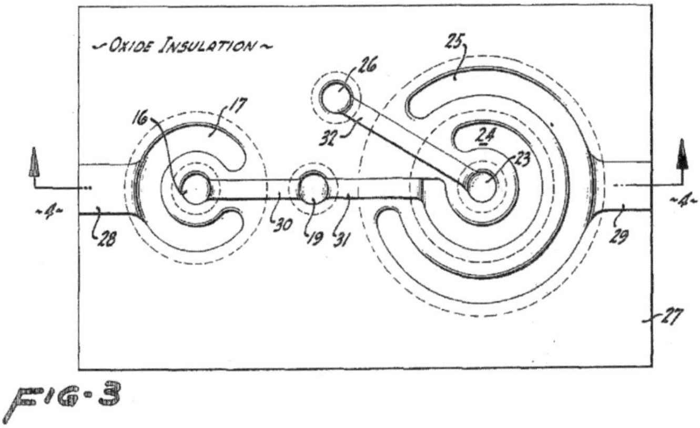

집적회로: 노이스의 평면 특허.

Corporation의 연구소장이던 로버트 노이스Robert Noyce(1927~1990)는 자신도 의식하지 못하는 사이, 킬비의 아이디어를 개선할 방법을 연구 공책에 끼적거렸다. "하나의 실리콘 조각에 다수의 장치를 만드는 게 바람직할 것이다. 그럼 장치들의 연결을 공정의 일부로 삼아 능동 소자素子의 비용뿐 아니라 크기와 무게 등도 줄일 수 있을 것이다." 노이스가 1959년 7월 제출한 특허 출원서에 덧붙인 그림에는 '당김줄flying wire'이 없었다. 오히려 그 그림은 확실한 평면 트랜지스터처럼 보였다. 그는 "진공상태에서나 다른 상태에서 가느다란 금속 조각들이 절연을 위한 산화층oxide layer 위로 접속되어, 반도체의 여러 곳을 서로 전기적으로 연결하면서도 합선을 일으키지 않도록 한다"는 설명까지 덧붙였다.

노이스의 특허는 1961년 4월에, 킬비의 특허는 1964년 7월에 승인받았다. 특허 소송은 대법원까지 올라갔고, 1970년 대법원은 사건 심리를 기각하며 노이스의 우선권을 인정한 하급법원의 판결을 인정해주었다. 하지만 그 결정으로 실제로 달라지는 것은 없었다. 1966년 두 회사가 생산 허가권을 공유하기로 합의했기 때문이다. 따라서 지금까지도 집적회로는 독자적으로 거의 동시에 발명된 대표 사례로 손꼽힌다. 기본 개념은 똑같았다. 두 발명가, 잭 킬비와 로버트 노이스는 미국 국가과학상을 수상했고 '미국 발명가 명예의 전당'에도 이름을 올렸다. 노이스는 62세에 세상을 떠났지만, 킬비는 장수해서 세상을 떠나기 5년 전인 2000년 77세의 나이에 노벨 물리학상을 받았다.

텍사스 인스트루먼츠는 새로운 설계를 마이크로직 엘리먼트micrologic element라고 명명했다. 이 설계는 대륙간탄도미사일을 통제하고 인간의 달 착륙을 지원하는 데 채택되었다.

그 이후 집적회로의 진보는 우리 시대의 발전을 결정짓는 요인 중 하나가 되었다. 집적회로의 진보를 설명하는 데는 무어의 법칙(29장 참조)이 여전히 유효한 듯하다. 1971년쯤에는 기초적인 집적회로가 단순하지만 수천 개의 부품으로 이루어진 마이크로프로세서로 발전하며, 1980년대 중반부터 개인용 컴퓨터를 적정한 가격에 제공할 수 있는 설계를 앞당겼다. 2003년에는 부품 전체가 1억 개를 넘어섰고, 2015년에는 100억 개의 트랜지스터를 담아내는 수준에 이르렀다. 달리 말하면, 1965년 이후 누적된 성장이 연간 평균 약 37퍼센트로 여덟 자릿수에 이르고, 일정한 구역에 들어가는 부품 수가 2년마다 2배로 증가했다는 뜻이다. 최근의 마이크로프로세서 용량과 비교할 때 1960년대 중반의 집적회로로 동일한 성능을 발휘하려면 1억 배나 많은 부품이 필요할 것이다. 물리학자 리처드 파인먼Richard Feynman(1918~1988)이 말했듯 "바닥에는 충분한 공간이 있다".

29

무어의 저주: 왜 기술의 진보는 우리 생각보다 오래 걸리는가?

1965년 당시 페어차일드 반도체의 연구 개발 책임자 고든 무어Gordon Moore는 "부품 비용의 최소화를 위해 집적도가 연간 대략 2배의 속도로 증가해왔다. …… 단기적으로는 이 속도가 증가하지 않더라도 꾸준히 지속할 것으로 예측한다"고 말했다. 장기적으로는 증가 속도가 약 2년을 주기로 2배가 되고, 연간 35퍼센트씩 기하급수적으로 증가한다는 것이 바로 무어의 법칙이다.

부품이 점점 작아지며 조밀해졌고, 속도는 빨라지면서도 값은 떨어졌다. 따라서 많은 제품, 특히 컴퓨터와 휴대폰의 성능은 향상한 반면 제작과 서비스 비용은 줄어들었다. 그 결과

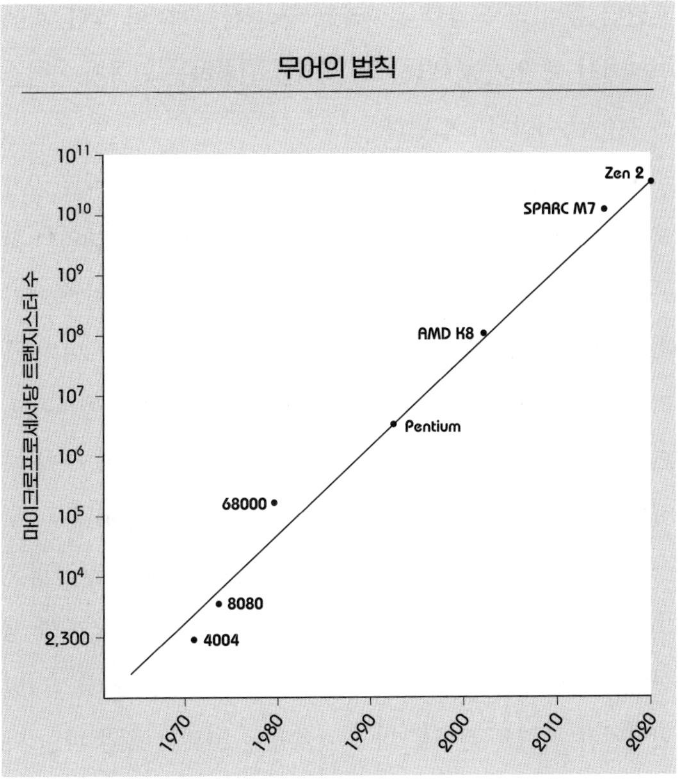

전자공학에 혁명적 변화가 일어났다.

그러나 그 혁명은 축복인 동시에 저주였다. 의도하지 않게 기술 진보에 대한 기대감이 커지는 뜻밖의 결과를 낳았기 때문이다. 예컨대 기술이 급속히 발전해 자율 주행 전기 자동차, 맞춤형 암 치료, 심장과 신장의 모형을 즉석에서 만들어내는 3D

프린터 등이 곧 등장할 것이라고 확신하는 사람이 많다. 화석 연료에서 재생 가능 에너지로 세계를 전환하는 길까지 열어놓을 것이란 이야기도 들린다.

그러나 일반적으로 말하면, 트랜지스터 밀도가 2배로 증가하는 시간이 기술의 진보를 뜻하는 기준은 아니다. 현대인의 삶은 상당히 느릿하게 개선되는 많은 공정工程, 특히 식량과 에너지를 어떻게 생산하고 사람과 상품을 어떻게 운송하느냐에 달려 있다. 이런 분야에서의 진보는 1950년대 이전에는 물론이고, 트랜지스터 발전과 관련한 본질적 개선 및 혁신에서도 무척 느렸다(트랜지스터는 1952년 보청기에 처음 상업용으로 적용되었다).

미국이 생산하는 주요 곡물인 옥수수의 평균 생산량은 1950년 이후 연간 2퍼센트씩 증가했다. 중국인의 주식인 쌀 생산량은 지난 50년 동안 약 1.6퍼센트 정도 늘어났다. 증기터빈 발전기가 화력을 전기로 바꾸는 효율은 20세기 동안 매년 약 1.5퍼센트씩 상승했다. 1900년의 증기터빈 발전기를 (가스터빈을 증기보일러에 연결한) 2000년의 복합 발전소에 비교해도 연간 증가율이 1.8퍼센트로 올라가는 정도이다. 전기 변환은 어떤 분야보다 조명에서의 발전이 인상적이었다. 그러나 1881년부터 2014년까지 조명 효율(lm/W, 와트당 루멘)은 실내조명의 경우 고작 연간 2.6퍼센트, 실외 조명의 경우 3.1퍼센트씩 상승했다 (37장 참조).

대륙을 넘나드는 여행 속도는 1900년 대형 원양 정기선의 시속 35킬로미터에서, 1958년 보잉 707의 시속 885킬로미터로 대폭 증가했다. 연평균 5.6퍼센트 상승한 셈이다. 그러나 그 이후 제트여객기의 속도는 기본적으로 변하지 않았다. 보잉 787은 707보다 겨우 몇 퍼센트 정도 빠르게 비행할 뿐이다. 한편 1973~2014년 미국 승용차(SUV와 픽업트럭 제외)의 연비는 갤런당 13.5마일에서 37마일로 연간 2.5퍼센트밖에 향상되지 않았다. 다른 식으로 말하면, 100킬로미터를 주행하는 데 1973년에는 17.4리터가 필요했지만, 2014년 이후에는 6.4리터가 필요하다는 뜻이다. 끝으로 현대 문명의 가장 기본적인 금속인 강철의 에너지 비용(코크스, 천연가스, 전기)은 1950~2010년 톤당 약 50기가줄에서 20기가줄 이하로 줄어들었다. 다시 말해 연간 1.7퍼센트가량 줄어들었다는 뜻이다.

현대 문명이 기능하게 해주는 반면 그 행동 범위를 제약하는 에너지와 물질 그리고 교통에서, 핵심적인 부분은 느리지만 꾸준히 향상되고 있다. 효율은 대체로 연간 1.5~3퍼센트 정도 높아지고, 그에 따라 비용도 그 정도로 줄어든다.

따라서 마이크로칩이 지배하는 세계 밖에서의 혁신은 무어의 법칙을 따르지 않고 훨씬 더 느리게, 한 자릿수의 속도로 진행된다.

30

지나치게 많은 정보가 지나치게 빨리 증가한다

Numbers Don't Lie

옛날에는 정보가 오직 인간의 뇌 안에만 저장되었다. 그래서 옛 음유시인들은 전쟁과 정복에 대한 이야기를 순전히 기억에만 의존해 몇 시간이고 풀어내고 또 풀어낼 수 있었다. 그런데 정보를 외부에 저장하는 방법이 발명되었다.

약 5,000년 전 메소포타미아 남부의 수메르에서 발명한 작은 점토 원통과 점토판에는 그곳에서 사용하던 고대 언어에 속한 12개의 설형문자가 있다. 각 점토판의 내용은 수백(혹은 10^2) 바이트에 해당한다. 기원전 5세기 아이스킬로스Aeschylos가 쓴 그리스 비극 3부작 《오레스테이아Oresteia》는 약 30만(혹은 10^5) 바이트에 이른다. 로마제국의 부유한 원로원 의원들은 수백 개의 두루마리를 보관한 자체 서고가 있었고, 상대적으로 큰 서고에는 적어도 100메가바이트(10^8바이트)에 해당하는 자료가 있었다.

요하네스 구텐베르크Johannes Gutenberg(1400~1468)가 활자를 이용한 인쇄술을 발명하면서 극적인 변화가 일어났다. 1500년쯤, 즉 인쇄술이 발명되고 반세기가 지나지 않아 유럽 인쇄업자들은 1만 1,000종 이상의 책을 발간했다. 정보를 다른 형태로 저장하는 방법도 아울러 발전한 덕분에 이런 놀라운 양의 발간이 가능했다. 가장 먼저 악보와 삽화 그리고 지도가 조각판이나 목판으로 인쇄되었다. 그 후 19세기에는 사진기와 녹음기가 발명되었고 영화도 탄생했다. 20세기에 들어서는 새로운 정보 저장 방식으로 마그네틱테이프와 LP 음반이 더해졌다. 1960년대부터 컴퓨터는 의학 영상(디지털 유방 촬영 영상 하나가 50메가바이트), 만화영화(2~3기가바이트), 대륙 간 금융 거래까지 디지털화의 범위를 확대했고, 급기야 분당 1억 개 이상의 메시지를 불특정 다수에게 무작위로 대량 발송하기에 이르렀다. 이렇게 디지털로 저장한 정보는 모든 인쇄물에 저장된 정보량을 넘어섰다. 셰익스피어의 희곡과 시를 모두 합하면 5메가바이트에 이르지만, 이는 한 장의 고해상도 사진, 30초가량의 고충실도 음향, 8초가량 전송되는 고화질 영상의 용량에 불과하다.

따라서 세계 전체의 정보 저장량에 비교하면 인쇄물은 극

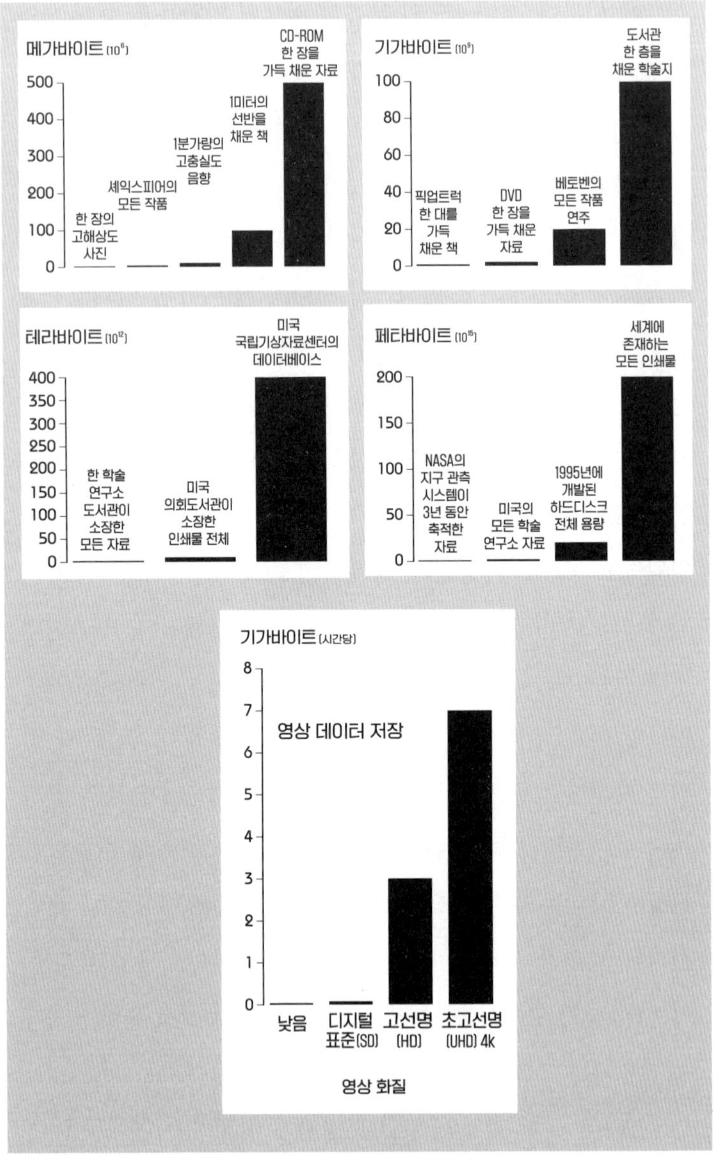
메가바이트 (10⁶)
한 장의 고해상도 사진
셰익스피어의 모든 작품
1분가량의 고충실도 음향
1미터의 선반을 채운 책
CD-ROM 한 장을 가득 채운 자료
기가바이트 (10⁹)
픽업트럭 한 대를 가득 채운 책
DVD 한 장을 가득 채운 자료
베토벤의 모든 작품 연주
도서관 한 층을 채운 학술지
테라바이트 (10¹²)
한 학술 연구소 도서관이 소장한 모든 자료
미국 의회도서관이 소장한 인쇄물 전체
미국 국립기상자료센터의 데이터베이스
페타바이트 (10¹⁵)
NASA의 지구 관측 시스템이 3년 동안 축적한 자료
미국의 모든 학술 연구소 자료
1995년에 개발된 하드디스크 전체 용량
세계에 존재하는 모든 인쇄물
기가바이트 (시간당)
영상 데이터 저장
낮음
디지털 표준(SD)
고선명 (HD)
초고선명 (UHD) 4k
영상 화질

히 일부에 불과하다. 2000년을 기준으로 할 때 미국 의회도서관에 소장된 모든 책은 10^{13}바이트(10테라바이트 이상)를 넘었지만, 이는 사진과 지도 그리고 영화와 음향 녹음까지 포함한 모든 자료(10^{15}바이트 혹은 약 3페타바이트)를 디지털화한 용량과 비교하면 1퍼센트에도 미치지 못한다.

21세기에는 정보가 훨씬 더 빠른 속도로 생성되고 있다. 2018년 당시 초당 생성된 자료량을 조사한 결과에 따르면, 클라우드 서비스 회사 도모Domo, Inc에만 넷플릭스 사용자가 스트리밍한 9만 7,000시간 넘는 영상, 유튜브로 시청한 거의 450만 개의 영상, 기상 채널에 의뢰한 1,800만 건 넘는 날씨 예측 요청, 미국에서만 사용한 3,000조 바이트 넘는 용량(3.1페타바이트)의 인터넷 자료가 저장되어 있었다. 2016년에는 전 세계에서 생성되는 연간 자료량이 16제타바이트(1ZB=10^{21}바이트)를 넘어섰다. 2025년쯤에는 다른 자릿수, 즉 약 160제타바이트(10^{23}바이트)까지 증가할 것으로 예측된다. 도모는 2020년경에는 80억 가까운 세계 인구 한 사람 한 사람에 대해 초당 1.7메가바이트의 자료가 생성될 것이라고 예측했다.

이런 정보량은 몇 가지 의문으로 이어질 수밖에 없다. 자료의 극히 일부만을 저장할 수 있다면 어떤 정보를 저장해야 하는가? 1퍼센트의 자료만 보존하더라도 저장하기 어려울 것이 명백하다. 어떤 정보를 저장할 것인지 결정하더라도 또 다른 문제가 꼬리를 잇는다. 그 자료를 얼마나 오랫동안 보존해야 하는가? 영원히 저장할 필요가 없다면 최적의 기간은 어느 정도일까?

국제단위계에서 1,000은 k=10^3이고, 100만은 M=10^6이다. 최고의 접두어는 요타yotta(Y=10^{24}, 즉 1조×1조)이다. 10년 내에 정보량이 이 단위에 이를 테고, 정보를 평가하기도 점점 더 어려워질 것이다. 이 역할을 기계에 맡기더라도 크게 달라지지는 않을 것 같다. 연간 1인당 50조 바이트 넘는 정보가 만들어지기 시작하면, 정보를 효과적으로 사용하는 것이 가능할까? 어쨌든 축적된 자료와 유용한 정보 그리고 통찰력 있는 지식은 근본적으로 다르니 말이다.

31

혁신에 대한 현실적인 생각

Numbers Don't Lie

현대사회는 혁신에 병적으로 집착한다. 2019년이 저물어갈 때 '혁신innovation'이라는 단어는 구글 검색 엔진에서 32억 1,000만 회 검색되어, '테러'(4억 8,100만), '경제성장'(10억), '지구온난화'(3억 8,500만)를 가볍게 제쳤다. 우리는 혁신이 상상할 수 있는 모든 문을 열어줄 것이라고 믿는 경향이 있다. 예컨대 기대 수명이 100세를 훌쩍 넘기고, 인간의 의식과 기계를 융합하고, 기본적으로 무료인 태양에너지를 마음껏 사용할 수 있으리라 생각한다.

이처럼 혁신이라는 제단 앞에 무비판적으로 무릎을 꿇는

태도는 두 가지 점에서 잘못되었다. 첫째, 오랜 시간을 두고 막대한 자원을 투자하며 연구했지만 실패한, 근본적이고 중대한 탐구를 무시한다. 둘째, 우리가 더 나은 고차원의 행동 방침이 있다는 걸 아는 경우에도 수준 낮은 관습적 행위를 종종 고수해야 하는 이유를 설명하지 못한다.

고속증식로fast breeder reactor는 소비하는 양보다 많은 핵연료를 만들어내기 때문에 그렇게 불린다. 많은 시간과 비용이 투자된 고속증식로는 혁신의 실패를 보여주는 대표적 예로 여겨진다. 1974년 제너럴 일렉트릭General Electric, GE은 2000년쯤에는 미국에서 소비하는 전기의 90퍼센트를 고속증식로에서 생산할 것이라 예측했다. 그러나 제너럴 일렉트릭의 예측은 널리 만연한 기대감을 반영한 것일 뿐이었다. 1970년대에 프랑스, 일본, 소련, 영국, 미국의 정부는 모두 증식로 개발에 대대적으로 투자했다. 그러나 고비용, 기술적 문제, 환경적 염려 등으로 영국, 프랑스, 일본, 미국은 그 프로젝트를 중단했다. 소규모로 투자한 독일과 이탈리아도 마찬가지였다. 그러나 중국, 인도, 일본, 러시아는 지금도 실험용 원자로를 운영하고 있다. 세계 전체가 약 60년 동안 현재의 가치로 1,000조 달러 이상을 고속증식로에 쏟아부었지만 아직까지 상업적으로 실제 성과를 얻지 못했다.

전망은 장밋빛이지만 아직 상업적 염려를 완전히 떨쳐내지 못한 혁신들로는 수소(연료전지) 자동차, 자기부상열차, 열핵

중국의 철도 차량 제조업체 CRRC(China Railway Rolling Stock Corporation)가 2019년 공개한 자기 부상열차의 원형.

에너지가 있다. 특히 열핵 에너지는 혁신적 성취가 오히려 후퇴한 가장 악명 높은 예일 것이다.

실패한 혁신의 또 다른 범주—하지 말아야 한다는 걸 알면서도 계속 행하는 것—는 일상의 습관부터 이론적 개념까지 광범위하게 펼쳐져 있다.

두 가지 짜증스러운 예를 들어보자. 하나는 서머타임 제도이고, 다른 하나는 항공기 탑승이다. 서머타임을 적용하더라도 실제로는 어떤 것도 절약하지 못한다는 걸 알고 있지만 반년마다 일광 절약 시간daylight saving time이란 이름으로 서머타임 제도를 계속 시행하는 이유는 무엇일까? 요즘은 항공기 탑승에 1970년대보다 더 오랜 시간이 걸린다. 하지만 현재의 비효율적 방법 대신 탑승 시간을 대폭 줄이는 방법이 많다는 걸 모르는 게 아니다. 예컨대 승객을 역피라미드 방식으로, 다시 말하면 앞쪽과 뒤쪽에서 동시에 탑승시키면 병목현상을 최소화할 수 있다. 혹은 아예 좌석 지정을 폐지하는 방법도 탑승 시간을 단축하는 데 도움이 될 것이다.

왜 우리는 국내총생산, 즉 GDP로 경제성장을 측정하려는 것일까? GDP는 한 국가에서 한 해 동안 거래된 재화와 서비스의 총가치에 불과하다. 삶이 더 나아지고 경제가 성장하면 GDP도 당연히 증가하지만, 국민과 환경에 나쁜 일이 닥칠 때도 GDP는 증가한다. 알코올 판매량이 증가해서 음주 운전이 늘어나 사고가 빈번해지고, 그에 따라 다치는 사람이 많아져 응급실이 붐비고 교도소에 갇히는 사람이 늘어나더라도 GDP는 증가한다. 열대 지역의 불법 벌목이 증가해 숲이 파괴되어 생물다양성이 줄어들더라도 목재 판매량이 증가하면 GDP는 올라간다. 우리는 이런 모순을 잘 알고 있지만, 어쨌거나 GDP 성장률이 높기를 바라고, 그 출처와 상관없이 높은 성장률을 거의 숭배한다.

인간에게는 많은 불합리한 편애성이 있다. 우리는 급진적이고 파격적인 혁신에 대해 생각하는 걸 좋아하면서 실질적인 혁신으로 공통된 문젯거리를 바로잡으려 하지는 않는다. 왜 우리는 하이퍼루프 열차hyperloof train(일론 머스크Elon Musk가 제안한 캡슐형 초고속 열차—옮긴이)와 영생 같은 환상을 머릿속에 그리면서도 항공기 탑승 문제는 개선하려 하지 않는 것일까?

NUMBERS DON'T LIE

4

FUELS AND ELECTRICITY
Energizing Our Societies

연료와 전기

우리 사회의 에너지원

32

왜 가스터빈이 최고의 선택인가?

Numbers Don't Lie

1939년 세계 최초의 산업용 가스터빈이 스위스 뇌샤텔Neuchâtel의 지역 발전소에서 전기를 생산하기 시작했다. 스위스 기업 브라운 보베리Brown, Boveri & Cie가 설치한 그 기계는 배기가스의 열을 재사용하지 않고 밖으로 배출했으며, 기계의 압축기가 발전 동력의 거의 4분의 3분을 소모했다. 따라서 그 가스터빈의 효율은 17퍼센트, 즉 약 4메가와트에 불과했다.

제2차 세계대전의 혼란과 그 이후에 닥친 경제적 어려움으로, 뇌샤텔의 가스터빈은 웨스팅하우스와 제너럴 일렉트릭이 첫 설계를 제시한 1949년까지 예외적으로 오랫동안 선구적 역할을 했다. 당시에는 대규모 석탄 발전소가 가장 저렴한 비용으로 전기를 생산하며 시장을 지배하고 있었기 때문에 두 회사는 서둘러 가스터빈을 설치하려 하지 않았다. 1960년 가장 강력한 가스터빈의 출력이 20메가와트에 도달했지만, 여전히 대부분의 증기터빈 발전기보다 출력 규모가 작았다.

1965년 11월, 미국 북동부 지역에 대정전 사태가 발생해 많은 사람의 생각이 바뀌었다. 가스터빈은 수 분 내에 최대 출력으로 가동할 수 있기 때문이다. 그러나 석유와 가스의 가격이 상승하고 전기 수요가 점진적으로 줄어든 까닭에, 가스터빈이란 새로운 테크놀로지가 신속히 확산하지는 않았다. 변화는 1980년대 말에야 시작되었고, 1990년쯤에는 미국에 새로 증설한 전기 발전량의 거의 절반이 가스터빈에 의존할 정도로 출력과 동시에 신뢰성과 효율성까지 높였다.

효율이 40퍼센트가 넘어도 약 섭씨 600도의 배기가스를 배출하며, 그 온도라면 부착된 증기터빈에서 증기를 발생시키기에 충분하다. 이렇게 가스터빈과 증기터빈을 짝지은 원동기, 즉 복합 사이클 가스터빈combined cycle gas turbine, CCGT을 처음 개발한 것은 1960년대 말이었다. 오늘날 CCGT의 최고 효율은 60퍼센트에 이른다. 지금으로서는 CCGT보다 효율이 나은 원동기는 없다.

현재 지멘스는 593메가와트급 사업용 전기 발전을 위한

대형 가스터빈의 내부.

CCGT를 제공하고 있다. 출력은 뇌샤텔 가스터빈보다 40배가량 높고, 효율도 63퍼센트에 달한다. 한편 제너럴 일렉트릭의 가스터빈 9HA는 단독으로 작동할 때(단순 사이클 발전)는 571메가와트, 증기터빈과 함께 운영할 때(CCGT)는 63.5퍼센트의 효율로 661메가와트의 전력을 생산한다.

가스터빈은 첨두 전력peak power을 공급하고, 간헐적이어서 불안정한 풍력발전과 태양광발전을 지원하는 데 더할 나위 없이 이상적인 원동기이다. 미국에서 현재 가스터빈은 새롭게 전기를 확보하려 할 때 가장 적정한 선택으로 여겨진다. 2023년부터 공급되기 시작하는 새로운 전기의 균등화 발전 원가levelized cost of electricity, LCOE(발전 설비의 생애 비용으로 측정)는 석탄을 연료로 사용하고 부분적으로 탄소 포집력을 갖춘 증기터빈 발전기의 경우 메가와트당 약 60달러, 태양광발전의 경우 메가와트당 48달러, 해상 풍력발전의 경우 메가와트당 40달러일 것으로 예측한다. 그러나 전통적인 가스터빈은 메가와트당 30달러 이하, CCGT의 경우에는 메가와트당 10달러 이하이다.

가스터빈은 세계 전역에서 전기와 열을 복합적으로 생산하기 위해 사용한다. 증기와 열탕熱湯은 많은 산업에서 필요하고, 현재 유럽의 많은 대도시에서 흔한 중앙난방 시스템에 에너지를 공급하는 데 쓴다. 가스터빈은 네덜란드의 값비싼 유리 온실에 열과 빛을 공급하는 데도 오래전부터 사용했으며, 식물의 생장 속도를 높이고 이산화탄소 발생량을 줄이는 효과를 거두었다. 가스터빈은 많은 산업체에서, 또 긴 파이프라인을 갖춘 펌프장에서 압축기를 작동시키기도 한다.

결론은 분명하다. 어떤 다른 내연기관도 요즘의 가스터빈만큼 많은 장점을 갖고 있지 못하다. 예컨대 가스터빈은 소형이어서 운송 및 설치하기 쉽고, 상대적으로 소음도 적다. 또 가격도 적정하고 효율적이며, 거의 즉각적으로 동력을 생산하고 물로 식히지 않아도 운용할 수 있다. 이 모든 이점 덕분에 가스터빈은 기계적 에너지와 열을 공급하는 데 경쟁할 상대가 없는 기계이다.

그럼 가스터빈의 수명은 얼마나 될까? 뇌샤텔 가스터빈은

63년 동안 사용하다 2002년 해체했다. 그것도 기계의 어떤 결함이 아니라 발전기에 생긴 문제 때문이었다.

33

핵발전: 실현되지 않은 약속

상업용 핵발전 시대는 1956년 10월 17일, 엘리자베스 2세 영국 여왕이 잉글랜드 북서 연안에 있는 콜더홀 원자력발전소에서 스위치를 누르며 시작되었다. 60년이면 핵발전이란 테크놀로지를 판단하기에 충분한 시간이지만, 10년 전의 내 평가, 즉 '성공적인 실패successful failure'를 능가하는 결론을 내리기는 여전히 힘들다.

성공한 부분은 문서로 잘 기록되어 있다. 느릿하게 시작된 원자로 건설은 1960년대 말 가속화했고, 1977년에는 미국에서 소비하는 전기의 10퍼센트 이상을 핵분열로 생산했으며,

1991년에는 그 수치가 20퍼센트까지 올라섰다. 태양광발전과 풍력발전용 터빈이 1990년대 이후 시장을 잠식한 속도보다 더 빨랐다.

2019년 말 세계 전역에서 가동하는 원자로는 449기이고, 53기가 건설 중이었다. 또 원자로 다수의 설비 이용률은 90퍼센트 이상이었다. 원자로의 1년 평균 잠재적 발전량은 태양전지와 풍력발전용 터빈의 발전량을 합한 것보다 2배 이상이었다. 2018년 원자력발전은 프랑스에서 가장 많은 비중(약 72퍼센트)을 차지했고, 헝가리에서는 50퍼센트, 스위스에서는 38퍼센트, 한국에서는 24퍼센트를 차지했다. 반면 미국에서는 20퍼센트에 약간 못 미쳤다.

'실패'한 부분은 충족되지 않은 기대와 관련이 있다. 핵발전은 "너무 싸서 계량할 수 없을 정도"라는 주장은 출처가 명확하다. 이는 미국원자력위원회 의장 루이스 L. 스트로스Lewis L. Strauss가 1954년 9월 뉴욕의 미국과학저술가협회에서 발언한 것이다. 이에 못지않게 대담한 주장은 그 후에도 있었다. 노벨 화학상 수상자로 1971년 당시 미국원자력위원회 의장이던 글렌 시보그Glenn Seaborg는 2000년쯤에는 핵원자로가 세계에서 소비하는 거의 모든 전기를 발전하게 될 것이라고 예측했다. 시보그는 해수를 담수화하는 해안 지역의 거대한 뉴플렉스nuplex(원자력 공업 단지), 소형 핵원자로에서 동력을 얻어 TV프로그램을

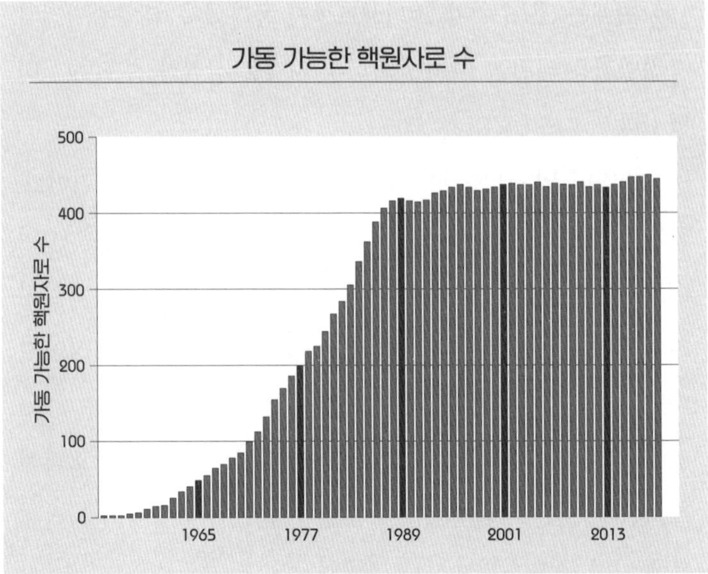

가동 가능한 핵원자로 수
가동 가능한 핵원자로 수
500
400
300
200
100
0
1965
1977
1989
2001
2013

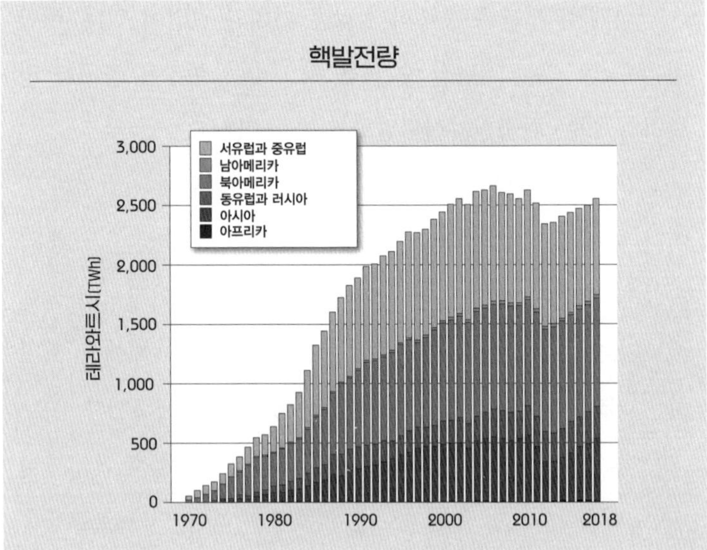

핵발전량
서유럽과 중유럽
남아메리카
북아메리카
동유럽과 러시아
아시아
아프리카
테라와트시(TWh)
3,000
2,500
2,000
1,500
1,000
500
0
1970
1980
1990
2000
2010
2018

방송하는 정지 궤도 위성, 원자력을 동력으로 사용하는 대형 유조선, 강줄기를 바꿔놓거나 지하 도시를 발굴하는 데 사용하는 핵 폭발물을 머릿속에 그렸다. 핵 추진 로켓이 인간을 화성에 데려다줄 것이라고도 상상했다.

그러나 핵분열로 전기를 만들어내려는 프로젝트는 1980년대 동안 교착 상태에 빠졌다. 부유한 국가들에서 전기 수요가 줄어들고, 원자력발전소의 안전 문제가 크게 증대했기 때문이었다. 특히 세 번의 사고가 불안감을 더 키웠다. 1979년 펜실베이니아의 스리마일섬, 1986년 우크라이나의 체르노빌, 2011년 일본 후쿠시마에서 일어난 사고는 어떤 환경이어도 핵발전에 반대하는 사람들의 주장을 뒷받침하는 증거가 되었다.

그사이 원자력발전소 건설 비용이 급등했고, 사용한 핵연료를 영구 보존하기에 적합한 방법을 실망스럽게도 생각해내지 못했다(현재는 컨테이너에 밀봉해 발전소 부지에 일시적으로 보관해두고 있다). 기본적으로 미 해군 잠수함에 사용된 설계를 1950년대부터 육지로 옮겨온 것에 불과한 가압수형 원자로pressurized water reactor보다 더 안전하고 값싼 원자로로 교체하는 데도 큰 성공을 거두지 못했다.

그 결과 서구인들은 원자력발전소의 안전성을 확신하지 못하고 있으며, 원자력발전소에서 전기를 생산하는 기업은 조심하고 또 조심한다. 독일과 스웨덴은 원자력발전 산업을 완전히 폐쇄하는 과정에 돌입했고, 프랑스조차 원자력발전을 줄여 가는 계획을 세우고 있다. 현재 세계 전역에서 건설 중인 원자로만으로는 노후화한 원자로를 향후 폐쇄할 경우 상실하게 될 발전량을 완전히 보전할 수 없다.

아시아에서는 중국과 인도를 필두로 원자력발전을 확대하고 있지만, 그들도 전 세계의 전기 발전에서 원자력발전이 차지하는 비중의 하락을 역전시키는 데 큰 역할을 할 수 없을 것이다. 원자력발전이 차지한 비중은 1996년 정점에 달해 거의 18퍼센트였지만, 2018년에는 10퍼센트까지 떨어졌다. 국제에너지기구International Energy Agency, IEA에 따르면, 2040년경 12퍼센트까지는 반등할 것으로 추정된다.

핵분열로 상당한 양의 전기를 생산하고 탄소 배출을 줄이기 위해 우리가 할 수 있는 일은 많다. 그렇게 하려면 무엇보다 한층 개량된 원자로 설계를 사용해야 하고, 핵폐기물 저장에 대해 단호한 결정을 내려야 한다. 이를 위해서는 사실에 대한 선입견 없는 객관적 조사가 필요하고, 진정으로 장기적 관점에서 세계 에너지 정책에 접근해야 할 것이다. 그러나 내 눈에는 이 둘을 진심으로 추진해보려는 실질적 징후가 전혀 보이지 않는다.

34

바람에서 전기를 얻는 데 화석연료가 필요한 이유는 무엇일까?

Numbers Don't Lie

풍력발전용 터빈은 재생 가능한 전기 생산을 위한 노력을 가장 명쾌하게 보여주는 상징이다. 그런데 풍력발전용 터빈이 이용하는 바람이 공짜이고 청정에너지인 것은 분명하지만, 그 기계 자체는 순전한 화석 에너지의 결정체이다.

대형 트럭이 강철을 비롯한 원자재를 현장에 옮기고, 토목용 중장비가 다른 식으로는 접근하기 힘든 고지대까지 길을 낸다. 그리고 대형 크레인을 동원해 구조물을 세운다. 이 모든 기계가 작동할 때마다 디젤유를 태운다. 물론 시멘트와 강철 그리고 플라스틱을 생산하는 데 필요한 재료를 운반하는 화물

열차와 화물선도 디젤유를 사용한다. 5메가와트급 '풍차'를 세울 때 강철이 철근콘크리트 기초에만 평균 150톤, 변속기와 발전기가 있는 기관실 및 회전자 축에 평균 250톤, 기둥에 평균 500톤이 쓰인다.

바람이 만들어내는 전기가 2030년경 전 세계 수요의 25퍼센트를 공급한다면, 35퍼센트라는 높은 평균 설비 이용률을 가정하더라도 약 2.5테라와트를 풍력으로 생산하기 위해 대략 4억 5,000만 톤의 강철이 필요할 것이다. 그것도 풍력으로 생산한 전기를 배전망으로 전달하기 위한 새로운 고압 송전선망에 필요한 송전탑과 전선 그리고 변압기 제작에 들어가는 금속을 계산하지 않은 양이다.

강철을 제작하는 데 많은 에너지가 들어간다. 가루나 작은 알갱이 형태의 철광석은 석탄에서 만들어진 코크스로 채운 용광로에서 제련되고, 분탄과 천연가스를 주입받는다. 선철pig iron(용광로에서 만들어진 철)은 순산소 전로basic oxygen furnace에서 탄소를 제거한다. 그 후 강철 주조 과정을 거쳐 강철을 녹인 쇳물로 최종 제품의 대략적인 형태를 갖춘다. 풍력용 터빈에 사용하는 강철을 제작하는 데는 대체로 톤당 약 35기가줄이 소요된다.

2030년쯤 운영할 풍력용 터빈에 필요한 강철을 제작하려면, 6억 톤 넘는 석탄에 해당하는 화석연료가 필요할 것이다.

5메가와트급 풍력용 터빈에는 대략 60미터 길이의 날개 3개

풍력발전용 터빈의 커다란 플라스틱 날개. 제작하는 것도 어렵지만 운송하기는 더 어렵고, 재활용하기는 더더욱 어렵다.

가 있고, 날개 하나의 무게는 약 15톤이다. 날개의 안쪽은 가벼운 발사나무나 심재로 채우고, 바깥쪽에는 주로 유리섬유 강화 에폭시(일종의 플라스틱)나 폴리에스터수지로 만든 얇은 판을 씌운다. 유리는 이산화규소와 그 밖의 이산화물을 용광로에 넣고 천연가스로 녹여 만든다. 수지는 경질 탄화수소에서 얻은 에틸렌으로 만드는데, 탄화수소는 주로 나프타 분해의 산물이거나 액화석유가스liquefied petroleum gas, LPG 혹은 천연가스의 에탄이다.

이 최종적인 섬유 강화 복합물에는 톤당 약 170기가줄이 소요된다. 따라서 2030년경 풍력발전으로 2.5테라와트를 얻기 위해 필요한 회전자의 총질량은 약 2,300만 톤이고, 원유 9,000만 톤을 소모해야 한다. 더욱이 모든 것을 설치하면 '풍차' 전체를 수지로 방수 처리해야 한다. 이때 수지의 합성은 에틸렌으로 시작된다. 에틸렌 외에 원유에서 얻어야 하는 또 하나의 물질은 윤활유이다. 풍력용 터빈의 수명은 대략 20년이지만, 터빈의 변속기는 그동안에도 주기적으로 교체해주어야 하기 때문이다.

물론 풍력용 터빈을 적정한 위치에 튼튼히 세우면, 그 터빈을 제작하기 위해 투여한 에너지를 생산하는 데 1년이 걸리지 않을 것이다. 하지만 풍력용 터빈은 간헐적으로만 전기를 만들어낼 수밖에 없어 불안정하다. 제작하고 설치할 때뿐 아니라 유지하고 보수할 때도 화석 에너지에 의존한다. 게다가 이런 화석 에너지―철광석 제련에 필요한 코크스, 시멘트 가마의 연료인 석탄과 석유 코크스, 플라스틱 합성과 유리섬유를 만드는 원료이자 연료로 사용하는 나프타와 천연가스, 선박과 트럭 및 건설 장비의 연료인 디젤유, 변속기에 쓰는 윤활유―대부분은 비화석연료로 대체되지 않는다. 설령 대체물이 있더라도 대규모로 쉽게 구할 수 있는 것은 없다.

앞으로도 오랫동안, 구체적으로 말하면 풍력용 터빈과 태양전지를 만드는 데 사용하는 모든 에너지를 재생 가능한 에너지원에서 구할 수 있을 때까지, 현대 문명은 기본적으로 화석 연료에 의존할 수밖에 없을 것이다.

35

풍력용 터빈은 어느 정도까지 커질 수 있을까?

Numbers Don't Lie

풍력용 터빈이 발전한 것은 분명하다. 덴마크 기업 베스타스Vestas가 1981년 풍력용 터빈의 대형화를 시작했을 때 세 날개를 장착한 기계는 기껏해야 55킬로와트를 발전할 수 있었다. 이 수치가 1995년에는 500킬로와트, 1999년에는 2메가와트까지 올라갔으며, 요즘에는 5.6메가와트까지 발전해낸다. 2021년에 출시되는 MHI 베스타스의 해상 풍력용 터빈 V164는 중심부 높이가 105미터, 회전날개 길이가 80미터에 달하고 10메가와트까지 발전할 것으로 예측된다. 따라서 두 자릿수 터빈이 처음으로 시장에 등장할 예정이다. 제너럴 일렉트릭 재생에너

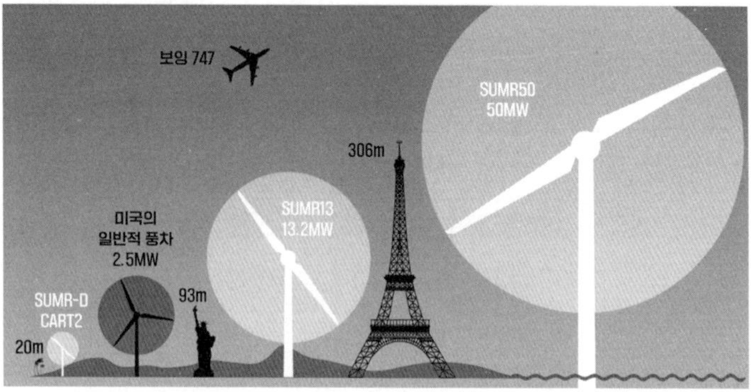

풍력용 터빈의 높이와 회전날개의 직경.

지GE Renewable Energy도 뒤처지지 않고 중심부 높이가 260미터, 회전날개 길이가 107미터로 14메가와트까지 발전하는 풍력용 터빈을 개발했으며, 역시 2021년에 출시할 예정이다.

한계를 뛰어넘는 시도인 것은 분명하지만, 훨씬 더 큰 설계를 고려한 적이 있었다. 2011년 업윈드 프로젝트UpWind Project는 20메가와트급 해상 풍력 기계의 '예비 설계'를 공개했다. 그 설계에 따르면, 회전날개의 직경이 252미터(에어버스 A380 날개폭의 3배), 회전축의 직경이 6미터였다. 지금까지 이론적으로 가장 큰 설계의 한계는 50메가와트이다. 이 설계에서 중심부 높이는 300미터를 넘고, 회전날개는 200미터이지만 종려나뭇잎처럼 구부러질 수 있다.

풍력의 열정적 옹호자가 흔히 주장하듯 130년 전에 건설한 에펠탑보다 높지 않기 때문에 그런 구조물을 세우는 데 기본적으로 기술에 문제가 없을 것이란 생각은 비교 자체가 부적절하다. 인공물의 건축 가능한 높이가 풍력용 터빈의 설계에 있어 결정적인 요인이라면, 2010년 800미터를 넘어선 두바이의 마천루 부르즈 할리파Burj Khalifa나 2021년 1,000미터 넘는 높이로 완공할 것이라 예측되는 제다 타워Jeddah Tower를 거론하는 편이 더 나을 것이다. 높은 타워를 세우는 것 자체는 큰 문제가 아니다. 하지만 거대한 기관실과 회전날개를 오랫동안 안전하게 운용하고 지탱할 수 있는 높은 타워를 세우는 것은 완전히 다른 문제이다.

상대적으로 큰 터빈은 지수 효과라는 필연적인 문제에 직면할 수밖에 없다. 터빈의 출력은 날개 길이에 해당하는 반지름의 제곱으로 증가한다. 이는 날개 길이가 2배로 증가하면 적어도 이론적으로는 터빈의 출력이 4배로 증가한다는 뜻이다. 그런데 회전자에 의한 회전 표면적이 커지면, 많은 부품이 조립된 구조물 전체에 가해지는 부담도 커진다. 또 얼핏 생각하기에 날개 질량은 날개 길이의 세제곱만큼 증가하므로 설계가 커지면 무게는 턱없이 무거워진다. 가벼운 합성 물질과 발사나무를 사용하면 실질적인 지수를 2.3으로 낮게 유지할 수는 있다.

그렇더라도 질량은 조금씩 늘어난다. 따라서 비용도 증가한다. 베스타스가 출시할 10메가와트급 터빈에는 날개가 세 개 장착된다. 각 날개의 무게는 35톤, 기관실 무게는 거의 400톤에 달한다고 한다. 400톤이면 에이브럼스 전투용 전차 6대의 무게이다. 그런 탱크 6대를 한꺼번에 공중으로 수백 미터씩 들어 올린다고 생각해보라. 제너럴 일렉트릭 재생에너지의 새로운 설계에 따르면 그들이 출시할 터빈의 날개 무게는 55톤, 기관실 무게는 600톤, 중심탑 무게는 2,550톤이다. 그처럼 길고 거대한 날개를 운반하는 것도 쉬운 일이 아니다. 물론 여러 부분으로 분리하면 운송 자체는 큰 문제가 아닐 수 있다.

특정한 시기에 내놓겠다는 풍력용 터빈의 최대치를 예측하는 것보다 현실적인 한계를 살펴보는 편이 한층 더 유용하다. 현재 시장에서 거래하는 풍력용 터빈의 출력은 '공기 밀도(세제곱미터당 1.23킬로그램)의 절반×날개가 포괄하는 면적(날개 길이의 제곱×원주율)×풍속의 세제곱'과 동일하다. 예컨대 풍속이 초속 12미터, 에너지 전환 계수가 0.4이면, 100메가와트급 터빈에는 직경 550미터의 회전자가 필요하다.

언제쯤 그런 풍력용 터빈 제작이 가능해질지 예측하려면, 이런 질문에 답할 수 있어야 한다. 즉 언제쯤 우리는 플라스틱 복합제와 발사나무로 275미터의 날개를 제작할 수 있을까? 언제쯤 그런 날개를 운반해 지상에서 300미터 위에 떠 있는 기관실과 연결하는 방법을 생각해낼 수 있을까? 언제쯤 그런 풍력용 터빈이 태풍을 견디고, 적어도 15년이나 20년을 안정적으로 운영될 수 있을까? 내 생각에 금방은 아니다!

36

태양광발전의 느린 부상

Numbers Don't Lie

1958년 3월, 케이프커내버럴 공군기지에서 뱅가드 1호를 실은 로켓이 발사되었다. 뱅가드 1호는 1.46킬로그램의 작은 알루미늄 구체로 궤도에서 태양전지를 사용한 최초의 인공위성이었다.

그래도 안전장치를 위해 뱅가드 1호는 두 송신기 중 하나의 동력원으로 수은건전지를 사용했다. 하지만 수은건전지는 3개월 만에 수명이 다했다. 광전 효과photoelectric effect 덕분에 6개의 작은 단결정체單結晶體 실리콘 전지는 원자 차원에서 빛(광자)을 흡수해 전자를 배출하며 총 1와트의 전력을 생산했고, 1964년 6월까지 신호 송신기에 지속적으로 동력을 공급했다.

우주에서는 비용을 걱정할 필요가 없기 때문에 이런 송신이 가능했다. 1950년대 중반, 태양전지를 생산하는 데 와트당 약 300달러가 들었다. 그 비용이 1970년대 중반에는 와트당 약 80달러, 1980년대 말에는 와트당 10달러, 2011년에는 와트당 1달러로 떨어졌다. 2019년 말경 태양전지는 와트당 고작 8~12센트에 매매되었고, 앞으로 더 떨어질 것이 확실하다. 물론 전기를 생산하기 위한 태양전지판과 관련한 설비 비용은 프로젝트의 규모에 따라 달라지지만 상당히 높은 편이다. 요즘에는 지붕에 설치하는 작은 규모부터 사막에 설치하는 태양광발전 시설까지 무척 다양한 형태로 프로젝트가 진행된다.

태양전지의 전력 밀도power density가 어떤 형태의 재생 가능한 에너지를 변환한 경우보다 높기 때문에, 태양광에서 전기를 얻기 위한 프로젝트를 다양한 형태로 진행한다는 것은 좋은 소식이다. 햇빛이 내리쬐는 곳에서 태양광이 이미 연평균 제곱미터당 10와트의 전력을 생산하고 있어 바이오 연료보다 한 자릿수가 더 높다. 게다가 변환 효율이 향상되고 햇빛을 추적하는 능력까지 개선하면, 연간 설비 이용률을 20~40퍼센트 더 높일 수 있다.

그러나 이 수준까지 올라오는 데는 상당한 시간이 걸렸다. 프랑스 물리학자 에드몽 베크렐Edmond Becquerel(1820~1891)이 어느 용액에서 광전 효과를 발견했다고 처음 발표한 때가 1839년

모로코 와르자자트 누르Ouarzazate Noor 발전소를 공중에서 본 모습. 510메가와트로 세계에서 가장 큰 집광형 태양광발전 시설이다.

이었고, 1876년에는 윌리엄 애덤스William Adams와 리처드 데이Richard Day가 똑같은 효과를 셀레니움에서 발견했다. 실리콘 전지는 1954년 벨 전화연구소Bell Telephone Laboratories에서 발명된 이후에야 상업적인 기회를 얻었다. 하지만 그때까지도 와트당 비용이 300달러 남짓(2020년의 가치로 환산하면 2,300달러 이상)이어서 몇몇 장난감에 사용한 경우를 제외하면 태양전지는 실용적이지 않았다.

뱅가드 프로젝트에서 배터리만을 사용하려던 미 해군의 처음 결정을 바꿔놓은 주역은 미 육군의 전자공학자 한스 지글러Hans K. Ziegler(1911~1999)였다. 1960년대 동안 태양광을 이용해 훨씬 큰 인공위성에 동력을 공급할 수 있게 되었고, 그 결과 전기통신, 우주에서의 감시, 기상 예측, 생태계 관찰에서 혁명적 변화가 일어났다. 태양전지의 값이 하락함에 따라 이를 적용한 장치들이 크게 늘어났다. 예컨대 태양전지가 등대, 석유와 가스를 채굴하는 연안 시추 장치, 철도 건널목에서 불빛을 밝히기 시작했다.

태양광을 이용한 공학용 계산기가 처음 시장에 나온 해는 1985년이었고, 그때 나도 그 계산기—텍사스 인스트루먼츠가 선보인 TI-35 갤럭시 솔라 모델—를 구입했다. 1개의 크기가 170제곱밀리미터인 전지 4개가 30년 이상이 지난 지금도 잘 기능하고 있다.

그러나 본격적인 태양광발전은 태양전지판 가격이 크게 하락한 후에야 가능해졌다. 2000년쯤 전 세계의 태양광발전은 세계에서 소비하는 전기의 0.01퍼센트 이하를 공급하는 데 그쳤다. 10년 후에는 그 비율이 한 자릿수만큼 상승해 0.16퍼센트가 되었고, 2018년에는 2.2퍼센트까지 상승했다. 하지만 수력발전이 전 세계에서 생산하는 전기의 비중(2018년에 약 16퍼센트)에 비교하면 미미한 수준에 불과하다. 햇빛이 좋은 일부 지역에서는 현재 태양광발전이 크게 증가하고 있지만, 수력발전과 경쟁하려면 아직 가야 할 길이 멀다.

국제에너지기구처럼 지극히 낙관적으로 예측하더라도 2030년은 되어야 그 격차를 좁힐 수 있다. 그렇지만 2030년에도 태양전지가 생산하는 전기량은 10퍼센트에 불과할 것이다. 2030년이면 뱅가드 1호에 탑재한 태양전지가 신호 송신기에 동력을 공급하기 시작한 지 약 70년이 지난 후이고, 광전 효과를 고체에서 처음 발견한 지 약 150년이 흐른 후이다. 요컨대 범세계적 차원에서 에너지 전환이 일어나려면 시간이 필요하다.

37

왜 햇빛이 아직은 최고인가?

Numbers Don't Lie

한 문명의 발전 과정은 조명 상태—특히 조명의 강도와 비용 및 발광 효율—를 기준으로 거칠게나마 추적할 수 있다. 발광 효율은 눈에 유의미한 반응을 일으킬 수 있는 광원의 효율을 가리키며, 총광속선total luminous flux(단위: 루멘lm)을 정격 출력rated power(단위: 와트W)으로 나눈 값이다.

정상적인 햇빛이 있는 조건, 즉 색을 인식할 수 있는 밝은 빛이 있는 조건하에 가시광선의 발광 효율은 555나노미터의 파장에 683lm/W에서 최고조에 이른다. 이 영역은 빛띠spectrum에서 녹색 부분에 해당한다. 달리 말하면 동일한 수준의 출력에서 녹색이 가장 밝게 보인다는 뜻이다.

수천 년 동안 우리의 인공 광원은 이런 이론적 최정점보다 세 자릿수나 뒤처졌다. 촛불의 발광 효율은 고작 0.2~0.3lm/W이고, 19세기 유럽 도시에서 흔히 사용하던 석탄가스의 발광 효율도 촛불의 5~6배에 불과했다. 에디슨이 발명한 초기 전구의 탄소 필라멘트도 석탄가스보다 썩 낫지는 않았다. 금속 필라멘트를 사용하면서 발광 효율이 크게 도약했다. 1898년 도입된 오스뮴 필라멘트의 발광 효율은 5.5lm/W, 1901년의 탄탈룸은 7lm/W, 다시 10년 후 진공에서 빛을 발한 텅스텐 필라멘트는 10lm/W까지 올라갔다. 질소와 아르곤을 혼합한 조건에 텅스텐 필라멘트를 놓자 가정용 전등의 발광 효율이 12lm/W까지 상승했다. 1934년 탄생한 코일 필라멘트 덕분에 제2차 세계대전 이후 20년 동안 표준 광원이던 100와트 백열전구의 효율이 15lm/W까지 높아졌다.

저압 나트륨램프와 저압 수은등(형광) 등 다양한 원칙에 기초한 조명이 1930년대에 탄생했고, 1950년대에야 널리 확산하기 시작했다. 오늘날 전자식 안정기를 갖춘 최고의 형광등은 약 100lm/W의 빛을 발광할 수 있고, 고압 나트륨램프와 저압 나트륨램프의 발광 효율은 각각 150lm/W에서 200lm/W에 이른다. 하지만 저압 램프는 589나노미터 파장의 단색 황색빛만 만들어낼 수 있다. 이런 이유에서 저압 램프는 가정에서는 쓰

와트당 루멘

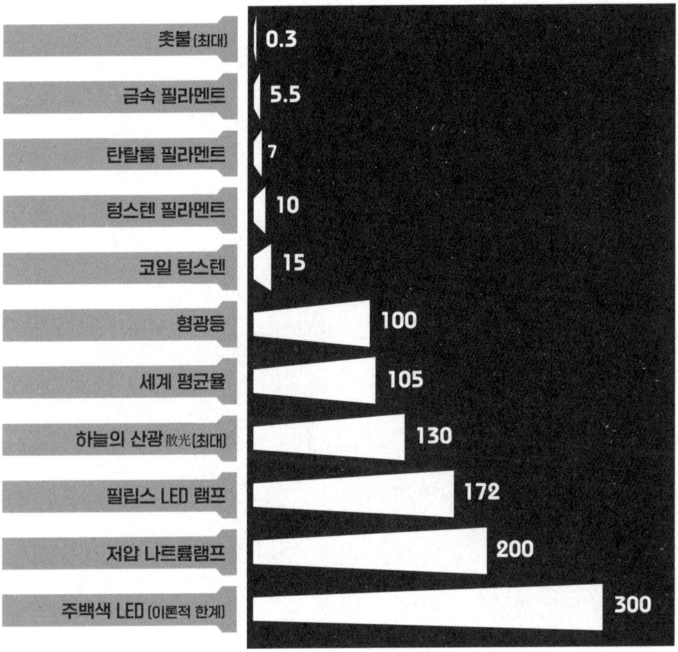

지 않고 길거리 조명에 주로 사용한다.

현재 우리가 기대하는 최고의 희망은 발광다이오드light emitting diode, LED이다. 최초의 LED는 1962년 발명되었고, 붉은 빛만을 발광했다. 10년 후에는 녹색, 그 후 1990년대에는 고휘도 푸른색이 만들어졌다. 이 푸른색 LED에 형광물질을 칠함으로써 공학자들은 푸른빛의 일부를 따뜻한 색으로 전환할 수 있었고, 그 결과 실내조명에 적합한 흰빛을 만들어냈다. 주백색 LED의 이론적 한계는 약 300lm/W인데, 시장에서 구입할 수 있는 램프가 그 정도 효율에 도달하려면 아직도 먼 길을 가야 한다. 120볼트가 표준인 미국에서 판매하는 필립스 LED의 발광 효율은 (100와트 백열등을 대체하는) 18와트의 부드러운 백색 램프의 경우 89lm/W이다. 220~240볼트를 표준으로 사용하는 유럽에서 필립스가 판매하는 LED의 발광 효율은 172lm/W로, 1.5미터 길이의 유럽 형광등을 대체한다.

고효율 LED 덕분에 이미 세계적으로 상당한 전기를 절약하고 있다. 예컨대 고효율 LED는 20년 동안 하루에 3시간씩 빛을 제공할 수 있어 당신이 불 끄는 걸 잊어버리더라도 다음 달 전기료에서 그 사실을 거의 눈치채지 못할 것이다. 그러나 다른 모든 인공 광원이 그렇듯 고효율 LED도 아직 자연광의 빛띠에 견줄 수는 없다. 백열광은 푸른빛이 지나치게 옅고, 형광은 붉은빛이 거의 없다. LED는 빛띠에서 붉은 부분이 약한 반면 푸른 부분은 지나치게 강하다. 따라서 LED가 눈을 그다지 즐겁게 해주지는 못한다.

인공 광원의 효율은 1880년 이후 두 자릿수만큼 개선되었다. 그러나 실내에서 햇빛을 대체하는 일은 아직도 요원하다.

38

왜 더 큰 배터리가 필요한가?

Numbers Don't Lie

날씨에 따른 태양에너지와 풍력에너지의 생산량 편차를 메울 수 있을 정도로 많은 양의 전기를 저장하는 더 좋은 방법이 있다면, 두 에너지의 사용을 확대하기가 훨씬 쉬울 것이다.

햇살이 좋은 로스앤젤레스에서 일반 가정의 평균 수요를 충족하기에 충분한 태양전지판을 지붕에 설치하더라도 1월에는 하루 수요의 80퍼센트까지 부족하지만, 5월에는 65퍼센트까지 과잉 발전되는 경우가 허다하다. 이런 경우 상당한 크기의 값비싼 리튬 이온 배터리를 설치하면 공공 배전망으로부터 전기를 공급받지 않고도 독자적으로 살아갈 수 있다. 10~30기가와트를 다루는 공공 배전망도 오랜 시간 가동할 수 있는 기가와트급 저장 시설을 갖추면 태양광과 풍력 같은 간헐적인 에너지원에 전적으로 의존할 수 있을 것이다.

2007년 이후 절반이 넘는 인류가 도시 지역에서 살아가고 있다. 2050년쯤에는 세계 인구의 3분의 2에 해당하는 63억 명 이상이 도시에 거주할 것이고, 인구 1,000만 명을 넘는 메가시티가 차지하는 비중이 더욱 증가할 것으로 예상한다(11장 참조). 또 인구 대다수가 고층 건물에서 살 것이다. 따라서 국지적 전기 발전의 가능성이 제한적이더라도 가정과 사무실, 공장과 교통수단에는 끊임없이 전기를 공급해야 할 것이다.

태풍이 아시아의 한 메가시티를 하루나 이틀 동안 강타한다고 생각해보자. 장거리 송전선이 도시 수요의 절반 이상을 공급하더라도 간헐적 발전을 회복할 때까지 (혹은 우리가 어떻게든 사용하지 않으려 애쓰고 있지만, 만약의 경우를 대비해 마련해둔 화석연료를 사용할 수 있을 때까지) 곤혹스러운 상황을 극복하려면 저장 장치로부터 많은 기가와트시GWh를 공급받을 수 있어야 할 것이다.

리튬 이온 배터리는 오늘날 고정식 기기든 이동식 기기든 어디에서나 가장 흔히 사용하는 저장 장치이다. 리튬 이온 배터리는 양극에는 리튬 화합물, 음극에는 흑연을 배치한 축전지이다(자동차에 흔히 쓰는 연축전지lead-acid battery는 두 전극에 산화납과 납을 사용한다). 리튬 이온 배터리가 연축전지보다 에너지 밀도가 훨씬 더 높긴 해도 장기간 대용량의 전기를 저장하기에는 아직 부족하다. 현재 미국 전력 회사 AES그룹은 서던캘리포니아 에디슨사社를 위해 롱비치에 1만 8,000개 이상의 리튬 이온 배터리로 이뤄진 최대 저장 장치를 건설하고 있다. 2021년 이 장치가 완공되면 4시간 동안 100메가와트를 공급할 수 있을 것이다. 그러나 400메가와트시라는 에너지 총량은 아시아의 대도시 한 곳이 간헐적으로 에너지를 공급받지 못할 경우 필요한 총량보다 여전히 두 자릿수나 낮다.

따라서 우리는 저장량을 확대해야 한다. 하지만 어떻게? 나트륨 유황 배터리sodium sulfur battery는 리튬 이온 배터리보다 에너지 밀도가 더 높지만, 뜨거운 액체 금속이라는 무척 불편한 전해액을 이용해야 한다. 전해액에 에너지를 직접 저장하는 플로 배터리flow battery(흐름 전지)는 아직 초기 단계이다. 슈퍼캐퍼시터supercapacitor는 충분히 오랜 시간 전기를 공급할 수 없다. 언론에서 끊임없이 칭찬하며 거론하는 에너지 저장 방법, 즉 압축 공기와 플라이휠을 이용한 에너지 저장 장치는 소형이나 중형으로 12곳 남짓한 지역에 설치하는 데 그쳤다. 어쩌면 장기적 관점에서는 값싼 태양광에서 얻은 전기를 이용해, 전기분해로 물을 분해하고, 그렇게 얻은 수소를 다목적 연료로 사용하는 게 가장 바람직할 것이다. 하지만 그런 수소에 기반한 경제가 금방 이루어지는 것은 아니다.

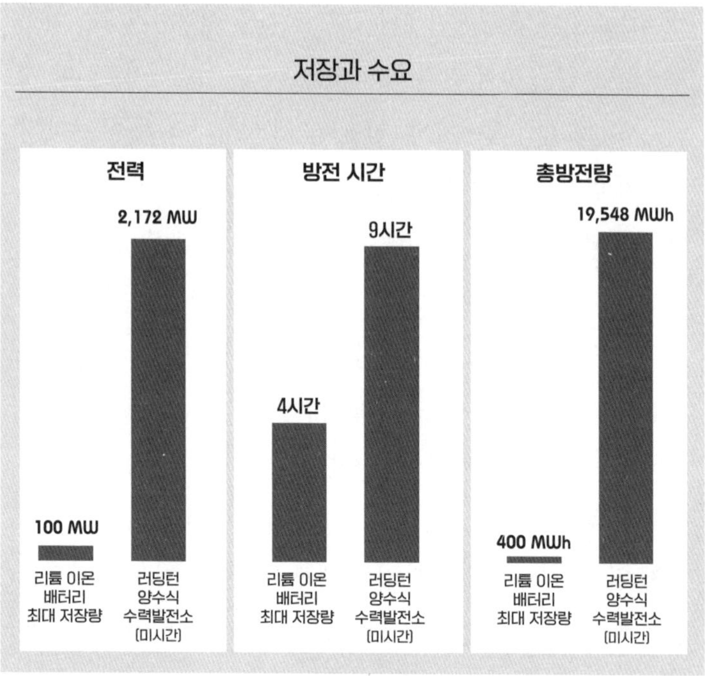

따라서 이러한 경제가 가능해질 때까지는 1890년에 도입한 테크놀로지, 즉 양수식발전pumped-storage hydroelectricity에 의존할 수밖에 없다. 높은 곳에 조성한 저수지를 낮은 곳에 있는 저수지와 파이프로 연결하고, 값싼 심야 전기를 이용해 낮은 곳의 저수지에서 높은 곳의 저수지로 물을 퍼 올린 다음, 낮에 전기 수요가 많을 때 그 물을 이용해 터빈을 돌려 발전하는 방식을 가리킨다. 현재 양수식발전은 세계 에너지 저장 용량의 99퍼센트를 차지하지만, 필연적으로 약 25퍼센트의 에너지 손실을 수반한다. 가장 큰 곳은 약 3기가와트를 발전하지만, 많은 시설이 단기적으로 1기가와트가 넘는 정도만 발전할 수 있다. 따라서 어떤 메가시티가 태양광발전과 풍력발전에만 전적으로 의존한다면 한 곳 이상의 양수식발전 시설이 필요할 것이다.

그러나 양수식발전 시설을 갖추는 데 필요한 지형 조건, 즉 가파른 급경사면이나 깊은 골짜기 근처에 조성된 메가시티는 없다. 상하이, 콜카타, 카라치를 비롯해 많은 메가시티가 연안의 평지에 위치한다. 이런 메가시티도 양수식발전에 의존할 수 있긴 하지만 장거리 송전을 통해 전기를 받을 수 있어야 한다.

에너지 밀도가 높고 탄력적이며, 대형이면서 값도 저렴한 전기 저장 장치에 대한 욕구는 자명하다. 그러나 그 기적은 예부터 느릿하게 다가오고 있다.

39

왜 전기 컨테이너선은 아직 요원한가?

우리가 집에서 입고 사용하는 거의 모든 물건은 한때 디젤엔진을 장착하고 아시아에서 출발해 미세한 오염 물질과 이산화탄소를 방출하는 선박에 적재된 철제 컨테이너 박스에 있었다. 물론 더 나은 상황을 상상할 수도 있기는 하다.

어쨌거나 전기기관차는 한 세기 전에, 고속 전기 열차는 반세기 이상 전에 탄생했다. 최근에는 전기 자동차가 세계 전역에서 확산하고 있다. 그런데 왜 전기 컨테이너선은 아직 없을까?

실제로 최초의 전기 컨테이너선이 2021년에 운항될 예정

야라 비르켈란호의 모형.

이다. 노르웨이의 마린 테크니크Marin Teknikk가 설계한 야라 비르켈란Yara Birkeland호는 전기를 동력으로 사용해 배출가스가 전혀 없는 세계 최초의 컨테이너선일 뿐만 아니라 세계 최초의 자율주행 상업용 선박이기도 하다.

그러나 대형 디젤엔진을 사용하는 컨테이너선을 없애고, 그 선박들이 세계화 경제에 이바지하는 중대한 역할까지 지워버려서는 안 된다. 아주 간단한 계산으로 그 이유를 설명할 수 있다.

컨테이너 박스는 다양한 크기로 존재하는데, 대부분은

20피트 상당의 규격twenty foot equivalent unit, TEU이다. 달리 말하면 길이가 6.1미터(20피트), 폭이 2.4미터인 직사각형 입방체이다. 1960년대에 운항한 초기의 소형 컨테이너선은 기껏해야 수백 개의 TEU를 운반했지만, 2019년에 진수된 스위스 MSC사 소속의 컨테이너선 네 척(귈쉰Gülsün, 사마르Samar, 레니Leni, 미아Mia)은 각각 2만 3,756개의 TEU를 싣는 신기록을 세웠다. 그 컨테이너선들은 연료를 절약하기 위해 16노트라는 무척 느린 속도로 운항할 때도 홍콩에서부터 수에즈운하를 거쳐 함부르크까지 2만 1,000킬로미터 넘는 거리를 30일 만에 갈 수 있다.

이번에는 야라 비르켈란호를 생각해보자. 120개의 TEU만을 운반하고, 운항 속도는 6노트에 불과하다. 가장 긴 항로도 30해리를 넘지 않을 것으로 예측된다. 노르웨이를 기준으로 말하면 헤뢰야Herøya와 라르비크Larvik를 오가는 정도일 것이다. 따라서 최첨단 디젤엔진을 장착한 컨테이너선은 선구적인 전기 컨테이너선보다 200배나 많은 컨테이너 박스를 싣고, 거의 400배 넘는 거리를 3~4배 빠른 속도로 운항한다.

요즘 대륙을 오가는 컨테이너선의 일반 적재량인 1만 8,000TEU까지 실을 수 있는 전기 컨테이너선은 언제쯤이나 가능할까? 오늘날 효율적인 디젤 컨테이너선의 대부분은 항해하는 31일간 4,650톤의 연료(저급한 잔유나 디젤유)를 태우며, 톤당 저장 에너지는 42기가줄이다. 이 정도면 킬로그램당 약 1만

1,700와트에 해당하는 에너지 밀도이다. 요즘의 리튬 이온 배터리가 300Wh/kg란 사실을 고려하면 거의 40배나 높다.

따라서 31일 동안 컨테이너선을 운항하는 데 필요한 연료 총량은 약 195테라줄, 즉 54기가와트시이다. 컨테이너선에 장착한 디젤엔진은 현존하는 가장 큰 엔진이며, 이런 대형 디젤엔진의 효율은 약 50퍼센트이다. 다시 말하면, 추진에 실제로 사용하는 에너지는 필요한 연료 총량의 절반, 즉 27기가와트시라는 뜻이다. 이런 필요량을 전기로 대신하려면, 90퍼센트 효율로 작동하는 대형 전동기라도 30기가와트시의 전기가 필요할 것이다.

오늘날 최상급 상업용 리튬 이온 배터리(300Wh/kg)를 컨테이너선에 설치할 경우, 아시아에서 유럽까지 직행으로 한 달 만에 가려면 약 10만 톤의 배터리를 설치해야 할 것이다(참고로 말하면 전기 자동차에 적재하는 리튬 이온 배터리는 약 500킬로그램, 즉 0.5톤이다). 배터리만으로 최대 화물 적재량의 40퍼센트를 차지하는 것이다. 따라서 경제적 관점에서 전기 컨테이너선은 선박 자체를 충전하고 운항할 때의 어려움을 배제하더라도 파괴적인 제안이다. 예상보다 빨리 배터리의 에너지 밀도가 500Wh/kg로 향상하더라도 1만 8,000TEU급 컨테이너선이 상대적으로 느린 속도로 장거리 국제 항로를 운항하려면 여전히 거의 6만 톤의 배터리가 필요할 것이다.

따라서 결론은 명확하다. 오늘날 대형 컨테이너선에 적재된 연료(약 5,000톤)와 디젤엔진(약 2,000톤)보다 무겁지 않은 배터리와 전동기를 장착한 전기 컨테이너선이 가능하려면, 에너지 밀도가 현재의 최상급 리튬 이온 배터리보다 10배나 높은 배터리가 필요할 것이다.

그러나 이런 목표를 달성하기는 무척 어렵다. 지난 70년 동안, 최상급 상업용 배터리는 에너지 밀도가 4배로도 성장하지 못했다.

40

전기의 실질 비용

많은 부유한 국가에서 21세기 이후 장기적인 전기 요금의 추세에 변화가 일어났다. 명목 가치에서는 물론이고 인플레이션율을 고려해 조정한 후에도 전기 요금이 인상된 것이다. 그렇더라도 전기는 여전히 무척 싸게 판매되는 물건이다. 물론 누구나 예측할 수 있듯 저렴한 전기 요금은 다양한 형태로 제공되는 특별한 기여뿐 아니라, 정부의 끊임없는 규제에서 비롯되는 국가적 특성을 반영한 결과이다.

역사적 관점에서 전기의 특이한 가격을 추적해보면 현대 세계에서 전기가 어디에나 있는 이유를 설명할 수 있다. 인플레이션율을 고려해 2019년의 화폐 가치로 표현하면, 미국 주택용 전기의 평균 가격은 1902년(전국 평균의 계산이 처음으로 가능했던 해) 킬로와트시당 4.81달러였지만, 1950년에는 30.5센트, 2000년에는 12.2센트로 떨어졌다. 그러나 2019년 초에는 조금 올라 12.7센트였다. 전기 요금이 97퍼센트 이상 상대적으로 하락하는 추세였음을 알 수 있다. 거꾸로 말하면 이제 1달러로 1902년보다 거의 38배나 많은 전기를 구입할 수 있다는 뜻이다. 그러나 같은 시기, 역시 인플레이션율을 고려할 때 평균 제조 임금은 거의 6배 인상되었다. 다시 말해 실질소득을 고려한 전기 요금이 1902년 요금의 0.5퍼센트 이하이기 때문에 블루칼라 노동자의 가정이 120년 전보다 전기를 200배 이상 더 여유롭게 사용할 수 있다는 뜻이다.

우리는 구입한 전기를 조명이나 운동에너지 혹은 열로 전환한다. 이런 전환 효율을 개선한 덕분에 우리는 전기의 최종적인 사용에서 더 큰 이익을 보게 되었다. 특히 조명에서 얻은 이익이 가장 인상적이다. 1902년의 탄탈룸 필라멘트를 사용한 전구의 빛은 7lm/W이었지만, 2019년의 밝기 조절이 가능한 LED 전등의 발광 효율은 89lm/W이다. 달리 말하면 요즘 노동자 가정의 전등빛이 20세기 초의 노동자 가정보다 대략 2,500배만큼 좋아졌다는 뜻이다.

세계 각국을 비교해보면 몇몇 놀라운 차이가 눈에 띈다. 캐

100kWh의 전기를 구매하는 데 필요한 노동시간(단위: 분)

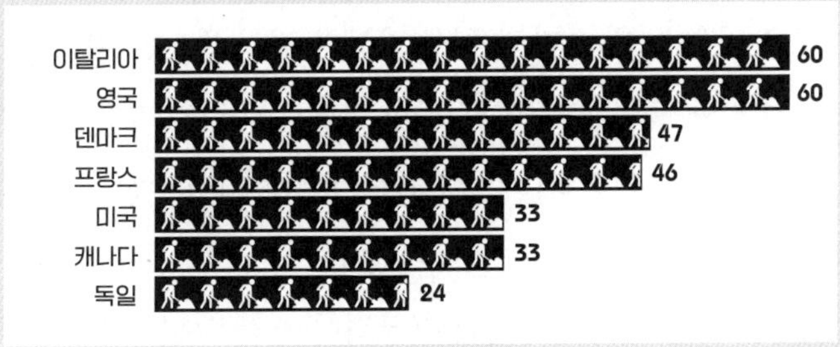

나다와 노르웨이를 제외하면 미국은 부유한 국가 중에서 가정용 전기가 싼 편이다. 캐나다와 노르웨이는 소득수준이 높지만, 수력발전의 비율이 상대적으로 높기도 하다(차례로 59퍼센트와 95퍼센트). 현재의 환율을 사용하면 미국 가정용 전기 요금은 유럽 평균치의 약 55퍼센트이고, 일본 평균치의 약 절반, 독일 전기 요금의 40퍼센트 이하이다. 공식 환율을 적용하면 인도·멕시코·터키·남아프리카공화국의 전기 가격은 미국보다 낮지만, 구매력평가지수를 사용하면 훨씬 높아진다. 구체적으로 말해 인도는 2배가 높고, 터키는 거의 3배가 높다.

태양전지의 극적인 가격 하락(36장 참조)과 풍력용 터빈의 경쟁력 있는 가격 책정에 대한 보고서를 순진한 국외자가 읽는다면, 태양광과 풍력 같은 새로운 재생 가능한 에너지의 비중이 증가함에 따라 전기 요금이 떨어지는 시대의 막이 오를 것이라 결론내리기 십상이다. 그러나 현실은 정반대였다. 2000년 독일이 많은 돈을 투자해 재생 가능한 전기 발전을 확대하는 에너지 전환 프로그램을 시작하기 전까지, 독일의 가정용 전기 요금은 낮았고 하락하는 추세였다. 예컨대 2000년에는 0.14유로/kWh 이하로 그야말로 바닥이었다.

2015년 독일에서 태양광과 풍력이 생산한 전기량은 거의 84기가와트로 화석연료 발전소에서 얻은 총전기량을 넘어섰고, 2019년 3월에는 총전기량의 20퍼센트 이상이 새로운 재생 가능한 에너지에서 얻은 것이었다. 그러나 전기 요금은 0.29유로/kWh로, 18년 동안 2배 넘게 인상되었다. 그 결과 유럽연합에서 가장 큰 경제 대국인 독일은 전기 요금이 유럽 대륙에서 두 번째로 높은 국가이다. 풍력에 크게 의존하는 덴마크(2018년 기준 전체 발전량의 41퍼센트가 풍력)의 전기 요금이 가장 높아 0.31유로/kWh이다. 미국 내에서도 유사한 사례를 확인할 수 있다. 캘리포니아는 재생에너지의 발전 비율이 증가하는 추세로, 전기 요금이 미국 평균치보다 5배나 빠른 속도로 인상되어 이제는 전국 평균보다 거의 60퍼센트나 높다.

41

느리게 진행될 수밖에 없는 에너지 전환

Numbers Don't Lie

1800년에는 영국 및 유럽과 중국 북부의 일부 지역에서만 석탄을 태워 열을 얻었다. 대부분의 지역에서 일차에너지primary energy의 98퍼센트를 바이오매스biomass, 즉 주로 나무와 숯에서 얻었다. 삼림이 황폐한 지역에서도 에너지를 밀짚과 동물의 건조한 배설물로부터 얻었다. 1900년쯤 탄광 수가 늘어나고 북아메리카와 러시아에서 석유와 가스 생산이 시작됨에 따라, 바이오매스가 세계의 일차에너지에서 차지하는 비중이 절반으로 떨어졌다. 1950년에는 거의 30퍼센트, 21세기의 문턱을 넘었을 때는 12퍼센트까지 하락했다. 하지만 지금도 사하라사막 남쪽의 많은 국가에서는 바이오매스의 비중이 80퍼센트를 넘는다. 물론 에너지원이 식물 조직 내에 새로이 형성된 탄소에서 석탄·원유·천연가스에 오랫동안 축적된 탄소로 전환되는 데는 상당한 시간이 걸린다.

현재 우리는 훨씬 더 까다로운 에너지 전환의 초기 단계에 있다. 세계 에너지 공급원의 탈탄소화decarbonization는 지구온난화에서 비롯한 최악의 결과를 피하기 위해서도 필요하다. 일반적인 막연한 생각과 달리, 탈탄소화를 향한 에너지 전환은 휴대폰 보급만큼 빠른 속도로 진행되지 않는다. 절대적인 관점에서 말하면 세계는 탄소를 떨쳐내기는커녕 더욱더 탄소를 사용하고 있으며(71장 참조), 상대적으로 말하면 우리가 거둔 성과는 여전히 한 자릿수에 머물고 있다.

제1차 유엔 기후변화 기본협약United Nations Framework Convention on Climate Change은 1992년에 열렸다. 브리티시 페트롤리엄BP이 연례 통계 보고서에서 선호하는 공통분모로 연료와 전기의 전환율을 계산했는데, 그해 화석연료는 세계 일차에너지의 86.6퍼센트를 차지했다. 2017년에는 85.1퍼센트를 차지했다. 화석연료의 비중이 25년 동안 고작 1.5퍼센트 줄어든 것이다.

세계 에너지 전환 속도를 보여주는 이 핵심 지표는 세계가 여전히 근본적으로 탄소계 화석연료에 의존하고 있음을 설득력 있게 증명한다. 2050년까지 탄소계 화석연료의 사용을 제로

세계 에너지 전환율

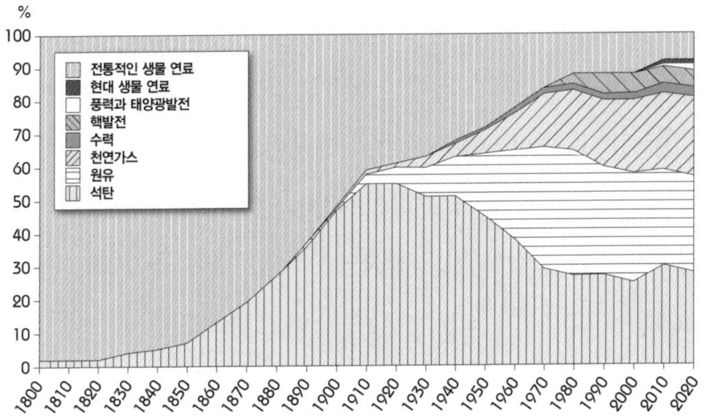

에 가깝게 떨어뜨리겠다는 목표를 달성하려면 향후 25~30년 동안 세계 일차에너지의 80퍼센트를 비탄소계 대체재로 교체해야 한다. 사반세기 동안 1.5퍼센트라는 미미한 성과밖에 거두지 못했는데 이런 목표를 달성할 수 있을까? 항상 그랬듯 기업에 맡겨두면 절대 불가능하다. 목표를 달성할 수 있는 유일한 방법은 세계경제가 붕괴하거나, 현재의 능력을 넘어서는 규모와 속도로 새로운 에너지원을 채택하는 것이다.

뉴스를 대충 읽는 독자는 곳곳에서 주장하는 풍력발전과 태양광발전의 진척 상황에 대해 잘못 생각하는 경우가 많다. 물론 풍력과 태양광이란 재생에너지가 지금까지 꾸준히 인상적으로 발달해온 것은 사실이다. 1992년 풍력과 태양광은 세계에서 소비하는 전기의 0.2퍼센트를 공급하는 데 그쳤지만 2017년에는 4.5퍼센트를 공급했다. 그러나 그 25년 동안 전기발전에서 탈탄소화가 진행된 이유는 태양광과 풍력 시설 때문이 아니라 수력발전을 확대했기 때문이었다. 게다가 세계의 최종 에너지 소비 가운데 27퍼센트만이 전기이기 때문에 그 정도의 탈탄소화는 전체 탄소 감축에서 보면 그 비율이 크게 떨어진다.

태양광발전과 풍력발전은 이제 성숙한 단계에 올라선 산업이다. 따라서 새로운 발전 설비가 계속 추가되며 전기 공급의 탈탄소화 속도를 높이고 있다. 그러나 경제의 적잖은 핵심 요인이 여전히 화석연료에 크게 의존하는 데다, 그 부문을 신속하고 대대적으로 대신할 수 있는 비탄소계 대체재가 없는 실정이다. 구체적으로 말하면, 장거리 교통과 운송(제트여객기는 항공유, 컨테이너선과 벌크선과 유조선은 벙커시유와 액화 천연가스에 거의 전적으로 의존한다), 용광로에서 1차로 생산하는 10억 톤 이상의 철(용광로에서 철광석을 제련하기 위해서는 석탄에서 얻는 코크스가 필요하다), 40억 톤 이상의 시멘트(저급한 화석연료를 사용하는 거대한 회전용 가마에서 만들어진다), 약 2억 톤의 암모니아 합성과 약 3억 톤의 플라스틱 합성(천연가스와 원유에서 얻은 화합물을 원료로 쓴다), 실내 난방(요즘은 주로 천연가스를 사용한다)이 비탄소계 대체재를 찾기 힘든 부문에 속한다.

희망 사항이 아니라 현실을 바탕으로 우리는 일차에너지의 전환 가능성에 접근해야 한다. 100억 톤의 탄소계 화석연료를 대체하는 것은 소형 휴대용 전자 기기의 판매량을 연간 10억 대 이상으로 늘리는 것과는 차원이 다른 문제이다. 전자 기기의 판매라는 목표는 수년 내에 달성할 수 있지만, 화석연료의 대체는 수십 년이 걸리는 과제이다.

NUMBERS DON'T LIE

5

TRANSPORT
How We Get Around

운송과 교통

우리는 어떻게 돌아다니는가

42

한층 짧아진 대서양 횡단 여행

Numbers Don't Lie

상업용 범선이 대서양을 동쪽으로 횡단하는 데는 3주, 때로는 4주가 걸렸고, 서쪽으로 횡단할 때는 맞바람 때문에 대체로 6주가 걸렸다. 최초의 증기선이 대서양을 동쪽으로 횡단한 해는 1833년이었다. 그때 캐나다의 퀘벡에서 건조한 증기선 로열 윌리엄호는 석탄을 싣기 위해 노바스코샤(캐나다의 남동 끝—옮긴이)에 잠시 정박한 후 잉글랜드로 향했다. 1838년 4월에야 증기선은 서쪽 항로를 개척했는데, 이는 뜻밖의 사건으로 인해 시작되었다.

19세기 영국의 위대한 공학자 이점바드 킹덤 브루넬은 그

브루넬의 그레이트 웨스턴호. 증기기관을 설치한 외륜선이지만 여전히 범선용 삭구를 갖추고 있었다.

레이트 웨스턴 증기선 회사Great Western Steamship Company가 브리스톨과 뉴욕을 왕래할 계획으로 의뢰한 증기선 그레이트 웨스턴호를 건조했다. 그 증기선은 1838년 3월 31일 출항 준비를 끝냈는데, 선상에서 화재가 발생해 출발일이 4월 8일로 늦추어졌다.

그사이 영미 증기선 해운 회사British and American Steam Navigation Company가 증기선 시리우스호를 용선해 선수를 치려고 했다. 시리우스호는 원래 런던과 아일랜드의 코크Cork 사이를 운항하기 위해 소형으로 건조한 목재 외륜선이었다. 1838년 4월 4일, 아일랜드 코크를 출발한 시리우스호의 증기기관은 370킬로와트의 최고 출력에 34킬로파스칼로 작동했다(참고로 2019년형 포드 머스탱의 엔진 출력은 342킬로와트이다). 460톤의 석탄을 연료로 적재한 시리우스호는 거의 5,400킬로미터(2,916해리)를 항해할 수 있었다. 다시 말해 뉴욕항까지는 아니어도 거의 그곳까지 항해하는 것이 가능했다.

반면 그레이트 웨스턴호는 세계에서 가장 큰 여객선으로 일등칸에만 128개의 침대가 있었다. 그레이트 웨스턴호의 기관도 34킬로파스칼이었지만, 엔진 출력은 약 560킬로와트(요즘 산업용 디젤 발전기의 출력)였고, 대서양을 횡단한 첫 항해에서는 평균 속도를 시속 16.04킬로미터(오늘날 평균 시속 21킬로미터로 달리는 세계 최고의 마라토너보다 느린 속도)로 유지했다. 따라서 시리우스호는 나흘이나 빨리 출발하고도 그레이트 웨스턴호를 겨우 따돌릴 수 있었다. 시리우스호는 코크를 출발하고 18일 14시간 22분 후인 1838년 4월 22일 뉴욕에 도착했다.

시리우스호에 관해서는 가구뿐 아니라 돛대와 활대까지 태워가며 가까스로 뉴욕항에 도착했다는 극적인 이야기가 나돌았다. 그런 뒷이야기는 사실이 아니었지만, 몇 통의 수지樹脂를 태운 것은 분명했다. 그레이트 웨스턴호가 15일 12시간의 항해를 끝내고 이튿날 도착했을 때는 655톤의 석탄을 태우고도 200톤이 더 남아 있었다.

증기선들은 새로운 기록을 계속 쏟아내며 대서양 횡단 시간을 절반 이상으로 줄여갔다. 1848년 커나드 라인Cunard Line 해운 회사의 증기선 유로파호는 8일 23시간 만에 대서양을 횡단했다. 1888년에는 대서양 횡단에 6일이 조금 더 걸렸다. 1907년에는 증기터빈을 장착한 루시타니아호가 4일 19시간 52분 만에 대서양을 횡단하는 기록을 세우며 대서양을 가장 빠른 속도로 횡단한 여객선에 수여하던 비공식적인 최고 영예인 블루 리번드Blue Riband를 수상했다. 최종적인 기록 보유선은 1952년 증기선 유나이티드 스테이츠호로, 3일 10시간 40분 만에 대서양을 횡단했다.

이후 피스톤엔진piston-engine, 즉 왕복기관을 설치한 항공기가 14시간 남짓 만에 대서양을 횡단했지만, 1958년 미국 최초의 민간용 터보제트기 보잉 707이 런던과 뉴욕 사이를 일정표에 따라 정기적으로 8시간 정도에 비행함으로써 그 시대는 짧게 끝났다(48장 참조). 그 이후로 순항 속도는 크게 달라지지 않았다. 보잉 787 드림라이너는 시속 913킬로미터 속도로 런던과 뉴욕을 약 7.5시간 만에 날아갔다.

비싼 데다 시끄러워 불운한 운명을 맞이한 초음속 항공기 콩코드는 3.5시간 만에 대서양을 횡단할 수 있었지만, 앞으로는 운항되지 않을 것이다. 현재 서너 기업이 초음속 여객기를 개발하고 있기 때문이다. 특히 에어버스는 음속 4.5배의 속도로 순항하는 극초음속 개념으로 특허를 받았다. 이런 여객기가 탄생하면 히스로 공항을 이륙한 지 1시간 만에 존 F. 케네디 국제공항에 도착할 것이다.

그러나 훨씬 많은 에너지 비용을 감당하면서까지 그렇게 빠른 속도가 필요할까? 1838년 시리우스호의 속도에 비교하면, 대서양을 횡단하는 시간이 98퍼센트 이상 줄어들었다. 이제 하늘길을 횡단하는 데는 두툼한 소설, 어쩌면 이 책을 완독하기에 적당한 시간이 걸릴 뿐이다.

43

엔진이 자전거보다 먼저 발명되었다!

어떤 부문의 과학적 발전은 상상력 부족이나 방해 상황의 연속으로 지체되었다. 적어도 내 생각에 자전거만큼 두 경우 모두에 해당하는 사례는 없는 듯하다.

200여 년 전인 1817년 6월 12일 독일 만하임에서, 바덴 대공국의 삼림감독관이던 카를 드라이스Karl Drais(1785~1851)가 자신이 발명한 라우프마시네Laufmaschine(달리는 기계)를 처음으로 선보였다. 훗날 드라이지너Draisine 혹은 장난감 말hobby-horse로 알려진 것이었다. 가운데에 좌석이 있고, 앞바퀴로 방향을 조절했으며, 앞뒤 바퀴의 직경이 같았다. 이 구조는 항상 균형을 잡아야 하는 모든 운송 수단의 원형原型이 되었다. 하지만 라우프마시네는 페달이 아니라, 구석기시대를 배경으로 한 만화영화의 주인공 프레드 플린스톤처럼 한 발로 땅바닥을 밀어내는 방식으로 추진력을 얻었다.

드라이스는 무거운 목재 자전거를 타고 1시간 동안 거의 16킬로미터를 달렸다. 말이 끄는 전형적인 마차보다 더 빠른 속도였다. 그러나 적어도 오늘날의 시각에서 보면 그 설계는 어설픈 데다 당시에는 자전거를 타기에 적합한 포장도로도 없었다. 1820년에는 기관차와 증기선 등 복잡한 제조 기술이 필요한 발명들로 가득했음에도 그때로부터 수십 년이 지난 후에야 자전거가 발명된 이유, 즉 젖먹이를 제외하고 누구나 탈 수 있는 편리하고 실용적인 기계를 만들 수 있는 추진 수단을 생각해내는 데 그처럼 오랜 시간이 걸린 이유는 무엇일까?

몇몇 대답은 쉽게 찾아낼 수 있다. 목재 자전거는 무겁고 다루기 힘들었다. 내구성을 갖춘 기계를 제작하는 데 필요한 철제 부품(뼈대, 바퀴 테와 바큇살)을 그때까지는 구할 수 없었다. 도로가 포장되지 않아 자전거를 타기에도 불편했다. 공기타이어는 1880년대 말에야 발명되었다(44장 참조). 또 도시 소득이 레저용 기계라는 걸 대대적으로 받아들일 정도까지 늘어나지 않았다.

1866년이 되어서야 피에르 랄망Pierre Lallement(1843~1891)이 약간 더 큰 앞바퀴에 부착된 페달로 추진력을 얻는 자전거를 발명해 미국 특허를 받았다. 1868년부터는 피에르 미쇼Pierre Michaux(1813~1883)의 벨로시페드Vélocipède가 프랑스에서 인기를 얻었다. 그러나 미쇼의 자전거는 잠깐 주목받았을 뿐 현대 자전거의 효시가 되지는 못했다. 1870년대와 1880년대 초에는 앞바퀴가 뒷바퀴보다 아주 큰 페니파딩penny-farthing 자전거로 알려진 '보통' 자전거가 대세였다. 페니파딩 자전거에서 페달은 지름이 1.5미터에 이르는 앞바퀴 축에 직접 부착되어 멀리까지 갈 수 있는 페달 혁명을 일으켰다. 이 어설픈 기계는 빠른 속도를 낼 수 있었지만, 올라타기가 힘들고 방향을 조정하기도 까다로웠다. 따라서 페니파딩을 타려면 재주와 스태미나뿐 아니라 위험하게 넘어지더라도 툭툭 털고 일어날 수 있는 너그러움이 요구되었다.

마침내 1885년 영국의 두 발명가 존 켐프 스탈리John Kemp Starley(1854~1901)와 윌리엄 서턴William Sutton이 자체 제작한 로버 안전 자전거Rover safety bicycle를 공급하기 시작했다. 앞뒤 바퀴의 크기가 똑같고, 방향을 직접 조정할 수 있었다. 페달 축과 뒷바퀴 축을 사슬 톱니바퀴로 연결했고, 원통의 철제 뼈대를 사용했다. 아직 뼈대가 고전적인 다이아몬드 모형은 아니었지만 진정한 의미에서 현대 자전거라 할 수 있었으며, 많은 사람에게 호응을 얻었다. 1888년에는 존 보이드 던롭John Boyd Dunlop(1840~1921)의 공기타이어까지 도입되어 자전거의 인기는

존 켐프 스탈리의 로버 안전 자전거.

더욱 가속화했다.

따라서 앞뒤로 똑같은 크기의 바퀴, 최소한의 철제 뼈대, 짧은 체인을 이용한 구동 방식으로 단순하게 이루어진 기계가 탄생하는 데는 와트의 개량된 증기기관(1765) 이후로 한 세기, 기계적으로 훨씬 복잡한 기관차(1829)가 등장하고는 반세기 이상, 최초의 상업 발전(1882)이 시작되고도 수년이란 시간이 걸렸다. 반면 자동차는 자전거와 거의 같은 시기에 등장했다. 세 바퀴나 네 바퀴 마차에 가벼운 내연기관을 얹어놓은 구조였던 초기의 자동차를 카를 벤츠, 고틀리프 다임러, 빌헬름 마이바흐가 앞다투어 1886년에 선보였다.

1886~1976년 자동차는 엄청난 변화를 겪었지만 자전거의 기본 설계는 거의 달라지지 않았다. 특정한 목적을 위해 제작한 최초의 산악자전거는 1977년에야 등장했다. 값비싼 합금과 복합 재료, 특이해 보이는 뼈대, 일체 차륜solid wheel, 뒤집어진 손잡이 등 기발한 아이디어를 폭넓게 채택하기 시작한 것도 1980년대 들어서였다.

44

공기 주입식 타이어의 놀라운 이야기

Numbers Don't Lie

세상에 널리 알려진 유명한 발명은 손가락으로 꼽을 정도이고, 그런 발명에는 관련된 사람이나 연구소의 이름이 동반되는 게 일반적이다. 에디슨의 전구, 벨 연구소의 트랜지스터가 이 범주에 속하는 가장 대표적인 예인데, 엄밀히 말하면 에디슨은 전구의 발명가가 아니라 내구성을 높여 전구를 개선했을 뿐이고, 벨 연구소도 트랜지스터를 재발명한 것에 불과하다. 반도체를 이용한 장치, 트랜지스터 특허는 줄리어스 에드거 릴리엔펠드Julius Edgar Lilienfeld가 1925년에 이미 획득한 상태였다.

발명과 관련한 이야기 가운데 그 반대편에는 기원이 모호하지만 신기원을 이룬 획기적 발명에 대한 훨씬 더 큰 범주의 이야기도 있다. 공기 주입식 타이어inflatable tire보다 여기에 어울리는 예는 없을 것이다. 이 공기타이어는 아일랜드에 거주하던 스코틀랜드인 존 보이드 던롭이 발명했고, 그가 영국에서 받은 특허는 1888년 12월 7일, 즉 130여 년 전까지 거슬러 올라간다.

던롭 이전에는 통고무 타이어가 최선의 선택이었고, 통고무 타이어는 찰스 굿이어Charles Goodyear(1800~1860)가 고안해낸 가황처리법vulcanization process 이후로 일반화했다. 1844년 특허를 얻은 가황처리법은 고무에 황을 첨가해 가열하는 방법으로, 고무의 탄성을 높이고 내구성을 향상시키는 효과가 있었다. 통고무 타이어도 나무 바퀴나 바퀴살을 철제 테두리에 연결한 바퀴에 비하면 상당히 개선된 형태였지만, 충격이 고스란히 전달되어 승차감은 여전히 좋지 않았다.

1887년 던롭은 아들이 세발자전거를 조금이라도 편하게 탈 수 있도록 공기 주입식 타이어의 원형原型을 고안해냈다. 공기를 넣어 부풀린 고무관을 동여 묶고 리넨으로 싼 후 나무 바퀴에 못으로 고정시킨 원시적 형태였다.

자전거 동호인이 점점 늘어나고 있었기 때문에 던롭의 타이어는 원시적임에도 즉각 호응을 얻었다. 타이어를 제작하는 회사까지 세워졌다. 하지만 많은 발명이 그렇듯 던롭의 특허는 결국 무효화되고 말았다. 역시 스코틀랜드인이던 로버트 윌리

자신이 발명한 공기타이어를 장착한 자전거를 탄 존 보이드 던롭.

엄 톰슨Robert William Thomson(1822~1873)이 실제로 제품을 만들어내지는 못했지만 그 아이디어로 먼저 특허를 받았다는 사실이 밝혀졌기 때문이다.

하지만 던롭의 발명은 자동차용으로 새롭게 창안한 더 큰 타이어를 만들어야겠다는 의욕을 자극했다. 1885년 카를 벤츠가 처음으로 선보인 3륜 파텐트 모터바겐Patent-Motorwagen에는 통고무 타이어가 사용되었다. 6년 후에는 앙드레와 에두아드 미쉐린 형제가 분리할 수 있는 자전거용 고무 타이어를 고안해냈고, 다시 1895년에는 그들이 제작한 2인승 자동차 레클레르L'Éclair가 공기타이어를 장착한 최초의 자동차로 파리와 보르도를 왕복하며 거의 1,200킬로미터를 주행하는 자동차 경주에 참가했다. 당시 그들의 타이어는 150킬로미터마다 교체해야 했기 때문에 레클레르는 결국 9등으로 경기를 끝냈다.

이는 일시적인 후퇴에 불과했다. 공기타이어의 판매는 순조로웠다. 타이어로 온몸을 둘러싼 뚱보 캐릭터 비벤덤은 1898년 미쉐린 타이어의 상징이 되었다. 1년 후에는 미쉐린 타이어가 어뢰 모양의 라 자메 콩탕트La Jamais Contente(결코 만족하지 않는 자동차라는 뜻)에 장착되었다. 이는 벨기에의 전기 자동차로 시속 100킬로미터까지 달렸다. 1913년 미쉐린은 탈착되는 철제 바퀴를 선보였다. 그때부터 트렁크에 예비 타이어를 준비해 두는 편의성을 고려하게 되었고, 이런 생각은 오늘날까지 계속되고 있다.

존 보이드 던롭은 2005년 마침내 '자동차 명예의 전당'에 입성했다. 던롭이란 상표는 이제 어디에나 존재하며, 세계에서 세 번째로 큰 타이어 제조 회사 굿이어 타이어 앤드 러버 컴퍼니Goodyear Tire & Rubber Company의 소유이다. 일본의 브리지스톤이 1위, 미쉐린이 간발의 차이로 2위이다. 미쉐린은 한 기업이 한 세기 이상 해당 산업계에서 최상위를 유지하는 모습을 보여준 무척 희귀한 사례이다.

무겁고 큰 타이어는 다루기가 여전히 매우 어렵다는 점에서 전형적인 산업 시대의 산물이지만, 정보화 시대에도 타이어에 대한 수요는 끊임없이 증가하고 있다. 타이어 회사들은 매년 거의 1억 대 가깝게 생산되는 도로용 운송 수단뿐 아니라, 세계 전역에서 운행 중인 12억 대의 운송 수단을 위한 교체용 타이어의 수요를 맞추어야 한다.

던롭이 지금까지 살아 있다면 자신이 시작한 일에 크게 놀랄 것이다. 인공지능으로 이미 시작되었다며 대대적으로 홍보하는 우리 시대의 탈물질화 바람에도 타이어는 요지부동이지 않은가.

45

자동차 시대는 언제 시작되었는가?

1908년은 헨리 포드Henry Ford(1863~1947)가 자동차 산업에 종사한 지 어느덧 10년이 된 해이자 포드 자동차 회사를 설립한 지 5년이 된 해였다. 포드 자동차 회사는 이미 이익을 남겼지만 경쟁자들처럼 부자의 구미를 맞출 뿐이었다. 1906년 출시한 모델 K의 가격은 약 2,800달러였고, 같은 해에 더 작은 크기로 출시한 모델 N은 500달러에 판매했는데, 500달러면 당시 보통 사람의 연봉 수준이었다.

그리고 1908년 8월 12일, 자동차 시대가 열렸다. 바로 그날 포드의 모델 T가 디트로이트의 피켓 애비뉴 공장에서 처음 조

포드 모델 T.

립되었다. 모델 T는 10월 1일부터 판매되기 시작했다.

포드는 자신의 목표를 명확히 밝혔다. "나는 수많은 대중을 위해 자동차를 만들 것이다. 가족에게는 넉넉할 정도로 크면서, 개인에게는 혼자 운영하고 관리하기에 적합할 정도로 아담한 자동차를 만들 것이다. 최고의 재료를 쓰고, …… 현대 공학이 고안할 수 있는 가장 단순한 설계로 만들 것이다. 그렇지만 가격은 저렴해 적당한 봉급을 받는 사람이라면 자동차를 소유하지 못하는 이가 없도록 할 것이다." 포드는 개인적 비전뿐 아니라 유능한 인재를 모집해 그들의 도움을 받은 덕분에 그 목표를 달성할 수 있었다. 특히 자동차 공학자이던 차일드 해럴드 윌스, 조지프 A. 갤럼브, 유진 파커스, 헨리 러브, C. J. 스미스, 거스 데그너, 피터 E. 마틴의 도움이 컸다. 4행정 수랭식 엔진의 출력은 15킬로와트였고(요즘 소형 자동차의 출력이 8배나 높다), 최고 속도는 시속 72킬로미터였으며, 가격은 낮았다. 당시 가장 인기 있던 모델 런어바웃Runabout의 1909년 판매 가격은 825달러였다. 이후 지속적인 설계 및 제조 과정의 개선으로 포드는 가격을 260달러까지 낮추었다. 그 가격은 당시 보통 노동자의 2.5개월 치 봉급이었다. 오늘날 미국의 신차 평균 가격은 3만 4,000달러, 즉 10개월 치 봉급의 중앙값이다. 영국에서 인기 있는 소형차의 평균 가격은 1만 5,000파운드(약 2만 달러)이다.

포드는 1913년 디트로이트 하일랜드파크 공장에 컨베이어 시스템을 도입함으로써 상당한 규모의 경제를 이루어냈다. 1914년 그 공장은 하루 1,000대의 자동차를 생산했다. 포드는 조립 라인의 미숙련 노동자에게도 전례 없는 임금을 주기로 결정하며, 자동차를 중단 없이 생산해내려 했다. 1914년 포드 공장의 임금은 2배 넘게 인상되어 일당 5달러가 되었고 1일 노동시간은 8시간으로 줄었다. 그 결과는 인상적이었다. 포드 자동차 회사는 1908년 미국산 자동차의 15퍼센트를 생산했지만, 1914년에는 48퍼센트, 1923년에는 57퍼센트까지 올라섰다. 1927년 5월 모델 T의 생산이 종료될 때까지 포드 자동차 회사는 1,500만 대의 모델 T를 판매했다.

헨리 포드는 규격품을 사용하고 자동차 조립 방법을 세계 전역에 보급함으로써 제조업 세계화의 문턱에 서 있었다. 해외에서는 캐나다가 컨베이어 시스템을 가장 먼저 도입했고, 그 후에는 영국·독일·프랑스·스페인·벨기에·노르웨이뿐만 아니라 멕시코·브라질·일본까지 퍼져나갔다.

그러나 포드가 많은 심혈을 기울였음에도 모델 T는 역사상 가장 많이 팔린 베스트셀러 자동차가 되지는 못했다. 그 지위는 독일의 국민 자동차 폴크스바겐Volkswagen이 차지했다. 아돌프 히틀러는 권력을 장악한 직후 국민 자동차 프로젝트를 구체적으로 발표하며 딱정벌레 모양을 고집했고, 페르디난트 포르셰Ferdinand Porsche(1875~1951)에게 자동차 설계를 지시했다. 1938년 생산할 준비가 끝났지만 히틀러는 자동차 프로젝트에 열의를 잃어버린 지 오래였다. 자동차의 조립 생산은 영국군 점령 지역에서 1945년에야 시작되었다. 독일에서 폴크스바겐 비틀의 생산은 1977년에 종료되었지만 브라질에서는 1996년까지, 멕시코에서는 2003년까지 이어졌다. 멕시코 푸에블라에서 마지막으로 생산된 자동차의 일련번호는 21,529,464였다.

그러나 많은 점에서 비틀은 모델 T를 시대에 맞추어 모방한 것에 불과했다. 여하튼 적정한 가격의 승용차를 누가 처음으로 대량생산했는지에 대해서는 어떤 논쟁도 있을 수 없다.

46

현대 자동차의 섬뜩한 '유상하중비'

Numbers Don't Lie

한 세기 전, 미국에서 가장 많이 판매된 베스트셀러 자동차 모델 T는 내연기관인 엔진 무게로 따지면 12그램마다 1와트의 출력을 짜냈다. 오늘날 미국에서 가장 많이 판매되는 베스트셀러 자동차의 엔진 출력은 그램당 1와트이다. 따라서 92퍼센트의 개선이 있었던 셈이다. 이것이 내가 이번 장에서 전할 수 있는 유일하게 좋은 소식이다.

이제부터 나쁜 소식을 나열해보자. 미국 자료를 보면, 지난 100년 동안 엔진의 평균 출력은 약 170킬로와트까지 11배 이상 높아졌다. 달리 말해 질량 대비 출력 밀도가 크게 떨어졌다는 뜻이다. 요즘의 자동차 엔진 무게가 한 세기 전보다 더 가볍지 않고 자동차 자체는 훨씬 더 무거워졌기 때문이다. 실제로 일반 자동차의 질량은 거의 3배로 증가해 1,800킬로그램을 넘는다. 1,800킬로그램이면 모든 경량 자동차, 즉 승용차의 평균이며, 픽업트럭과 SUV 그리고 미니밴의 절반에 해당한다.

미국 통근자의 거의 4분의 3이 '나 홀로' 운전자이기 때문에 '승용차 무게에 대한 승객 무게'의 비율은 그야말로 최악이다.

하지만 그 비율은 무척 중요하다. 자동차 산업이 자동차 중량을 줄이려고 알루미늄과 마그네슘, 심지어 탄소섬유 강화 폴리머를 사용하며 아무리 경량화lightweighting를 부르짖더라도 궁극적으로는 그 비율이 에너지 효율을 제한하기 때문이다.

70킬로그램의 운전자나 승객에 대한 중량비를 오름차순으로 정리하면 다음과 같다.

- 7킬로그램의 자전거는 0.1
- 이탈리아산 110킬로그램의 베스파 스쿠터는 1.6
- 좌석에 앉은 승객만을 계산할 때 요즘의 버스는 5 이하
- 1950년대에 제작한 프랑스산 510킬로그램의 시트로엥 2CVdeux chevaux(말 두 마리라는 뜻)은 7.3
- 1908년 출시된 포드 모델 T와 1964년 10월 운행하기 시작한 일본 신칸센 초고속 열차는 7.7(신칸센의 상대적으로

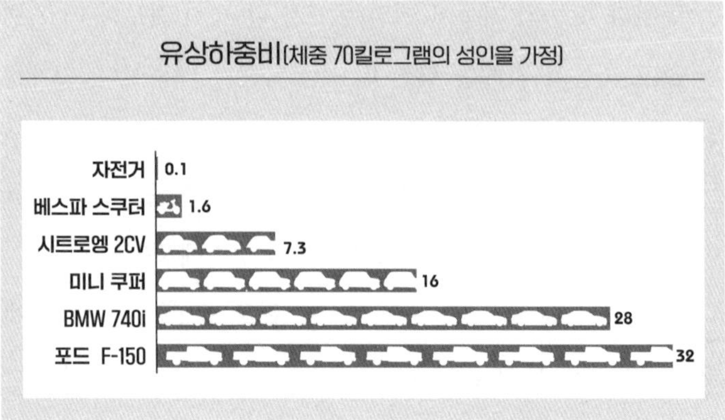

낮은 비율은 많은 승객 수만큼이나 설계에 기인한다)

- 자율 주행 자동차는 12, 미니 쿠퍼는 16, 혼다 시빅 LX는 18, 도요타 캠리는 20을 약간 상회
- 2013년 기준 미국의 평균적인 경량 자동차는 26
- BMW 740i는 28
- 포드 F-150은 32
- 캐딜락 에스컬레이드 EXT는 39

물론 아담한 운전자와 육중한 자동차를 짝지으면 그 비율은 훌쩍 올라간다. 예컨대 왜소한 할머니가 허머 H2를 운전한다고 상상해보라. 중량비가 50을 쉽게 넘어가기 때문에 파리가 굴착기를 운전하는 것과 다를 바 없을 것이다.

극단적 예보다 균형 잡힌 분석을 위해 최근에 개발한 보잉 787-10이 소형 시트로엥보다 더 낫다고 생각해보자. 보잉 787의 최대 이륙 중량은 254톤이다. 330명이 탑승하면 승객 무게가 23톤, 여기에 화물 25톤을 실었다면 전체 유상하중비weight-to-payload ratio, 즉 총중량을 유상하중(요금을 징수하는 승객과 화물 등의 중량 합계—옮긴이)으로 나눈 값은 5.3이 된다.

세계 일부 지역이 부유해지고 운전자의 편의와 안전을 우선시하면서 자동차가 무거워졌다. 경량 자동차는 더 커지고, 자동 변속장치와 에어컨, 라디오와 내비게이션, 창문의 높낮이를 조절하는 서보모터servomotor, 거울, 전동 시트 등 온갖 편의 장치를 갖추게 되었다. 새롭게 개발하는 하이브리드 자동차와 전기 자동차도 배터리가 워낙 무겁기 때문에 더 가벼워지지는 않을 것이다. 예컨대 순수 전기 자동차인 포드 포커스는 소형인데도 1.7톤이고, 제너럴 모터스의 볼트는 1.7톤이 넘는다. 테슬라는 2.1톤을 약간 웃돈다.

경량 설계가 도움이 되겠지만 자동차에 두 사람이나 네 사람이 타는 것만큼 유상하중비를 절반이나 4분의 1로 쉽게 줄일 수 있는 방법은 없다. 하지만 미국에서는 의무적인 동승을 법제화해 강요하기가 쉽지 않다. 〈미국 통근 현황〉의 2019년 보고에 따르면, 통근자의 거의 4분의 3이 나 홀로 운전자이다. 유럽은 자동차 통근자가 전반적으로 훨씬 적어 영국의 경우 그 비율이 36퍼센트이다. 일본 도시 지역에서는 자동차 통근자가 더 드물어 14퍼센트에 불과하다. 그러나 유럽연합과 일본에서도 자동차의 평균 크기가 점점 커지고 있는 추세이다.

따라서 엔진이나 전동기의 성능은 좋아지겠지만 자동차 자체의 무게가 무거워지기 때문에 인류 역사상 인간을 위한 기계 교통수단의 유상하중비가 최악으로 치달을 것이라 전망된다.

이런 자동차들이 어떤 의미에서는 '스마트'할지 모르지만, 현명한 것까지는 아니다.

47

전기 자동차가 적어도 아직은 우리 생각만큼 대단하지 않은 이유

Numbers Don't Lie

일단 "나는 전기 자동차를 선전하는 것도 아니고, 전기 자동차를 폄하하는 것도 아닙니다!"라는 선서부터 해두고 싶다. 합리적으로 판단해 전기 자동차를 받아들여야 하는 경우마저 비현실적인 시장 예측, 그리고 전기 자동차의 생산과 운영이 환경에 미치는 영향에 대한 무관심으로 위태로워질 수 있다고 지적하고 싶을 뿐이다.

비현실적 예측은 과거에도 그랬지만 지금도 여전히 일반적인 현상이다. 2010년 도이체방크는 전기 자동차가 2020년쯤 세계 시장의 11퍼센트를 차지할 것이라 예측했다. 하지만 현실

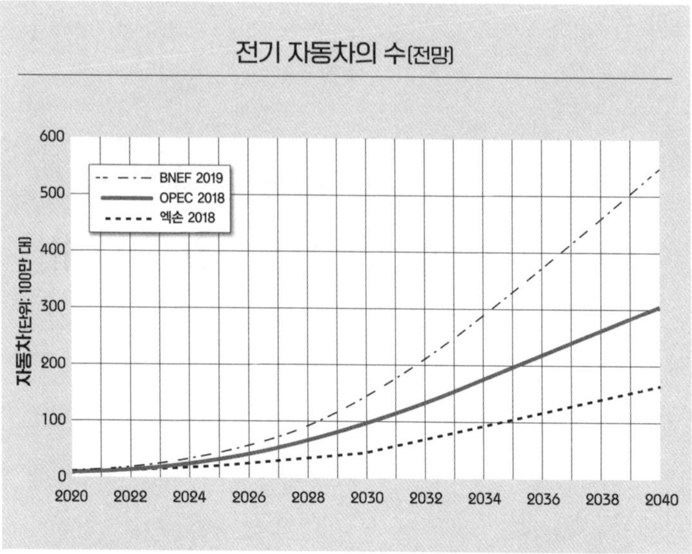

적으로는 4퍼센트에도 미치지 못할 것이다. 이처럼 경험보다 희망을 앞세우는 예측은 지금도 계속되고 있다. 2030년을 내다본 최근의 예측에서도 전기 자동차가 많으면 세계 자동차의 20퍼센트, 적어도 2퍼센트를 차지할 것이라 주장했다. 블룸버그 뉴 에너지 파이낸스Bloomberg New Energy Finance, BNEF는 2040년경에는 5억 4,800만 대의 전기 자동차가 도로를 누빌 것이라 예측했지만, 엑손Exxon의 예측에서는 1억 6,200만 대에 불과하다.

전기 자동차를 열렬히 지지하는 사람들도 전기 자동차로의 대대적인 전환이 환경에 미치는 영향은 거의 지적하지 않는다. 전기 자동차가 탄소 배출을 줄이고, 그 결과 온난화의 정도를 최소화하려면, 전기 자동차에 동력을 공급하는 배터리를 화석연료를 연소해 얻는 전기로 충전하지 말아야 한다. 그러나 2020년에도 세계 전기의 60퍼센트 이상을 화석연료에서 얻고, 약 12퍼센트는 풍력과 태양광, 나머지는 수력과 핵분열로 발전한다.

세계 평균값으로 보면, 전기 자동차를 충전하는 데 사용하는 전기의 5분의 3 이상을 화석연료로 발전한다. 그러나 그 비율이 국가마다 크게 다르고, 개별 국가에서도 지역에 따라 다르다. 내가 거주하는 캐나다 매니토바주에서는 99퍼센트의 전기를 대규모 수력발전소에서 생산하기 때문에 이곳의 전기 자동차는 깨끗한 수력발전 자동차이다. 캐나다 퀘벡(약 97퍼센트가 수력)과 노르웨이(약 95퍼센트가 수력)도 매니토바에 가깝다. 프랑스의 전기 자동차는 대체로 핵발전 자동차이다. 프랑스는 핵분열을 통한 발전으로 75퍼센트가량의 전기를 얻기 때문이다. 그러나 인도(특히 우타르프라데시주), 중국(특히 산시성), 폴란드의 대부분 지역에서, 전기 자동차는 거의 전부가 석탄 발전 자동차이다. 따라서 전기 자동차의 수요를 신속히 확대하려고 밀어붙일 이유가 없다. 자칫하면 화석연료에 기반한 전기 발전을 더욱더 부추길 것이 자명하기 때문이다.

모든 전기 자동차를 재생 가능한 에너지에서 얻은 전기로 운행하더라도 수력발전소를 건설하고, 풍력용 터빈과 태양광 전지판을 제작하는 데 필요한 시멘트와 강철을 생산하는 동안 온실가스가 여전히 배출될 것이다. 물론 자동차 자체를 제작하는 동안에도 온실가스가 배출된다(67장 참조).

전기 자동차 생산은 다른 면에서도 환경에 영향을 미친다. 세계적 경영관리 컨설팅 회사 아서 D. 리틀Arthur D. Little의 추정에 따르면, 자동차의 수명을 20년으로 가정할 때 전기 자동차가 전통적인 자동차보다 3배나 많은 독성을 남긴다. 주된 이유는 전기 자동차의 제작에 중금속을 더 많이 사용하기 때문이다. 〈산업 생태학 저널Journal of Industrial Ecology〉에 발표된 논문에서도 유사한 결과를 지적했다. 전기 자동차와 전통적인 자동차의 생애를 자세히 비교해 분석한 결과, 전기 자동차가 인간뿐 아니라 담수 생태계에도 훨씬 높은 독성을 남겼다.

그렇다고 내가 이런 주장을 근거로 전기 자동차를 채택하지 말자고 제안하는 것은 아니다. 전기 자동차라는 새로운 테크놀로지를 칭찬하는 급진적 주장을 받아들이기 전에 그 테크놀로지가 미치는 영향을 제대로 평가하고 이해해야 한다고 지적하는 것일 뿐이다. 이상적인 무공해 기계를 상상한다고 해서 그런 기계가 생겨나는 것은 아니다.

48

제트 시대는 언제 시작되었는가?

Numbers Don't Lie

제트 시대가 언제 시작되었는지 꼭 집어 말하기는 어렵다. 많은 '최초'가 있었기 때문이다. 제트엔진을 장착한 항공기의 첫 이륙 실험은 1939년 10월에 있었다. 실험에 동원한 항공기는 전투기로, 독일군의 하인켈 He 178이었다. 다행히 그 전투기는 훨씬 나중에야 취항하기 시작해 제2차 세계대전의 결과에 아무런 영향을 미치지 못했다. 최초의 민간 제트 항공기인 영국의 드 하빌랜드 DH 106 코메트가 처음 비행한 때는 1949년 7월이었고, 영국 해외항공주식회사가 그 항공기로 처음 취항한 때는 1952년이었다. 그러나 네 번의 참혹한 사고(1952년 10월 로마 근처, 1953년 5월 콜카타, 1954년 1월 다시 로마 근처, 1954년 4월 나폴리 근처)가 코메트 기종에서 일어났다. 재설계된 항공기는 1958년 10월 4일 처음으로 대서양을 횡단했고, 그사이 소련에서는 투폴레프 Tu-104가 1956년 10월 국내 취항을 시작했다.

제트 시대는 1958년 10월 26일에 시작했다고 강력히 주장하고 싶은 사람도 있을 것이다. 그날 팬암Pan Am, Pan American World Airways의 보잉 707이 최초의 정기 항공편으로 아이들와일드 공항(현재의 존 F. 케네디 국제공항)을 이륙해 파리로 출발했기 때문이다.

여러 이유에서 이 주장은 정당하게 받아들여진다. 재설계된 코메트는 너무 작아 기본 설계로 사용하기에는 수익성이 좋지 않았다. 게다가 후속 모델도 없었다. 그동안 투폴레프 항공기는 소비에트 블록에 속한 국가들에서만 사용했다. 하지만 보잉 707은 항공업계가 가장 성공한 설계군의 막을 열었다. 보잉 7*7 시리즈는 보잉의 다양한 진용에 10개 모델을 더하며 끊임없이 발전을 거듭한 설계군이다.

엔진 3개를 장착한 보잉 727이 첫 후속작으로 1963년에 취항을 시작했다. 1969년에 도입된 보잉 747은 4발 엔진으로, 현대 항공사에서 가장 혁명적인 설계로 여겨진다. 가장 최근작 787 드림라이너는 2011년에 도입되었고, 동체를 대부분 탄소섬유 복합재로 제작해 17시간 넘는 항로에서도 비행할 수 있다.

보잉 707은 군사 목적으로도 활용되었다. 처음엔 공중급유기의 원형으로 사용했으며, 그 이후의 발전이 KC-135A 스트래토탱커로 이어졌고, 최종적으로는 4발 엔진 여객기를 탄생시켰다. 이 여객기는 직경이 작은 프랫 앤드 휘트니의 터보제트 엔진을 사용했으며, 엔진 하나의 추진력은 약 50킬로뉴턴에 달했다. 참고로 말하면 현재 787 드림라이너에 장착한 제너럴 일렉트릭의 차세대 엔진인 GEnx-1B 하이 바이패스 터보팬 엔진 2개의 이륙 출력은 300킬로뉴턴을 넘는다.

보잉 707 클리퍼 아메리카가 1958년 10월 26일 첫 정기 항공편으로 이륙하기 전에 환영식이 열렸다. 당시 팬암 사장이던 후안 트리프Juan Trippe(1899~1981)의 연설과 미 육군 군악대의 공연이 있었다. 111명의 승객과 12명의 승무원은 예정에서 벗어나 캐나다 뉴펀들랜드의 간더Gander 국제공항에서 멈추어야 했는데, 그럼에도 비행기는 뉴욕을 출발해 8시간 41분 만에 파리의 르부르제Le Bourget 공항에 착륙했다. 그해 12월 보잉 707은 뉴욕과 마이애미 항로에 투입되었고, 1959년 1월에는 뉴욕부터 로스앤젤레스까지 북아메리카를 처음으로 횡단하기 시작했다.

1970년 보잉 747을 필두로 맥도널 더글러스 DC-10과 록히드 L-1011이 연이어 광폭 동체 제트기를 받아들이기 전까지 보잉 707이 장거리를 운항하는 주요 제트여객기였다. 그런 보잉 707이 1969년 우리 부부를 유럽에서 미국으로 데려왔다.

보잉은 서서히 발달하여 마침내 대단히 우월한 항공기를

보잉 707의 첫 취항을 축하하는 공연.

탄생시켰다. 비즈니스석과 이코노미석이란 기본 좌석 배치를 지키면서도 초기 드림라이너는 707-120보다 100명 이상의 승객을 더 태울 수 있었고, 최대 이륙 무게는 거의 2배, 최대 항속거리도 거의 2배나 증가했다. 그럼에도 드림라이너는 여객킬로미터passenger-kilometer, pkm당 연료를 70퍼센트 정도만 소비한다. 탄소 복합재로 동체를 제작했기 때문에 보잉 787은 알루미늄 동체가 허용하는 수준보다 낮은 고도에서 비행하는 것처럼 실내 압력을 조절할 수 있고 승객은 한층 편안하게 여행할 수 있다.

최종적으로 보잉은 1,000대 이상의 707을 제작했다. 팬암은 1983년 취항 25주년 기념 비행을 끝으로 707을 퇴역시키기로 결정했다. 그날의 비행에는 첫 취항에 참여했던 승무원 대부분이 파리까지의 승객으로 탑승했다. 그러나 그 비행이 707 자체의 마지막 취항은 아니었다. 미국 밖의 많은 항공사가 다양한 모델의 707을 1990년대까지 사용했고, 이란의 사하 항공Saha Airlines은 2013년 말까지 사용했다.

오늘날 보잉 707은 제트기 폐기장에서만 찾아볼 수 있지만, 항공의 역사에서는 지금도 그 지위가 확고하다. 민간 제트 항공기의 발전에서 보잉 707은 실질적인 이득을 거둔 첫 항공기였다.

49

왜 등유가 왕인가?

Numbers Don't Lie

등유를 기반으로 한 제트연료를 대체하는 것은 탄소 배출이 없는 세상을 만들기 위해 넘어야 할 가장 큰 과제 중 하나이다. 항공은 전 세계 탄소 배출량의 약 2퍼센트밖에 차지하지 않고, 운송 부문에서 배출하는 총량에서도 12퍼센트를 차지하는 정도에 그치지만, 항공기의 동력원을 전기로 전환하기는 자동차와 기차의 경우보다 훨씬 더 어렵다.

요즘의 제트연료—항공업계가 가장 흔히 사용하는 표현으로는 제트 에이원Jet A-1—는 상당히 많은 점에서 유용하다. 킬로그램당 42.8메가줄을 지녀 에너지 밀도가 무척 높다. 비교해서 말하면 휘발유보다 약간 낮지만 섭씨 영하 47도에서도 액체 상태를 유지할 수 있다. 또 비용, 높은 고도에서의 증발에 의한 손실, 처리 과정에서의 화재 위험성에서 휘발유를 압도한다. 요컨대 아직은 제트연료에 필적할 것이 없다. 수백 명의 승객을 싣고 대륙을 오가기에 충분한 용량을 지닌 배터리는 아직 공상과학소설에나 존재한다. 물론 액체수소를 동력원으로 사용하는 대형 항공기도 가까운 시일 내에 보기는 힘들 것이다.

결국 우리에게 필요한 것은 식물이나 유기 폐기물에서 유래한, 등유에 필적하는 연료이다. 식물이 생장하는 동안 그렇듯 이런 생물 제트연료도 연소하는 동안 이산화탄소를 배출하지 않을 것이기 때문이다. 이런 원리의 타당성은 이미 입증되었다. 실제로 2007년 이후 제트 에이원과 생물 제트연료를 섞은 혼합유를 이용한 여러 번의 시험 비행에서, 혼합유가 현대 항공기의 편리한 대안 연료로 적합하다는 사실이 증명되었다.

그동안 약 15만 회의 비행에서 혼합유를 사용했지만, 다섯 곳의 주요 공항에서만 생물 연료를 꾸준히 공급하고(오슬로, 스타방에르, 스톡홀름, 브리즈번, 로스앤젤레스), 다른 공항에서는 부정기적으로 가끔씩 공급할 뿐이다. 미국에서 가장 큰 유나이티드 항공의 생물 연료 사용은 앞으로 대체해야 할 제트연료의 양이 엄청난 규모임을 적절하게 보여준다. 유나이티드 항공이 생물 연료 제조사로부터 공급받기로 계약한 양은 그 항공사가 연간

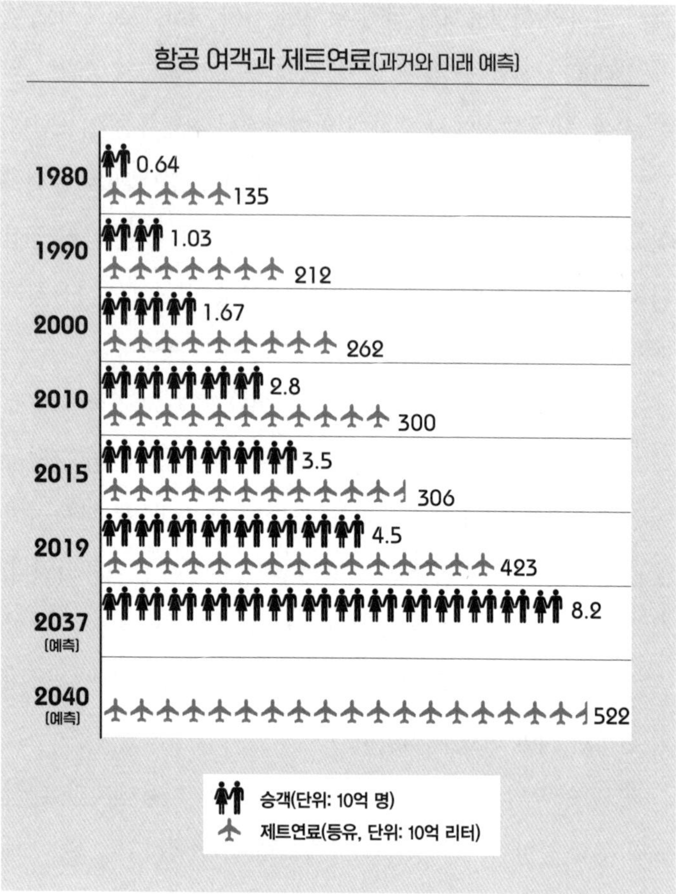

사용하는 연료량의 2퍼센트에 불과하다. 오늘날 많은 항공사가 경비를 줄이려고 노력하는 것은 사실이다. 그런 노력의 결실로, 그들은 1960년에 비해 여객킬로미터당 연료 소비량을 약

50퍼센트까지 줄였다. 그러나 이런 절약은 항공 사업의 끝없는 확대로 상쇄되고 말았다. 제트연료의 연간 세계 소비량이 2억 5,000만 톤 이상으로 증가했기 때문이다.

생물 연료에 대한 전반적 수요를 충족시키려면, 유기 폐기물을 넘어 계절성 유료작물oil crop(옥수수·콩·유채)이나 다년생 유료작물(야자나무)에서 기름을 짜내야 할 것이다. 그렇게 하려면 엄청난 면적의 경작지가 필요하고, 그로 인해 환경문제가 발생할 것이다. 온대기후권 유료작물은 상대적으로 생산성이 낮다. 콩의 경우 헥타르당 평균 0.4톤의 생물 연료를 생산하므로 미국에서 사용하는 제트연료를 공급하기 위해서만도 1억 2,500만 헥타르의 농지가 필요할 것이다. 이는 텍사스와 캘리포니아, 펜실베이니아를 합한 면적보다 크고, 미국이 2019년 콩 수확에 할애한 3,100만 헥타르의 4배 규모이다. 생산성이 가장 높아 헥타르당 평균 4톤의 생물 연료를 생산하는 기름야자나무oil palm를 심더라도 세계 항공유를 공급하려면 6,000만 헥타르 이상의 열대우림이 필요하다. 다시 말해 현재 야자유를 얻기 위해 할애한 땅보다 4배가 더 필요하다는 뜻이고, 그럼 자연 생장 과정에서 축적된 탄소가 배출되는 결과로 이어질 것이다.

기름을 함유한 조류藻類로부터 생물 연료를 얻을 수 있는데도 드넓은 땅을 확보하는 이유가 무엇일까? 조류는 집중해서 대규모로 키우면 상대적으로 공간이 크게 필요하지 않고,

생산성도 무척 높일 수 있다. 하지만 엑손의 실험에서 입증되었듯 수천만 톤의 생물 연료를 매년 생산하는 것은 무척 까다롭다. 엑손은 생물학자 크레이그 벤터Craig Venter의 신세틱 제노믹스Synthetic Genomics와 손잡고, 2009년 조류를 이용해 생물 연료를 생산하는 프로젝트를 시작했다. 하지만 1억 달러 이상을 쏟아부은 후인 2013년, 조류에 기반한 생물 연료의 확보에는 전반적으로 난제가 너무 많다고 결론짓고, 장기적인 기초 연구에 다시 주력하기로 결정을 내렸다.

항상 그렇듯 우리가 덜 소비하면, 다시 말해서 우리가 항공 여행을 줄이면 에너지 대체가 훨씬 더 쉬워질 것이다. 그러나 여러 예측에 따르면, 항공 교통은 특히 아시아를 중심으로 크게 증가할 것이 분명하다. 등유에 기반한 제트연료를 앞으로도 오랫동안 사용할 것이기 때문에 그 냄새에 익숙해지는 편이 낫다. 게다가 다음 장에서 살펴보겠지만, 안전한 비행을 보장하는 기계에 공급되는 동력원이 바로 제트연료이다.

50

항공 여행은 얼마나 안전한가?

Numbers Don't Lie

2014년은 항공업계의 악몽 같은 해였다고 생각할 사람이 있을지도 모르겠다. 그해에는 네 건의 널리 알려진 사고가 있었다. 3월에는 말레이시아 항공 370편이 미스터리하게 사라졌고, 7월에는 말레이시아 항공 17편이 우크라이나 상공에서 격추되었으며, 또 같은 7월에 알제리 항공 5017편이 말리에서 추락해 총 815명이 사망했다. 12월에는 에어아시아의 QZ8501편이 자바해에 추락했다.

그러나 항공 사고를 감시하는 플라이트글로벌FlightGlobal의 자문 부서 어센드Ascend의 자료에 따르면, 오히려 2014년은 항공 역사상 최고의 해였다. 그해 238만 회의 비행당 사망자 수가 1명이었기 때문이다. 물론 어센드가 말레이시아 항공 17편의 격추를 사고가 아니라 전쟁 행위로 규정해 계산에 넣지 않은 것은 사실이다. 국제민간항공기구International Civil Aviation Organization, ICAO처럼 그 사고를 통계에 포함하면 사망률이 3.0으로 상승하지만, 이 역시 2009년부터 2011년까지의 사망률에 비하면 훨씬 낮은 수치이다.

2014년 이후에는 항공 여행이 더 안전해졌다. 사망자 수가 2015년에는 474명, 2016년에는 182명, 2017년에는 99명으로 떨어졌다. 2018년에는 상황이 반전해 10월 자카르타에서 이륙한 직후 바다에 추락한 라이언 에어Lion Air의 보잉 737 맥스를 포함해 11건의 치명적인 사고가 있었고, 514명이 사망했다(그래도 2014년보다 적었다). 2019년에도 보잉 737 맥스가 에티오피아에서 추락하는 사고가 있었지만 총사망자 수는 2018년의 절반이었다.

항공 여행의 위험을 비행시간당 승객으로 환산하면, 항공 여행의 문제를 계량적으로 평가하기가 더 쉽다. 이런 평가에 필요한 자료는 대형 제트여객기뿐 아니라 소형 통근용 항공기까지 망라한 ICAO의 연례 안전 보고서에서 찾을 수 있다.

2017년은 지금까지 민간 항공에서 가장 안전했던 해이다. 국내외적으로 41억 명이 항공기로 이동했고, 7조 6,900억여 킬

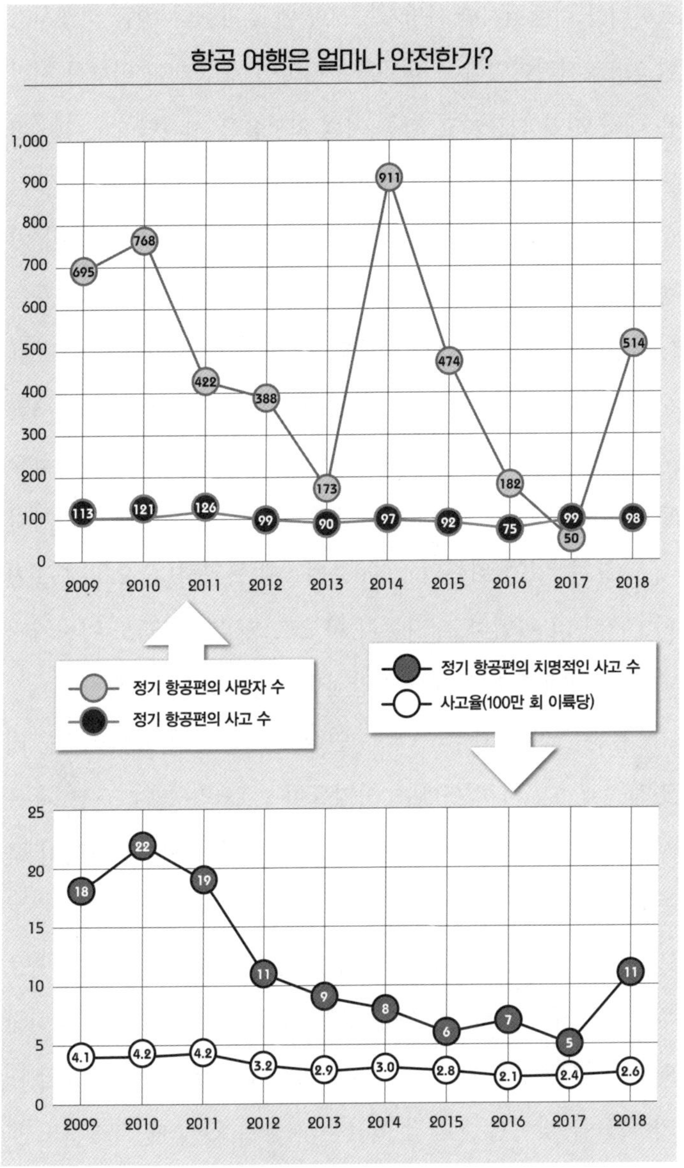
항공 여행은 얼마나 안전한가?
1,000
900
800
700
600
500
400
300
200
100
0
695
768
422
388
173
911
474
182
50
514
113
121
126
99
90
97
92
75
99
98
2009
2010
2011
2012
2013
2014
2015
2016
2017
2018
정기 항공편의 사망자 수
정기 항공편의 사고 수
정기 항공편의 치명적인 사고 수
사고율(100만 회 이륙당)
25
20
15
10
5
0
18
22
19
11
9
8
6
7
5
11
4.1
4.2
4.2
3.2
2.9
3.0
2.8
2.1
2.4
2.6
2009
2010
2011
2012
2013
2014
2015
2016
2017
2018

로미터를 비행했지만 사망자는 50명에 불과했다. 평균 비행시간이 약 2.2시간이었다는 사실을 고려하면, 총승객이 비행한 시간은 대략 90억 시간이고, 항공 여행 치사율은 시간당 5.6×10^{-9}이 된다. 그런데 이런 위험이 대체 얼마나 낮은 수준일까?

1,000명당 연간 사망자 수를 계산하는 일반 사망률이 가장 확실한 기준일 것이다. 부유한 국가에서 연간 사망자 수는 1,000명당 7~11명이므로 평균인 9명을 연간 사망자 수라고 해 보자. 1년은 8,760시간이므로 생존 시간당으로 계산하면 평균 사망률은 0.000001, 즉 1×10^{-6}이 된다. 달리 말하면, 비행함으로써 평균적으로 더해지는 사망 확률은 비행하지 않고 살아갈 때 닥칠 수 있는 위험의 1,000분의 5에 불과하다. 오히려 흡연이 100배 더 위험하고, 자동차 사고로 사망할 확률도 마찬가지이다. 요컨대 항공 여행보다 안전한 교통수단은 없다.

물론 노령층의 경우에는 연령별 사망률이 훨씬 높다. 내 또래(75세 이상)의 경우에는 사망률이 1,000명당 약 35명, 혹은 시간당 4×10^{-6}이다. 다시 말하면, 내 또래는 시간당 4명이 죽는다는 뜻이다. 2017년 나는 10만 킬로미터 이상을 비행하며 1983년, 1993년, 1997년, 2000년에 차례로 치명적 사고를 일으킨 4곳의 주요 항공사 소속 대형 제트항공기를 타고 100시간 이상을 공중에서 보냈다. 하지만 공중에 떠 있는 시간 동안 내가 죽음을 맞이할 시간당 확률은 지상에 있을 때 닥칠지도 모를 죽음의 시간당 확률보다 1퍼센트도 높지 않았다.

물론 손에 땀을 쥐며 긴장한 순간들이 있었다. 가장 최근에는 2014년 10월인데, 내가 탄 에어 캐나다의 보잉 767이 일본을 가로지르던 초대형 태풍의 가장자리와 충돌했을 때는 정말 등골에 식은땀이 흘렀다.

그러나 정말 피해야 할 것은 조용한 병실이다. 예방 가능했던 의료 과실에 대한 최근의 평가 덕분에 과거의 과장된 주장이 크게 줄긴 했지만, 병원에 입원하면 박테리아와 바이러스에 노출될 가능성이 높아지는 것은 사실이다. 특히 노령층에서 병원 내 감염 위험이 증가한다. 따라서 계속 비행하고, 병원을 피하라!

51

비행기, 기차, 자동차 중 에너지 효율이 더 좋은 것은?

Numbers Don't Lie

나는 자동차와 비행기에 어떤 반감도 없다. 내가 거주하는 지역 주변을 돌아다닐 때는 예부터 믿을 만한 혼다 시빅을 애용하고, 해외에 나갈 때는 항공기로 여행하며 매년 10만 킬로미터 이상을 비행한다. 결국 이런 두 극단적 상황, 예컨대 동네 이탤리언 식당까지 갈 때는 자동차가 필요하고, 위니펙에서 도쿄까지 비행할 때는 항공기가 필요하다.

에너지 집약도energy intensity가 열쇠이다. 내가 혼다 시빅의 유일한 승객이면 도심을 운전할 때 여객킬로미터당 약 2메가줄이 필요하다. 다른 승객이 있으면 그 수치는 1MJ/pkm로 떨어지며, 절반쯤 찬 버스와 비슷해진다. 제트여객기는 놀라울 정도로 효율적이어서 대체로 약 2MJ/pkm이 필요하다. 최근의 항공기 설계를 고려하면 승객이 완전히 채워진 제트여객기는 1.5MJ/pkm 이하로 비행할 수 있다. 물론 대중교통인 기차는 훨씬 더 우수하다. 많은 승객이 타는 지하철은 거의 언제나 0.1MJ/pkm 이하면 된다. 역 사이의 거리는 지하철망이 무척 조밀한 도쿄에서도 1킬로미터 이상인데, 이는 덜 움직이는 사람들에게는 까마득히 먼 거리일 수 있다.

그러나 위에서 언급한 어떤 교통수단도 초고속 열차의 에너지 집약도에 필적하지는 못한다. 초고속 열차는 대체로 150~600킬로미터의 거리를 운행한다. 일본이 개척한 탄환 열차, 즉 초기 신칸센(새로운 주된 노선이란 뜻)의 에너지 집약도는 대략 0.35MJ/pkm이었다. 그 후 개발된 초고속 열차인 프랑스의 TGV와 독일의 ICE는 일반적으로 0.2MJ/pkm밖에 필요하지 않다. 항공기보다 한 자릿수가 더 적은 셈이다.

고속 열차가 정말 빠르다는 것도 무척 중요하다. 프랑스의 TGV는 리옹 도심에서 파리 도심까지 280킬로미터를 100분 만에 주파한다. 반면 민간 정기 항공편이 거의 같은 거리, 예컨대 뉴욕의 라과디아 공항에서 보스턴의 로건 공항까지 300킬로미터를 비행하는 데는 70분이 걸린다. 덧붙여 체크인에 적어도 45분, 맨해튼에서 라과디아 공항까지 가는 데 다시 45분, 로건

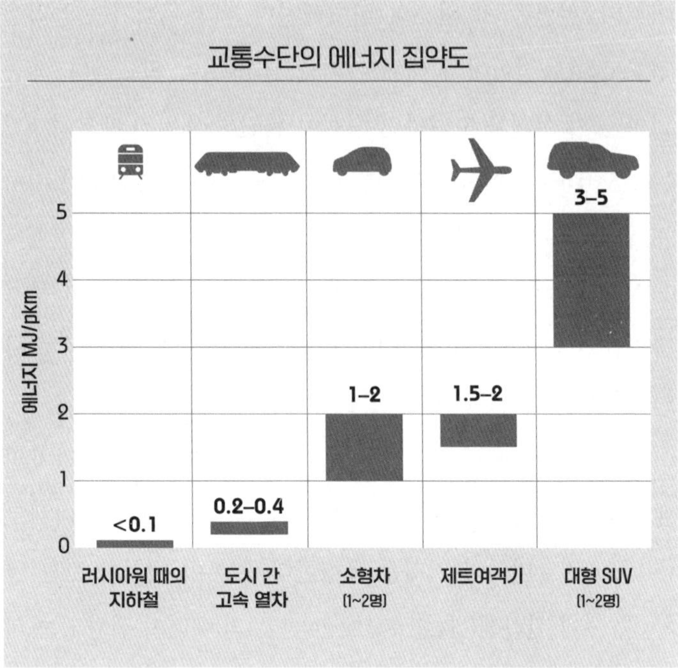

공항에서 보스턴 도심까지 들어가는 데 15분을 더해야 한다. 따라서 뉴욕 도심에서 보스턴 도심까지 가는 데는 총 175분이 걸린다.

합리적인 세계에서, 즉 편의성과 시간을 중요하게 생각하고 낮은 에너지 집약도와 낮은 탄소 전환을 추구하는 세계에서 그 정도의 거리에는 고속 전기 열차가 항상 1등이었다. 유럽은 지리적으로 기차가 안성맞춤인 땅이다. 따라서 유럽 국가들은 일찌감치 고속 전기 열차를 선택하기로 결정했다. 미국과 캐나다는 철도망을 조밀하게 연결해야 할 정도로 인구밀도가 높진 않지만 고속 열차로 이동하기에 적합한 도시들이 많다. 하지만 아직까지 고속 열차로 연결되어 짝지어진 도시는 하나도 없다. 보스턴과 워싱턴 D.C. 사이를 운행하는 암트랙Amtrak의 아셀라 익스프레스Acela Express는 평균 속도가 겨우 시속 100킬로미터에 불과해 결코 고속 열차라 할 수 없다.

이 때문에 미국뿐 아니라 캐나다와 오스트레일리아는 고속 열차 운송에서 무척 뒤처졌다. 물론 미국이 세계 최고의 기차를 가진 시대도 있었다. 1934년, 즉 제너럴 일렉트릭이 처음 디젤 기관차를 제작하고 11년이 지난 후, 시카고-벌링턴-퀸시 철도는 유선형의 스테인리스강 파이어니어 제퍼Pioneer Zephyr를 운행하기 시작했다. 파이어니어 제퍼는 600마력(447킬로와트)의 8기통, 2행정 디젤 전기기관차였다. 그 엄청난 출력 덕분에 파이어니어 제퍼는 오늘날의 아셀라보다 속도가 빨랐고, 덴버에서 시카고까지 1,600킬로미터 넘는 거리를 평균 시속 124킬로미터로 달렸다. 그러나 미국이 중국을 따라잡을 수 있을 것이란 희망은 이제 현실적이지 않다. 현재 중국은 2만 9,000킬로미터에 달하는, 세계에서 가장 긴 고속 철도망을 갖추어 인구가 밀집한 동부 지역의 모든 주요 도시를 연결하고 있기 때문이다.

NUMBERS DON'T LIE

6

FOOD
Energizing Ourselves

식량

우리 자신의 에너지원

52

합성 암모니아가 없는 세계

Numbers Don't Lie

19세기 말, 화학과 식물생리학이 발전한 덕분에 작물 재배에서 질소가 가장 중요한 다량 영양소(비교적 많은 양이 필요한 원소)라는 사실이 명확해졌다. 물론 식물의 생장에는 질소 외에 인과 칼륨(다른 두 다량 영양소) 및 다양한 미량영양소(철분에서 아연까지 소량이 필요한 원소)가 필요하다. 네덜란드는 헥타르당 9톤의 밀을 수확한다. 이 정도 수확량에는 약 10퍼센트의 단백질이나 140킬로그램의 질소가 함유되어 있지만, 인과 칼륨은 각각 35킬로그램 정도만 들어 있다.

과거의 농부는 작물에 필요한 질소를 두 가지 방법으로 공급했다. 하나는 가용 유기물(짚과 줄기와 잎, 인간과 동물의 배설물)을 재활용하는 방법이고, 다른 하나는 곡물이나 유료작물을 콩과 식물(알팔파·클로버·살갈퀴 같은 간작 식물, 콩과 완두콩 그리고 대두·편두 같은 식용작물)과 윤작하는 방법이었다. 콩과 식물은 스스로 질소를 공급할 수 있기 때문이다. 콩과 식물의 경우 뿌리에 부착된 박테리아가 질소를 '고정'(공기 속 비활성 분자로부터 얻은 질소를 식물의 생장에 도움을 주는 암모니아로 변환하는 과정)하는데, 그 일부를 다음 해에 심는 곡물이나 유료작물을 위해 남길 수 있어 자체 공급이 가능하다.

첫 번째 방법은 품이 많이 들어 힘들었다. 특히 인간과 동물의 배설물을 수거해 썩힌 후 밭에 뿌리는 작업은 여간 힘든 게 아니었다. 그래도 짚과 줄기에 함유된 질소량은 0.5퍼센트에도 미치지 못하지만, 거름과 분뇨는 상대적으로 질소 함유량이 높다(보통 1~2퍼센트). 두 번째 방법은 이른바 윤작법으로, 쌀이든 밀이든 주요 곡물의 연속 재배를 피하는 것이었다. 하지만 도시화와 인구 증가로 주요 곡물에 대한 수요가 많아지자, 질소를 고정하는 새로운 합성원을 찾아내지 못하면 미래의 식량 수요를 맞추지 못할 것이라는 사실이 명백해졌다. 달리 말해 작물 재배 과정 중에 더해줄 수 있는 형태의 질소가 필요했다.

그렇게 질소를 고정하려는 연구가 1909년에 성공을 거두었다. 카를스루에대학교의 화학 교수이던 프리츠 하버는 질소

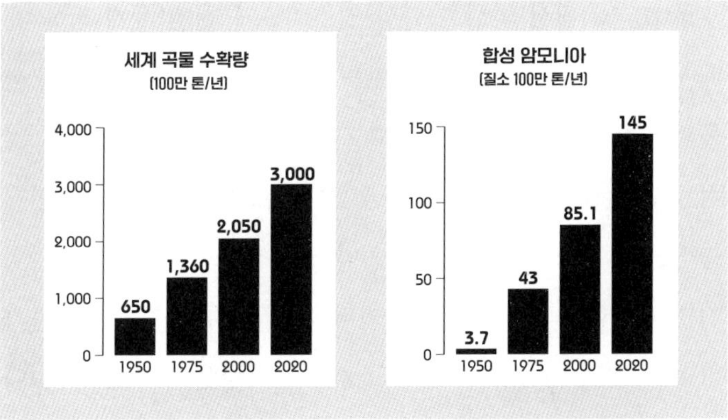

와 수소를 고압·고온 아래서 금속 촉매를 사용해 결합하면 암모니아NH_3를 만들 수 있다는 걸 입증했다. 제1차 세계대전과 1930년대의 경제 위기로 인해 인공적으로 질소를 고정하는 하버-보슈법Haber-Bosch Process의 세계적 채택은 다소 늦어졌다. 그런데 1950년 25억 명이던 세계 인구가 2020년에는 77억 5,000만 명으로 증가했고, 그에 따라 식량 수요도 늘어났다. 그 결과 하버-보슈법도 폭발적으로 확산해 1950년에는 500만 톤에 못 미치던 합성 암모니아 생산이 최근에는 1억 5,000만 톤까지 상승했다. 합성 암모니아가 없었다면 주요 곡물의 생산을 배가할 수 없었을 테고, 오늘날 세계 인구가 배불리 먹을 수도 없었을 것이다(53장 참조).

하버-보슈의 암모니아(고형화한 요소尿素가 가장 대표적인 암모니아 화합물이다)에서 파생한 합성 질소비료가 현재 세계 작물 재배에 필요한 질소의 거의 절반을 차지한다. 나머지는 콩과 식물과의 윤작, 거름과 작물 잔해 같은 유기물의 재활용, 대기 침적atmospheric deposition(대기에서 땅으로 낙하하는 물질)으로 얻는다. 현재 농작물이 모든 음식 단백질의 약 85퍼센트를 제공하고, 나머지는 축산물과 수산물이 제공한다. 다시 말해 합성 질소비료가 없다면 30억 명을 먹이기에도 충분한 식량을 확보할 수 없다는 뜻이다. 30억 명이면 중국과 인도 인구를 합한 것보다 조금 많은 수이다. 중국에서는 합성 질소비료가 전체 비료 생산량의 60퍼센트 이상을 차지하고 있다. 아시아 일부 지역과 아프리카 전 지역에서 인구가 증가하는 추세여서 합성 질소에 의존하는 인류의 비율은 조만간 50퍼센트까지 올라설 것으로 예측된다.

하지만 중국은 아직도 석탄을 공급 원료로 사용해 적잖은 암모니아를 만들고 있다. 다른 곳에서는 대기에서 질소를 취하고, 천연가스(주로 CH_4)에서 수소를 취하는 하버-보슈법을 사용한다. 또 합성에 필요한 고에너지를 얻기 위해서도 천연가스를 사용해야 한다. 그 결과 암모니아를 합성하고, 그 화합물로 액상이나 고형의 질소비료를 생산·유통·살포하는 데 전 세계에서 배출하는 온실가스의 1퍼센트 정도가 발생한다. 안타깝게도 매년 1억 5,000만 톤의 암모늄NH_4을 만드는 데 효율적으로 사용할 수 있는 비탄소계 대체물이 아직까지는 없다.

당면한 더 큰 걱정거리는 화학비료 사용에 따른 다량의 질소 손실(휘발, 침출, 탈질소)이다. 질산염은 담수와 연해를 오염시키며, 데드 존dead zone(물속에서 생물이 살 수 없는 지역)이 확산하는 원인이 된다. 또 질산염이 대기에 축적되면 자연 생태계가 산성화한다. 현재 이산화질소N_2O는 이산화탄소CO_2와 메탄CH_4 다음으로 온실가스의 주범이다. 최근의 종합 평가에서는 질소 이용 효율이 1960년대 초 이후로 약 47퍼센트까지 떨어졌다고 결론지었다. 달리 말하면 시비施肥한 비료의 절반 이상이 수확 작물에 흡수되지 않고 사라졌다는 뜻이다.

부유한 국가들에서는 합성 질소에 대한 수요가 충분히 채워지지만, 아프리카에서는 향후 50년 동안 태어날 20억 명을 먹이려면 큰 폭의 증가가 필요하다. 미래의 질소 손실을 조금이나마 감축하려면 비료를 뿌리는 시비 효과를 높이고, 음식물 쓰레기를 줄이고(54장 참조), 적정한 수준으로 육류를 소비하기 위해(59장 참조) 가능한 한 모든 노력을 다해야 한다. 이렇게 하더라도 모든 질소 손실을 막을 수는 없다. 이러한 질소 손실은 1900년 16억 명이던 세계 인구가 2100년경에는 100억 명으로 증가할 추세에 대해 우리가 치러야 하는 대가이다.

53

밀의 수확량을 늘려라

프랑스 중부, 미국 캔자스주 동부, 중국 허베이성 남부 지역에서 생산하는 밀의 평균 수확량은 얼마나 될까? 농민을 제외하면 극소수, 예컨대 농민에게 농기계와 화학비료를 판매하는 상인, 농민에게 조언하는 농학자, 새로운 품종을 개발하는 과학자만이 그 질문에 대답할 수 있을 것이다. 현대사회에서는 일부를 제외하면 모두가 작물 재배와 관련한 부문과 철저히 담을 쌓고 지낸다. 물론 농작물을 먹는 경우는 예외이다. 바삭바삭한 바게트, 크루아상, 햄버거용 빵과 피자, 찐빵, 구불거리거나 곧게 뻗은 라면과 국수 등은 모두 밀에서 시작되기 때문이다.

그러나 제대로 교육받고 폭넓은 지식을 지녔다고 자처하는 사람들, 예컨대 자동차 성능이나 컴퓨터와 휴대폰 용량이 어떻게 개선 및 향상되었는지 왈가왈부할 수 있는 사람들도 20세기에 주된 곡물의 평균 수확량이 3배 증가했는지, 4배 증가했는지, 혹은 한 자릿수만큼 증가했는지는 전혀 모를 것이다. 하지만 1900년부터 2020년 사이 세계 인구가 거의 5배 늘어날 수 있었던 것은 곡물 수확량이 휴대폰 용량이나 클라우드cloud 저장 용량만큼은 아니어도 그만큼 증가한 덕분이다. 그럼 세계인의 주된 곡물인 밀의 수확량은 어땠을까?

과거에는 밀 수확량이 적기도 했지만 무척 들쑥날쑥했다. 그런데 장기 추세를 재구성해보면 논란의 여지가 있다. 영국의 경우에는 밀 수확량의 역사가 거의 1,000년 동안 상대적으로 잘 정리된 편이다. 수확량은 주로 파종 대비 회수return on planted seed로 표현되었다. 흉작 이후에는 수확량의 30퍼센트까지 이듬해 파종을 위해 저장해두어야 했고, 평작인 경우에도 그 몫이 25퍼센트보다 낮지는 않았다. 중세 초에는 수확량이 헥타르당 500~600킬로그램 정도로 적었다. 다른 식으로 말하면 0.5톤이었다. 헥타르당 1톤의 수확량은 16세기에야 흔한 현상이 되었다. 1850년경에는 평균값이 약 1.7t/ha으로, 1300년 이후로 대략 3배 증가했다. 그 후에는 수확량 향상을 위한 여러 수단(질소를 고정하는 콩과 식물을 포함한 윤작, 밭의 배수, 집약적 비료 주기, 새로운

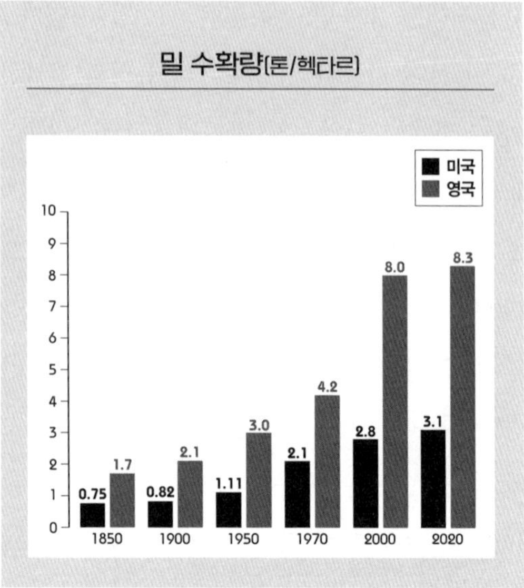

품종)을 복합적으로 사용해 수확량이 2t/ha을 넘어섰다. 하지만 그때 프랑스의 수확량은 여전히 1.3t/ha에 머물렀고, 미국의 광활한 대초원 지대는 고작 1t/ha 정도를 수확했다. 미국의 경우에는 1950년까지 이것이 대부분 지역의 평균치였다.

수세기 동안 서서히 증가했지만, 줄기 짧은 품종을 도입하면서 수확량이 획기적으로 향상되었다. 전통적인 품종은 줄기가 길었다. 네덜란드 화가 피터르 브뤼헐Pieter Bruegel의 그림에서 보듯 전통적인 밀은 큰 낫으로 수확하는 농부만큼이나 컸다. 따라서 낟알보다 밀짚이 3~5배나 더 많이 생겼다. 동아시아 품종을 기반으로 한 줄기 짧은 새로운 밀 품종은 1935년 일본에서 탄생했다. 제2차 세계대전 이후 그 품종이 미국에 전해졌고, 멕시코에 본부를 둔 비영리 연구 기관인 국제 옥수수 및 밀 개량 센터Centro Internacional de Mejoramiento de Maíz y Trigo에서 연구하던 미국 농학자 노먼 볼로그Norman Borlaug(1914~2009)에게도 알려졌다. 1962년 볼로그 팀은 밀짚만큼이나 많은 낟알을 생산하는 '앉은뱅이밀', 즉 키는 작지만 생산성은 2배나 향상된 품종을 개량해냈다. 볼로그는 그 공로로 노벨상을 수상했고, 세계는 전례 없이 큰 수확을 거두었다.

1965년부터 2017년 사이 세계 평균 밀 수확량은 헥타르당 1.2톤에서 3.5톤으로 거의 3배 향상되었다. 아시아 평균은 1t/ha에서 3.3t/ha으로 3배 이상, 중국 평균은 1t/ha에서 5.5t/ha으로 5배 이상, 네덜란드 평균은 두 세대 전에도 남달리 높았지만 그 기간에 4.4t/ha에서 9.1t/ha으로 높아졌다! 당연한 말이겠지만 그 기간에 세계 밀 수확량은 7억 7,500만 톤으로 거의 3배 증가했는데, 인구 증가가 2~3배에 그친 까닭에 1인당 평균 공급량은 약 25퍼센트만큼 향상되었다. 따라서 독일의 딱딱한 바우에른브로트(농부의 빵이란 뜻. 재료는 밀가루와 호밀 가루), 일본의 우동용 국수(재료는 밀가루와 약간의 소금과 물), 프랑스의 고전적 밀푀유(천 겹의 잎사귀라는 뜻. 얇은 페이스트리의 재료는 밀가루와 버터, 약간의 물)를 만들기에 충분한 밀가루를 세계에 공급할 수 있었다.

그러나 걱정거리가 없지는 않다. 밀의 평균 수확량은 높은 생산성을 지닌 유럽연합 국가들에서는 물론이고, 아직은 유럽연합의 평균치보다 낮은 중국·인도·파키스탄·이집트에서도 안정기에 접어들어 거의 변동이 없다. 그 이유는 질소비료 사용의 제한부터 일부 지역의 물 부족까지 무척 다양하다. 또 대기의 이산화탄소 수치가 상대적으로 높아야 밀 수확에 유리한 데다 농경법이 향상된 까닭에 잠재적 수확량과 실제 생산량 사이에 거의 격차가 없다. 그러나 우리가 변명의 여지 없는 음식물 쓰레기를 최종적으로 줄일 수 있다면 밀에 대한 수요는 크게 감소할 것이다.

54

용납할 수 없는 규모의 음식물 쓰레기

Numbers Don't Lie

세계는 용납할 수 없다고 표현할 수밖에 없는 규모로 지나치게 식량을 낭비하고 있다. 지구의 환경 상태와 삶의 질에 대한 온갖 걱정거리를 고려하면, 식량 낭비 수준은 도무지 이해되지 않는다. 유엔 식량농업기구Food and Agriculture Organization, FAO의 평가에 따르면, 연간 평균적으로 뿌리 작물과 과일 및 채소의 40~50퍼센트, 어류의 35퍼센트, 곡물의 30퍼센트, 식물유와 육류 그리고 유제품의 20퍼센트가 버려진다. 달리 말해 세계적으로 수확한 식량의 3분의 1 이상이 쓰레기로 버려진다는 뜻이다.

식량을 낭비하는 이유는 각양각색이다. 극빈한 국가에서

는 저장 방법이 변변찮다. 설치류와 균류菌類와 벌레가 부적절하게 저장한 종자·채소·과일을 두고 잔치를 벌인다. 또 냉장고가 없어 육류와 어류 그리고 유제품이 부패하는 걸 막지 못한다. 이 때문에 아프리카 사하라사막 이남 지역에서는 식량을 소비자에게 전달하기 전에 이미 부패가 시작된다. 하지만 부유한 국가에서 음식물 쓰레기가 넘치는 주된 이유는 과잉 생산과 실제 소비 간 격차 때문이다. 대부분의 고소득 국가에서는 과식이 빈번한 현상이기도 하지만, 주로 앉아서 일하고 노령화하는 시민에게 적합한 수준이 아니라 힘들게 일하는 벌목꾼이나 석탄 광부에게 적합한 수준의 식량을 제공한다.

미국이 식량을 앞장서서 낭비하는 국가란 사실은 조금도 놀랍지 않다. 쓰레기로 버려지는 양을 계량화하기에 충분할 정도로 많은 정보가 있다. 미국인에게 제공하는 하루 평균 공급량은 1인당 약 3,600킬로칼로리이다. 천만다행으로 3,600이란 수치는 공급량이지 소비량이 아니다.

하루에 필요한 열량이 1,500킬로칼로리를 넘지 않는 유아와 바깥출입을 하지 않는 80대 노인을 제외하면, 성인에게 할애되는 평균 공급량이 4,000킬로칼로리를 넘는다. 따라서 미국인은 넘치도록 많이 먹을 수 있다. 물론 매일 그렇게 많이 먹을 수는 없을 것이다. 미국 농무부는 부패 등으로 폐기된 공급량을 고려해 이 수치를 조정한 결과 실제로 매일 섭취하는 양

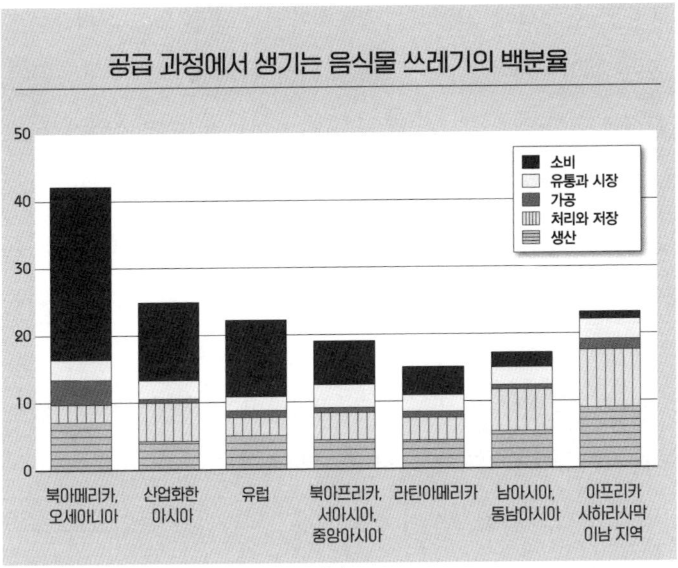

은 1인당 평균 약 2,600킬로칼로리라고 제시했다. 그러나 이 수치도 정확하지는 않다. 국민 건강 및 영양 조사 프로그램이 미국인의 음식 소비에 대해 설문 조사하고, 이를 근거로 예상되는 열량을 계산한 결과에 따르면, 미국인이 하루에 실제로 섭취하는 열량은 1인당 약 2,100킬로칼로리이다. 1인당 공급량 3,600킬로칼로리에서 1인당 섭취량 2,100킬로칼로리를 빼면, 1인당 1,500킬로칼로리가 남는다. 달리 말하면, 미국에서는 공급되는 식량의 약 40퍼센트가 쓰레기통에 던져진다는 뜻이다.

물론 과거에도 그랬던 것은 아니다. 1970년대 초, 미국 농무부는 소매점에 진열하기 전 폐기되는 공급량을 고려해 1인당 공급량이 하루 2,100킬로칼로리를 넘지 않는다고 발표했다. 요즘의 공급량에 비교하면 거의 25퍼센트가 적은 양이다. 미국 당뇨병·소화기병·신장병 연구소National Institute of Diabetes and Digestive and Kidney Diseases의 추정에 따르면, 미국의 1인당 음식물 쓰레기는 1974~2005년 동안 50퍼센트 정도 증가했고, 그 이후로도 계속 악화했다.

미국의 하루 평균 음식물 폐기량이 1인당 1,500킬로칼로리를 유지하더라도, 간단히 계산해보면 2020년 미국 인구가 3억 3,300만 명이므로 미국에서 폐기되는 음식물만으로도 약 2억 3,000만 명에게 적절한 영양(1인당 2,200킬로칼로리)을 공급할 수 있을 것이다. 이는 라틴아메리카에서 면적이 가장 넓고 세계에서 여섯 번째로 인구가 많은 브라질 인구 전체보다 약간 많은 수치이다.

하지만 미국인은 그렇게 음식물을 낭비하면서도 건강에 적합한 양보다 훨씬 많이 섭취하고 있다. 체질량지수body mass index, BMI가 30 이상인 경우로 정의하는 비만율은 1962~2010년 동안 2배 이상 증가했다. 정확히는 20세 이상의 성인 중 13.4퍼센트이던 비만 인구가 35.7퍼센트로 급증했다. 이 수치에 단순한 과체중(BMI 25~30)을 더하면 성인 남성의 74퍼센트, 성인 여성의 64퍼센트가 적정 체중 이상인 셈이다. 더구나 비만이 일반적으로 평생 유지되는 속성을 띤다는 점을 고려하면, 현재 6세 이상의 아동 중 50퍼센트 이상이 과체중이란 사실이 무엇보다 우려스럽다.

영국의 폐기물 및 자원 행동 프로그램Waste and Resources Action Programme, WRAP은 지나칠 정도로 치밀하게 그 현상을 추적함으로써 다양한 관점을 제시해준다. 영국에서 음식물 쓰레기 총량은 연간 약 1,000만 톤에 이르고, 이를 돈으로 환산하면 150억 파운드(약 200억 달러)에 달한다. 그중 먹을 수 없는 부분(가죽, 껍질, 뼈)은 총량의 30퍼센트에 불과하므로, 버려진 음식물의 70퍼센트는 제대로 처리했다면 먹을 수 있었을 것이다! WRAP는 음식물을 그렇게 많이 버리는 이유까지 치밀하게 추적했다. 폐기물의 거의 30퍼센트는 제때에 사용하지 못했기 때문이었고, 3분의 1은 유통기한이 지났기 때문이었으며, 약 15퍼센트는 지나치게 많이 요리하고 준비한 경우였고, 나머지로는 개인적 기호, 까다로운 입맛, 우연한 사고 등 다양한 이유가 있었다.

음식물 폐기는 단순히 영양이 버려지는 문제에 그치지 않는다. 직접적으로는 농기계와 관개용 펌프를 작동하고, 간접적으로는 그런 기계를 제작하기 위한 철강과 알루미늄 그리고 플라스틱을 생산하고, 비료와 살충제를 합성하는 데 사용한 노동과 에너지의 중대한 낭비가 수반되기 마련이다. 이렇게 농업에 필요한 추가적 수고에 토양 침식, 질산염 침출로 인한 생물 다양성 감소, 항생물질 내성균 활성화로 결국 환경까지 해치게 된다. 전 세계에서 배출하는 온실가스의 10퍼센트는 음식물 쓰레기가 원인이기도 하다.

부유한 국가들은 식량을 덜 생산하고, 현명한 소비로 음식물 쓰레기를 크게 줄여야 할 필요가 있다. 하지만 많은 식량 생산은 일종의 주문呪文처럼 예전과 다름없이 뜨겁게 찬사를 받는다. 최근에는 그 주문이 달라져 변형된 콩 단백질로 만들었다는 가짜 고기로 진열대를 채우며 더 많은 식량을 생산하는 듯하다. 음식물 쓰레기를 합리적인 수준까지 낮추기 위해 현명한 방법을 찾으려 노력하지 않는 이유가 도대체 무엇일까? 음식물 쓰레기를 절반으로 줄이는 게 세계적으로 식량을 더 합리적으로 사용하는 첩경일 테고, 그 이익은 실로 막대할 것이다. WRAP의 추정에 따르면, 음식물 쓰레기를 예방하는 데 투자하는 1달러는 14배의 관련 이익을 거두어들인다. 이 정도만으로도 충분히 설득력 있지 않은가?

55

지중해식 식사법이여, 이제는 안녕!

Numbers Don't Lie

지중해식 식사법Mediterranean Diet의 장점은 1970년 이후 널리 알려졌다. 미국 생리학자 앤셀 키스Ancel Keys(1904~2004)가 이탈리아와 그리스를 비롯한 5개국의 영양과 건강에 대한 장기 연구의 첫 결실을 발표하며, 그곳의 식사법이 낮은 심장 질환 발병률과 관계가 있다는 걸 밝혀낸 덕분이었다.

지중해식 식단의 주된 특징은 탄수화물(주로 빵, 파스타, 쌀)을 많이 섭취하고, 콩류(강낭콩, 완두콩, 병아리콩)와 견과류 및 유제품(주로 치즈와 요구르트), 과일과 채소, 해산물과 더불어 일반적으로 올리브유로 가볍게 조리한 계절 식품을 보충하는 것이다. 지중

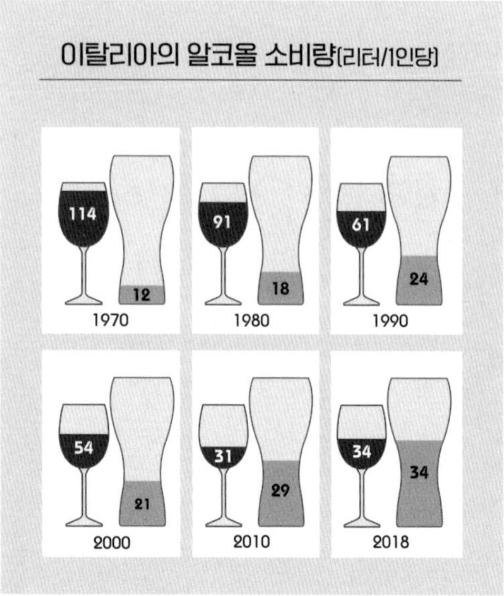

해식 식단에도 적지만 설탕과 육류가 포함된다. 특히 많은 양의 포도주를 음식과 함께 곁들인다. 요즘에는 영양사들이 포도주 마시는 습관을 추천하지 않는다. 그러나 지중해식 식단이 심혈관 질환의 위험을 낮추고, 일부 암의 발병 위험을 10퍼센트가량 줄이며, 제2형 당뇨를 예방하는 효과가 있는 것은 분명하다. 서구 국가들이 대대적으로 지중해식 식단을 받아들였다면 비만 수준이 오늘날처럼 만연하지 않았을 게 거의 분명하다. 2013년 유네스코는 지중해식 식단을 인류무형문화유산 목록에 올리며, 크로아티아·키프로스·그리스·이탈리아·모로코

·포르투갈·스페인을 관련 국가로 지정했다.

하지만 이러한 건강의 안식처에서도 문제가 점점 커지고 있다. 진정한 지중해식 식사법은 이제 외따로 떨어진 일부 해안 지역이나 산간벽지에서나 이뤄지고 있을 뿐이다. 특히 인구가 많은 두 지역, 즉 이탈리아와 스페인에서는 식사법이 급속히 변하며 그곳 사람들에게 지대한 영향을 미치고 있다.

지난 50년 동안 이탈리아 식단은 과일에서만 지중해식이 좀 더 강화되어 과일 소비가 거의 50퍼센트까지 늘어났다. 그 기간에 동물성 지방과 육류의 소비는 3배가 늘었다. 현재 섭취하는 모든 식이 지방 중에서 올리브유가 차지하는 비중은 절반이 되지 않으며, 믿기지 않겠지만 파스타의 소비는 줄어들었다. 포도주의 소비도 감소해 거의 75퍼센트까지 떨어졌다. 요즘 이탈리아 사람들은 적포도주와 백포도주만큼이나 많은 맥주를 마신다.

스페인이 지중해식 식단에서 떨어져 나온 속도는 훨씬 더 빠르고 더 철저했다. 스페인 사람들은 여전히 해산물을 좋아해서 해산물 소비는 꾸준히 증가했지만, 곡물과 채소와 콩류의 소비는 줄어들었다. 현재 올리브유는 스페인에서 소비하는 식이 지방의 절반이 되지 않는다. 놀랍게도 스페인의 포도주 평균 소비량은 연간 20리터에 불과하며, 이는 맥주 소비량의 절반도 되지 않는다. 이는 독일과 네덜란드에서 볼 수 있는 현상과 비슷하다!

'틴토tinto'(적포도주)가 '세르베사cerveza'(맥주)에 압도당한 현상보다 스페인에서 지중해식 식단의 사망을 더 강력하게 상징하는 것이 있을까? 대부분의 유럽인은 과거의 식습관을 기억하고 있기 때문에 프란시스코 프랑코Francisco Franco(1892~1975)가 세상을 떠난 해에 스페인의 1인당 육류 공급량은 연간 약 20킬로그램에 불과했지만, 이제는 거의 100킬로그램에 달해 전통적인 육식 국가인 독일·프랑스·덴마크를 훌쩍 앞선다는 걸 상상조차 못할 것이다.

향후의 전망도 좋지는 않다. 새로운 식사법이 젊은 층에게 규범이 되었고, 이제 그들은 부모 세대보다 신선한 식품을 덜 구매한다. 예컨대 스페인에도 맥도날드, 켄터키프라이드치킨, 타코벨, 던킨도너츠(스페인에서는 던킨커피라고 부른다)가 어디에나 있다. 짭짤 달콤한 고기 패티를 얹은 패스트푸드가 전 세계로 확산하며, 유산처럼 내려오던 전통 조리법뿐 아니라 옛 세계가 현대 세계에 비해 갖는 극소수 이점 중 하나가 사라지고 있다.

이런 변화에는 어렵지 않게 이해할 수 있는 여러 가지 이유가 있다. 소득이 많아지면 육류와 지방 그리고 당분의 섭취가 높아지는 경향이 있다. 또 전통적인 형태의 가정이 맞벌이 부부 가정으로 대체되었고, 집에서 요리하지 않고 인스턴트식품에 의존하는 1인 가구도 많아졌다. 생활 자체가 한층 바빠진 까닭에 간편하고 간단한 식사법이 확산하고 있는 것도 사실이다. 비만율이 프랑스뿐 아니라 스페인과 이탈리아에서도 증가한 현상은 조금도 놀랍지 않다.

56

멸종 위기를 맞은 참다랑어

Numbers Don't Lie

참치를 머릿속에 그려보라. ……거의 완벽하게 유체역학적인 몸과 체내 깊은 곳의 온혈성 근육을 이용해 효과적으로 추진력을 발휘하는 까닭에 참치의 수영 능력은 그야말로 탁월하다. 덩치가 큰 참치는 시속 70킬로미터, 약 40노트로 헤엄칠 수 있다. 모터보트는 물론 지금까지 알려진 어떤 잠수함보다 훨씬 빠른 속도이다.

그러나 큼직한 몸집과 맛있는 육질 때문에 가장 위풍당당한 참치종이 멸종의 길로 내몰리고 말았다. 통조림 속 옅은 색 살코기는 상대적으로 개체 수가 많은 날개다랑어—몸집이 작

고 대체로 40킬로그램 이하—의 것이다. 그리고 통조림 속 붉은색 살코기는 가다랑어의 것이다. 가다랑어도 몸집이 작고 개체 수가 풍부한 편이다. 한편 참다랑어는 일본어로 '진짜 참치'라는 뜻에서 혼마구로ほんまぐろ, 혹은 마구로まぐろ라고 일컫는다. 참다랑어는 예부터 가장 귀한 참치였다. 성년이 되면 3미터 이상 자라고, 무게는 600킬로그램이 넘는다.

참다랑어는 일본인에게 생선회와 초밥의 최고 재료로 손꼽힌다. 참다랑어가 19세기 동안 에도(도쿄)에서 인기를 얻기 시작할 당시 최고급 부위는 기름기가 적고 붉은색을 띤 속살에서 떼어낸 살이었다. 하지만 나중에는 선호 부위가 정중선 아래의 옆 부분에서 떼어낸 기름진 중뱃살과, 뱃살에서 떼어낸 덩어리인 더 기름진 대뱃살로 옮겨갔다. 도쿄의 신년 경매에서는 특별한 참다랑어가 예외적으로 높은 가격에 팔린다. 2019년에는 일본 북부에서 잡힌 278킬로그램짜리 참치가 310만 달러에 팔리며 새로운 기록을 세웠다. 킬로그램당 1만 1,100달러가 넘었다는 뜻이다!

전 세계에서 포획하는 참다랑어의 80퍼센트가 일본에서 소비된다. 일본에 허용된 할당량을 훨씬 넘어선 양이다. 그 격차를 메우기 위해 일본은 참다랑어를 항공 화물로 신선함을 유지한 채, 또는 아가미와 내장을 제거한 후 꽁꽁 얼린 상태로 수입한다. 그래도 수요를 충족하지 못해 요즘은 양식장에서 참치를

새로운 경매 기록을 세운 참다랑어.

키운다. 난바다에서 잡은 어린 참치를 가두리 양식장에 넣어두고, 정어리·고등어·청어를 먹이로 주며 살찌우는 방식이다. 특히 생선회가 일본을 넘어 세계적 고급 식품으로 자리 잡은 이후로는 참치에 대한 수요가 나날이 신기록을 세우고 있다.

3종의 참다랑어가 전 세계에서 포획되는 양은 현재 연간 약 7만 5,000톤이다. 20년이나 40년 전보다 적은 양이지만, 수십 년 전부터 만연한, 불법으로 포획하고 적게 보고하는 관행은 지금도 여전하며 그 양 또한 상당하다. 무척 정확하다고 알려진 일본 참치 어선단의 항해 일지와 일본의 가장 큰 어시장에서 판매되는 참치의 양을 실험적으로 비교해본 결과 포획량과 판매량이 2배 이상의 차이를 보였다.

주요 어업국들은 어획 할당량을 크게 제한받는 걸 줄기차게 반대해왔다. 따라서 장기적인 존속을 보장하는 유일한 방법은 멸종 위기에 처한 어종의 거래를 금지하는 것이다. 2010년 세계야생생물기금World Wildlife Fund과 유엔 식량농업기구의 어업 전문가, 모나코공국이 북방참다랑어의 국제 거래를 금지하자고 제안했지만 묵살당했다. 게다가 참치 어장의 붕괴를 예방하기 위해 지중해와 북동 대서양에서 어획 자체를 완전히 금지하는 조치조차 너무 늦은 것일 수 있다.

안타깝게도 참다랑어는 이른바 바다 양식장에서 알부터 키우기가 무척 어렵다. 작고 약한 어린 새끼는 대체로 생후 3~4주를 넘기지 못하기 때문이다. 일본 긴키대학교의 수산연구소가 참치 양식법을 알아내기 위해 약 30년 동안 씨름했지만, 1퍼센트만 성년까지 살아남은 게 가장 성공한 사례였다.

어획량이 줄어들고 양식에도 어려움을 겪자 세계 전역에서, 특히 미국에서 다른 종을 참다랑어라고 속이는 경우가 만연해졌다. 실제로 당신이 식당에서 메뉴판을 보고 참다랑어를 주문하더라도 참다랑어가 아닌 다른 종을 먹게 될 가능성이 매우 높다. 미국의 식당과 초밥 가게에서 제공하는 참다랑어는 절반 이상이 다른 종이다!

57

왜 닭이 대세인가?

Numbers Don't Lie

여러 세대 동안 쇠고기는 미국인에게 주된 육류였고, 돼지고기가 그 뒤를 이었다. 연간 쇠고기 소비량은 1976년 1인당 약 40킬로그램(뼈 없는 순 살코기)으로 정점에 이르러 모든 육류 소비의 거의 절반을 차지했다. 당시 닭고기가 차지하는 비중은 20퍼센트에 불과했다. 그러나 닭고기 소비량이 2010년 쇠고기를 따라잡았고, 2018년에는 전체 육류 소비량의 36퍼센트를 차지하며 쇠고기보다 거의 20퍼센트포인트나 높아졌다. 현재 보통 미국인이 소비하는 뼈 없는 닭고기의 양은 연간 30킬로그램에 달하며, 뼈 없는 가슴살부터 치킨 맥너겟까지 대부분이 잘게 조각내거나 가공한 형태로 팔린다.

식습관에 대한 미국인의 끊임없는 강박—이 경우에는 적색육red meat에 함유된 포화지방과 식이성 콜레스테롤에 대한 두려움—이 이런 변화의 주된 요인이었다. 하지만 쇠고기와 닭고기의 차이가 크지는 않다. 기름기 없는 쇠고기 100그램에는 1.5그램의 포화지방이 있고, 껍질을 벗겨낸 닭 가슴살 100그램에는 1그램의 포화지방이 있지만 콜레스테롤은 오히려 더 많다. 닭고기 소비가 증가한 더 큰 이유는 상대적으로 싼값에 있었다. 또 특별히 식육 생산을 위해 먹여 기르는 닭, 즉 브로일러broiler만큼 사료를 고깃살로 효율적으로 전환할 수 있는 가축화한 육상 동물이 없다는 물질대사적 이점도 있다. 사육법의 발달도 이런 효율성 향상과 밀접한 관계가 있다.

1930년대 동안 브로일러의 평균 사료 효율은 생체중live weight(도살 전 체중) 단위당 사료 단위가 약 5로, 돼지의 경우보다 낫지 않았다. 이런 사료 효율이 1980년대 중반에는 2배나 향상되었다. 미국 농무부가 최근 발표한 사료 효율, 즉 사료가 고깃살로 전환되는 비율에 따르면 브로일러의 경우는 도살 전 생체중 1단위를 생산하기 위해 약 1.7단위 사료(표준화한 옥수수 사료)밖에 들지 않는다. 참고로 돼지의 경우에는 거의 5단위, 소의 경우에는 거의 12단위가 필요하다.

먹을 수 있는 부분의 무게가 생체중에서 차지하는 비율은

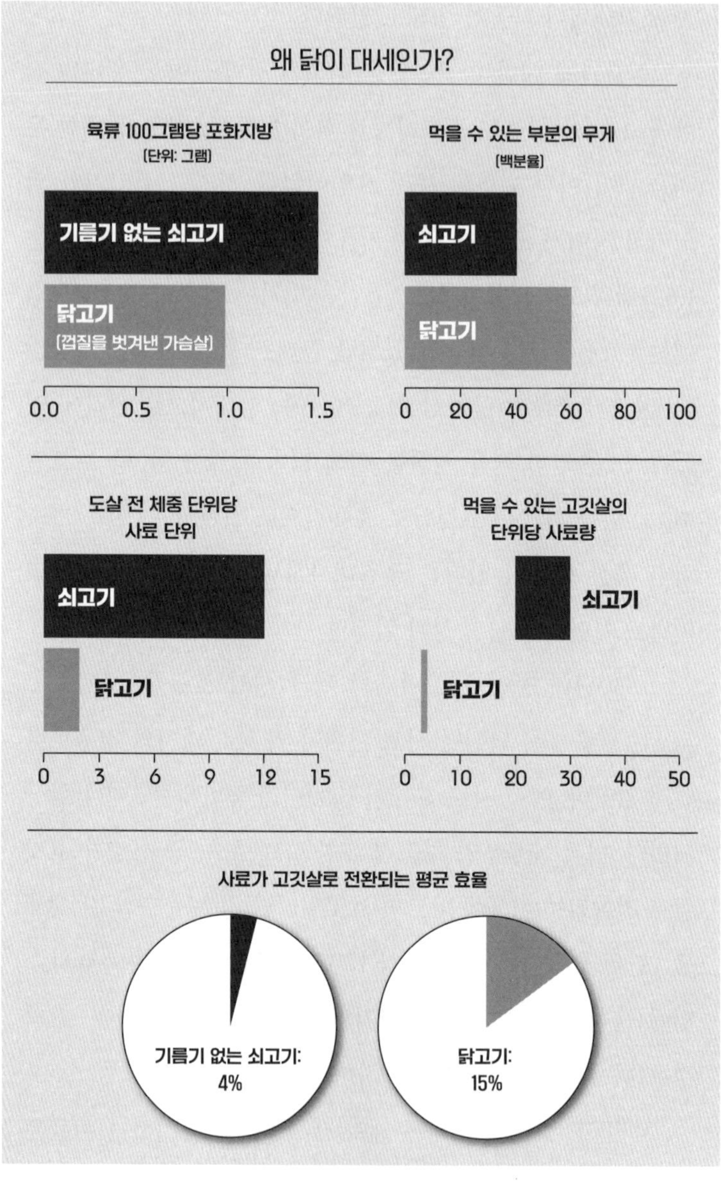

왜 닭이 대세인가?
육류 100그램당 포화지방
(단위: 그램)
기름기 없는 쇠고기
닭고기
(껍질을 벗겨낸 가슴살)
0.0
0.5
1.0
1.5
먹을 수 있는 부분의 무게
(백분율)
쇠고기
닭고기
0
20
40
60
80
100
도살 전 체중 단위당
사료 단위
쇠고기
닭고기
0
3
6
9
12
15
먹을 수 있는 고깃살의
단위당 사료량
쇠고기
닭고기
0
10
20
30
40
50
사료가 고깃살로 전환되는 평균 효율
기름기 없는 쇠고기:
4%
닭고기:
15%

고기 종류에 따라 크게 다르기 때문에(닭고기는 약 60퍼센트, 돼지고기는 53퍼센트, 쇠고기는 40퍼센트), 먹을 수 있는 고깃살 단위당 사료 효율로 다시 계산하면 그 차이가 훨씬 더 뚜렷하게 나타난다. 최근의 조사에 따르면, 브로일러의 경우 먹을 수 있는 고깃살 단위당 사료 효율이 3~4인 반면, 돼지고기의 경우에는 9~10, 쇠고기의 경우에는 20~30이었다. 이런 수치는 사료가 고깃살로 전환되는 평균 효율이 차례로 15, 10, 4퍼센트라는 뜻이다.

게다가 브로일러는 상대적으로 빠르게 성년이 되고, 전례 없는 양의 고깃살을 만들어낸다. 과거 방목하던 닭은 1세에 도살되었고, 그때의 생체중은 약 1킬로그램에 불과했다. 1925년 1.1킬로그램이던 미국 브로일러의 평균 체중이 2018년에는 거의 2.7킬로그램으로 늘어났다. 동시에 양계 기간은 1925년 112일에서 2018년에는 47일로 크게 줄어들었다.

소비자에게는 이익이지만 닭은 고통을 견뎌야 한다. 닭은 어둡고 밀폐된 공간에 갇힌 채 원하는 만큼 실컷 먹을 수 있어 신속하게 살이 찐다. 소비자가 기름기 없는 가슴살을 선호하기 때문에 닭은 가슴이 과도하게 키워져 무게중심이 앞쪽으로 이동한다. 그 결과 닭은 자연스럽게 움직이지 못한 채 다리와 심장에 압박을 받는다. 어차피 닭은 양계장에서 움직일 수 없다. 미국계육협회National Chicken Council, NCC에 따르면, 한 마리의 브로일러에게 560~650제곱센티미터의 공간이 할당된다. A4 용지한 장보다 약간 더 넓은 면적이다. 또 오랜 시간의 어둠이 성장을 촉진하기 때문에 브로일러는 황혼에 가까운 조도에서 키워진다. 이런 환경에서 닭은 정상적인 생물학적 기능과 행동 기능을 유지할 수 없다.

정상 환경에서 닭의 수명은 최대 8년이지만, 양계업자들은 닭의 수명을 7주 이내로 단축하는 동시에 어둡고 밀폐된 공간에서 신체 구조를 왜곡해왔다. 덕분에 2019년 말, 우리는 뼈 없는 닭 가슴살을 소매가격으로 파운드당 2.94달러(6.47달러/kg)라는 싼값에 구입할 수 있었다. 참고로 구이용 쇠고기 사태는 파운드당 4.98달러, 최상급 스테이크용 등심은 파운드당 8.22달러였다.

아직은 닭고기가 전 세계에서 지배적이지 않다. 중국과 유럽에서 지배적인 까닭에 돼지고기가 여전히 전 세계의 소비량에서 10퍼센트 정도 앞서 있고, 남아메리카에서는 아직 쇠고기가 주된 육류이다. 하지만 밀폐된 공간에서 대량생산하는 브로일러가 10~20년 내에 세계에서 가장 많이 소비되는 육류에 올라설 것은 거의 확실하다. 이런 현실을 고려할 때 양계업자들이 브로일러에게 짧은 삶이나마 스트레스를 덜 받고 지낼 수 있는 환경을 제공하도록, 소비자들이 조금이라도 더 많은 돈을 기꺼이 지불해야 할 것이다.

58

포도주 소비량을 줄여가는 프랑스

Numbers Don't Lie

프랑스와 포도주! 더할 나위 없는 짝꿍으로, 그 관계는 오랫동안 절대 불변의 것이었다! 로마가 갈리아를 정복하기 훨씬 전에 그리스인들이 전해주었고, 중세 시대에 크게 확산했으며, 마침내 국내외에서 고급 품질의 상징(보르도, 부르고뉴, 샹파뉴)이 된 프랑스의 포도주는 포도 재배, 포도주 음주, 포도주 수출을 포함해 국가 정체성의 핵심 요인 중 하나로 오래전에 자리 잡았다. 프랑스는 항상 포도주를 넉넉하게 생산하고 마셨다. 포도주 생산 지역의 농민과 마을 사람은 자체적으로 양조한 고급 포도주를 마셨고, 크고 작은 도시의 주민은 다양한 맛과 가격의 포도주 중에서 선택하는 즐거움을 누렸다.

프랑스의 1인당 연간 포도주 소비량에 대한 정기적인 통계조사는 1850년에 시작되었다. 그해의 평균 소비량은 무척 높아서 연간 121리터였다. 중간 크기의 잔(175밀리리터)으로 매일 두 잔씩 마신 셈이다. 1863년 시작된 포도나무뿌리진디phylloxera의 창궐이 1890년 최고조에 달하며, 그해의 포도 수확은 최고치에 이르렀던 1875년에 비해 거의 70퍼센트까지 떨어졌다. 따라서 프랑스는 저항력이 강한 뿌리줄기(주로 미국산)에 접붙이기를 시도하여 포도밭을 재구축해야 했다. 그 기간에 포도주의 연간 소비량은 등락을 거듭했지만, 수입량을 확대해 총공급량이 급격히 하락하지는 않았다(예컨대 1887년 포도주 수입량은 국내 생산량의 거의 절반에 달했다). 마침내 제1차 세계대전이 일어나기 전 프랑스 포도밭은 회복되었고, 1909년 1인당 연간 소비량이 125리터에 달하며 새로운 기록을 세웠다. 그리고 1924년 이 수치를 재현한 뒤 2년 연속 이 기록을 상회했다. 역대 최고 기록은 1926년의 1인당 136리터였고, 1950년에는 약 124리터로 약간 떨어졌다.

제2차 세계대전 이후 프랑스인의 생활수준은 놀라울 정도로 낮았다. 1954년의 인구조사에 따르면, 25퍼센트의 가정에만 실내 화장실이 있었고, 10퍼센트에만 욕조와 샤워 시설 및 중앙난방 시설이 있었다. 그러나 이 모든 것이 1960년대에 급격

프랑스의 1인당 포도주 소비량

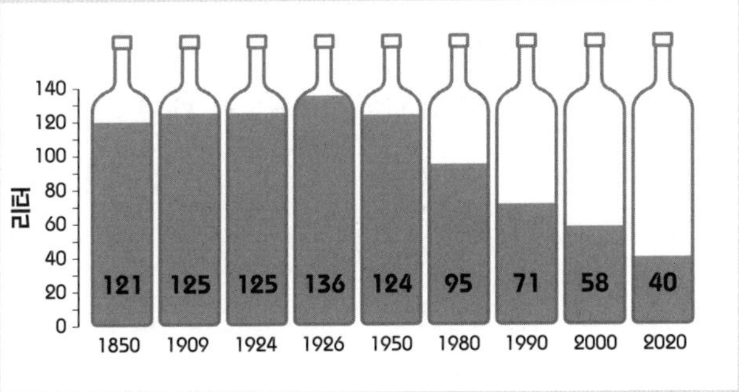

히 바뀌었다. 부유해지면서 식사법도 눈에 띄게 변했고, 무엇보다 포도주 음주량이 줄었다. 1980년 1인당 연간 평균 소비량이 약 95리터까지 떨어졌고, 1990년에는 71리터, 2000년에는 58리터까지 줄어들었다. 20세기를 지내는 동안 절반이 줄어든 셈이다. 21세기에 들어서도 계속 감소해 최근의 자료에 따르면 연간 평균 소비량이 40리터에 불과한 것으로 나타났다. 1926년의 기록에 비하면 70퍼센트가량 하락한 수치이다. 2015년의 포도주 소비량 조사에서 확인되었듯 성별과 세대 간 차이가 이런 감소 추세를 설명해주는 듯하다(포도주 소비량은 2020년에 재조사할 예정이다).

40년 전에는 남녀를 불문하고 프랑스 성인의 절반 이상이 거의 매일 포도주를 마셨다. 그러나 요즘 포도주를 습관적으로 마시는 성인은 고작 16퍼센트에 불과하다. 더 구체적으로 남자는 23퍼센트, 여자는 11퍼센트이다. 15~24세 연령층에서는 1퍼센트, 25~34세 연령층에서는 5퍼센트인 데 반해 65세 이상의 연령층에서는 38퍼센트이다. 이런 성별과 세대 간 차이에서는 장래에 소비가 증가할 것이란 전망이 전혀 읽히지 않는다. 이런 현상은 모든 알코올음료에서 확인할 수 있다. 맥주와 증류주 그리고 과일주의 소비도 점진적으로 줄어드는 추세이다. 반면 광천수와 생수(1990년 이후 2배 성장) 그리고 과일 주스와 탄산음료의 1인당 평균 소비량은 크게 증가했다.

포도주 음주가 규칙적인 습관에서 때때로 즐기는 도락道樂으로 변함에 따라, 프랑스는 포도주 소비에서 슬로베니아와 크로아티아에 대한 역사적 우위마저 상실했다(현재 두 국가의 1인당 연간 소비량은 거의 45리터에 달한다). 전통적으로 포도주를 마시던 국가 중에서 프랑스만큼 포도주 소비량이 절대적으로나 상대적으로나 크게 하락한 국가는 없지만, 이탈리아에서도 엇비슷하게 떨어졌고, 스페인과 그리스에서도 감소했다.

하지만 긍정적 추세가 하나 있기는 하다. 프랑스의 포도주 수출은 여전히 강세를 띠며 2018년 새로운 기록(약 110억 달러)을 세웠다. 포도주를 비롯한 세계의 모든 주류 무역 가운데 프랑스산 포도주가 차지하는 비율은 15퍼센트에 불과하지만, 총 거래액의 30퍼센트를 차지한다는 사실에서 프랑스산 포도주의 높은 가격을 증명할 수 있다. 미국에서는 1인당 평균 포도주 소비량이 지난 20년 동안 50퍼센트 넘게 상승했다. 그 때문에 미국은 프랑스산 포도주를 가장 많이 수입하는 국가가 되었고, 중국의 신흥 부자들도 프랑스산 포도주 수입을 늘려가고 있다.

그러나 세계 곳곳에 값비싼 그랑 크뤼 클라세Grand Cru Classé 뿐만 아니라 무수히 많은 종류의 뱅 오르디네르vin ordinaire(식사할 때 흔히 마시는 보통 포도주)를 제공하는 프랑스에서 길쭉한 포도주 잔을 살그머니 부딪치는 소리와 "상테santé"라고 말하며 서로 건강을 기원하는 마음이 이제는 멸종 위기를 맞게 되었다.

59

합리적인 육류 소비

Numbers Don't Lie

일반적으로 육식, 특히 쇠고기 섭취는 요즘 무척 바람직하지 않은 습관으로 여긴다. 건강에 유해하다는 주장부터 가축의 사료를 마련하는 데 필요한 엄청난 면적의 땅과 높은 물발자국water footprint(어떤 제품을 생산하는 데 사용하는 물의 양을 나타낸 지표—옮긴이)까지 육류의 문제점은 오래전부터 지적되어왔다. 여기에 이제는 가축이 배출하는 메탄이 지구온난화의 중요한 원인이라는 거의 재앙에 가까운 경고까지 더해졌다. 하지만 현실은 그렇게 비관적이지 않다. 우리와 가장 가까운 영장류 조상인 영리한 침팬지 수컷이 원숭이와 어린 멧돼지 같은 작은 짐승을 노리는 영리한 사냥꾼이었듯 우리도 잡식성 동물이며, 육류는 예부터 우리 식단에서 중요한 위치를 차지해왔다. 우유, 달걀과 더불어 육류는 성장에 필요한 훌륭한 식이 단백질원이다. 육류에는 중요한 비타민(특히 비타민 B 복합체)과 생리 기능에 필요한 광물성 영양소(철분, 아연, 마그네슘)가 함유되어 있다. 또 육류는 포만감을 주기 때문에 모든 전통 사회에서 소중하게 여겼던 지방, 즉 만족스러운 식이 지방원이기도 하다.

이제 누구나 짐작하겠지만 가축, 특히 소는 사료를 고기로 전환하는 효율이 무척 떨어진다(57장 참조). 부유한 국가에서는 농사를 짓는 주된 이유가 사람이 먹을 곡물을 생산하는 게 아니라, 가축용 사료를 재배하는 게 되었을 정도로 육류 생산을 늘려왔다. 현재 북아메리카와 유럽에서는 작물 총수확량의 약 60퍼센트가 사료용이지 인간을 위한 직접 식량이 아니다. 물론 사료 생산에 사용되는 질산염 비료와 물이 환경에 큰 영향을 미치는 것은 사실이다. 하지만 가축 사료를 생산하는 데 많은 양의 물이 필요하다는 주장은 상당히 오해의 소지가 있다. 뼈 없는 쇠고기 1킬로그램당 필요한 최소한의 물은 꽤 많아 약 1만 5,000리터이지만 궁극적으로 고기에 흡수되는 양은 0.5리터에 불과하다. 달리 말하면 사료용 곡물의 생장에 필요한 물의 99퍼센트 이상이 결국에는 증발과 식물 증산을 통해 대기로 되돌아가 비로 떨어진다.

피터르 브뤼헐을 본떠 그린 피터르 판 데르 헤이던의 '배부른 부엌'.

육식이 건강에 미치는 영향에 대해 말해보자. 대규모 연구에 따르면 적절한 육류 소비는 어떤 부정적 결과와도 관계가 없다. 그러나 이 결론이 믿기지 않으면 국가별 기대 수명(60장 참조)과 1인당 평균 육류 섭취량을 비교해보자. 장수국 목록 최상단에는 일본(적절한 육류 소비국. 도살한 가축의 가죽, 머리, 발목, 내장 따위를 떼어낸 나머지 몸뚱이, 즉 도체屠體 무게의 2018년 1인당 할당량이 거의 정확히 40킬로그램)이 있고, 그 아래로 스위스(상당한 육류 소비국.

70킬로그램 이상), 스페인(유럽에서 육류 소비량이 가장 많음. 90킬로그램 이상), 이탈리아(그다지 뒤지지 않는 육류 소비국. 80킬로그램 이상), 오스트레일리아(90킬로그램 이상. 그중 20킬로그램이 쇠고기)가 있다. 육류 소비와 장수의 관계에 대해서는 이 정도로만 해두자.

동시에 일본식 식습관(일반화하면 동아시아 전반의 식습관)은 육류 소비를 늘린다고 더 건강해지거나 장수하는 것은 아님을 보여준다. 이런 이유에서 나는 환경에 가하는 부정적 영향을 최소화하며 생산한 육류를 적절히 섭취하는 합리적 육류 소비를 강력히 권장하고 싶다. 합리적 육류 소비를 세계적으로 채택하려면 세 가지 주된 육류 소비 비율을 조절할 수 있어야 한다. 돼지고기, 닭고기, 쇠고기는 2018년 전 세계에서 생산한 약 3억 톤의 육류 중 차례로 40퍼센트, 37퍼센트, 23퍼센트를 차지했다. 그 비율을 40-50-10퍼센트로 바꾸면, 사료를 고기로 전환하는 효율이 떨어지는 쇠고기 생산을 줄임으로써 곡물 사료를 절약할 수 있다. 예컨대 닭고기를 30퍼센트, 돼지고기를 20퍼센트 더 생산하면서도 쇠고기가 환경에 미치는 부담을 절반 이상 쉽게 줄일 수 있다. 하지만 아직도 쇠고기가 차지하는 비율이 10퍼센트가 넘는다.

육류 총생산량은 조만간 3억 5,000만 톤에 가까워질 것이다. 2020년 초에는 지구에서 살아가는 77억 5,000만 인구에게 도체 무게로는 1인당 약 45킬로그램, 뼈를 발라내고 먹을 수 있는 고깃살로는 25~30킬로그램이 할당된다는 뜻이다!

이 정도는 최근 보통 일본인이 섭취하는 양과 비슷하며, 예부터 육류 소비국이던 프랑스 국민 대부분의 현재 소비량과도 비슷한 수준이다. 최근의 연구에서 확인되었듯 성인 중 약 30퍼센트가 작은 소비자petit consommateur가 된 프랑스에서는 1인당 하루 평균 고기 섭취량이 80그램, 즉 연간 약 29킬로그램으로 떨어졌다.

영양학적으로 말하면, 고기에 단백질이 25퍼센트만큼 함유되었다고 가정할 때 연간 25~30킬로그램의 고기를 섭취할 경우 하루에 완전 단백질complete protein(아홉 가지 필수아미노산을 적절한 비율로 함유한 식품 단백질원—옮긴이) 20그램을 섭취하는 셈이다. 최근에 조사한 평균보다 20퍼센트 많지만, 환경 부담을 크게 줄이는 동시에 적절한 육식을 통해 건강과 장수의 이점까지 제공하는 양이다.

따라서 세계 최장수국으로서 유행의 첨단을 걷는다는 일부 프랑스인의 습관을 따르지 않을 이유가 무엇인가? 많은 다른 문제에서도 그렇듯 절제는 유용하다.

60

일본식 식사법

Numbers Don't Lie

현대 일본은 통계 수치로는 부유하지만 비좁은 주택에서 생활하고, 붐비는 기차를 타고 먼 거리를 통근한다. 또 저녁까지 긴 시간을 일하고 휴일은 짧은 편이다. 게다가 아직도 흡연자가 많고, 전통적인 계급사회에 순응해야 한다는 압력도 거세다. 지진의 위협이 상존하며, 많은 지역에서 화산 폭발의 가능성도 적지 않고, 계절마다 찾아오는 거대한 태풍과 혹서의 위협도 있다. 북한이 가까운 곳에 있다는 지리적 조건은 굳이 언급할 필요도 없을 것이다. 그럼에도 불구하고 일본의 출생 시 기대 수명은 세계 어느 나라보다 높다. 가장 최근에 발표한 수치(2015~2020년, 여성/남성)에 따르면 일본은 87.5/81.3, 스페인은 86.1/80.6, 프랑스는 85.4/79.4, 영국은 82.9/79.4, 미국은 81.3/76.3이다. 더욱더 놀라운 것은 현재 80세인 미국 여성은 앞으로 10년, 영국 여성은 9.6년을 더 생존할 것으로 기대되는 반면 일본 여성은 12년이나 더 생존할 것으로 기대된다는 사실이다.

일본인의 유전자가 남다르기 때문일까? 그럴 가능성은 거의 없다. 일본은 이웃한 대륙에서 건너온 이민자들이 정착한 땅임이 분명하기 때문이다. 또 일본 국민의 유전자 구조와 진화 과정을 정밀하게 연구한 최근의 결과에 따르면, 일본인의 혈통 구조에서 적잖은 부분이 특히 한국에 기원을 두고 있으며, 중국의 한족과 동남아시아 종족들에서도 기원한 것으로 추정된다.

혹시 "정신이 물질을 지배한다"는 강력한 종교적 믿음이 일본에 팽배하기 때문은 아닐까? 그러나 일본인의 마음가짐을 표현하는 단어로는 종교성보다 영성spirituality이 더 적절한 듯하다. 하기야 오랜 문화유산을 지닌 국가라고 해서 다른 국가보다 전통적 믿음을 더 마음속 깊이 간직하고 있다는 특별한 징후는 없다.

그럼 식사법으로 장수 이유를 설명할 수밖에 없다. 일본의 식사법 중 어느 부분이 장수와 관계가 있을까? 일본이 자랑하는 널리 알려진 식품에 눈을 돌리는 것은 별로 도움이 되지 않

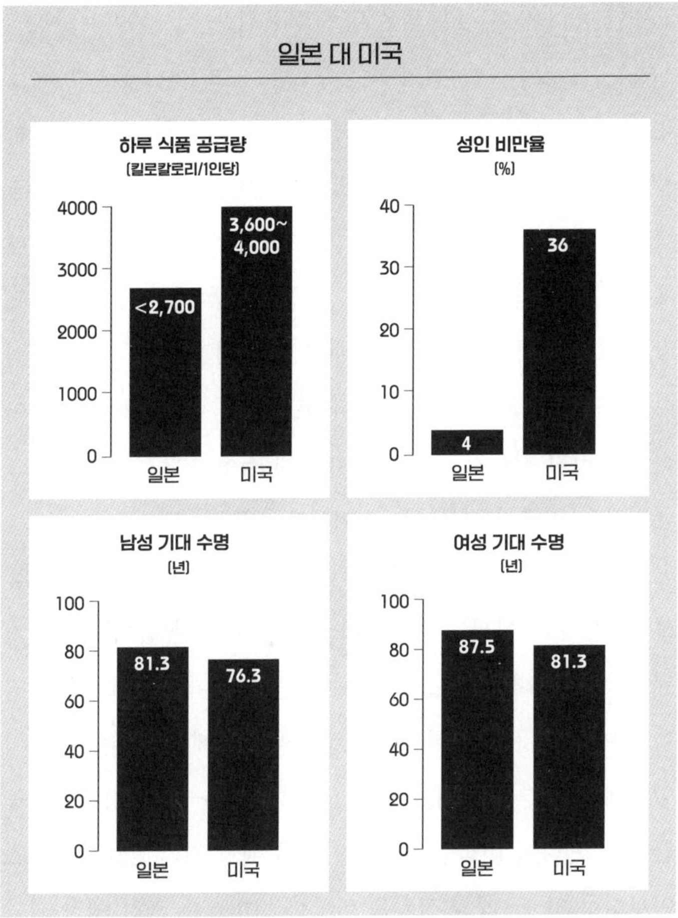

는다. 예컨대 간장은 미얀마부터 필리핀까지 아시아의 많은 지역이 공유하고, 두부도 마찬가지이다. 간장만큼 폭넓게 분포하지는 않지만 역시 콩을 기반으로 한 발효 식품 낫토도 일본만의

고유한 음식은 아니다. 색은 다르지만 일본 녹차(카멜리아 시넨시스Camellia sinensis 차나무의 덜 가공한 잎으로 만드는 료쿠차綠茶 혹은 간단히 오차お茶)도 중국에서 건너온 것이다. 실제로 중국이 녹차의 대부분을 생산 및 소비하지만, 1인당으로 계산하면 일본에 못 미친다. 그러나 식품 대차대조표를 분석해보면, 즉 음식물 쓰레기를 배제하고 소매 식품점에 공급되는 식품을 분석해보면, 일본과 프랑스 그리고 미국의 평균 식단에서 다량 영양소의 구성이 무척 다르다는 사실을 확인할 수 있다. 프랑스의 경우 동물성 식품이 식이 에너지 전체의 35퍼센트, 미국의 경우에는 27퍼센트를 공급하지만, 일본의 경우에는 20퍼센트에 불과하다.

그러나 눈에 띄게 채식에 치우친 식단보다 식물성이든 동물성이든 지방에서 기원하거나 설탕을 비롯한 감미료에서 기원한 식품 에너지food energy가 차지하는 비중이 장수에 더 큰 영향을 미치는 듯하다. 미국과 프랑스의 식단에서는 식이 지방이 일본에 비해 거의 2배(정확히는 1.8배)나 많은 식품 에너지를 공급한다. 게다가 미국인은 일본인보다 매일 거의 2.5배, 프랑스인보다는 약 1.5배의 설탕을 비롯한 감미료를 흔히 액상 과당이라 일컫는 고과당 옥수수 시럽을 통해 섭취한다. 이런 사실이 인과관계가 아니라 광의의 통계적 관련성에 불과하다는 걸 고려하더라도, 지방과 당분의 적은 섭취량이 장수의 중요한 결정 인자라고 결론지을 수 있을 것이다.

그러나 지방과 당분의 상대적으로 적은 섭취량은 내가 일본의 진정한 예외적 현상이라 생각하는 요인의 일부에 불과하다. 장수의 원인을 설명하는 가장 중요한 요인은 바로 일본의 1인당 식품 공급량이 눈에 띄게 적다는 것이다! 미국·스페인·프랑스·독일 등 실질적으로 모든 부유한 국가의 식품 수급표를 보면 하루에 제공되는 공급량이 1인당 3,400~4,000킬로칼로리이지만, 일본은 지금도 2,700킬로칼로리 이하로 거의 25퍼센트나 낮다. 물론 심한 육체노동을 하거나 체격이 큰 사람에게는 3,500킬로칼로리가 필요할 수도 있지만, 실제 평균 소비량은 1일 기준으로 그 정도에 미치지 않는다. 상당한 양을 음식물 쓰레기로 버리고 남은 공급량만으로도 과식과 비만으로 이어지는 것이다.

한편 실제로 섭취하는 음식량을 연구한 결과에 따르면, 일본의 평균 섭취량은 현재 1,900킬로칼로리 이하이다. 이는 연령 분포와 노령화하는 인구의 물리적 활동력에 비례한다. 다시 말해 일본이 최장수국인 이유는 '전반적으로 절제된 음식 소비'라는 말로 무척 간단히 설명할 수 있다는 뜻이다. "배를 80퍼센트까지만 채워라"라는 뜻의 사자성어 '복팔분목腹八分目'으로 표현되는 식습관이기도 하다. 이 사자성어는 유교의 행동 수칙으로, 역시 중국에서 유래했다. 그러나 많은 음식을 늘어놓고 낭비하는 중국인과 달리 일본인은 아직도 그 가르침을 실천하고 있다.

61

거꾸로 가는 유제품

Numbers Don't Lie

거의 모든 신생아는 락타아제, 즉 젖당을 분해하는 데 필요한 효소를 만들어낸다. 젖당은 산모의 젖에 들어 있는 당류, 정확히 말하면 글루코오스와 갈락토오스로 이루어진 이당류이다. 극소수의 신생아에게서만 선천성 젖당분해효소결핍증congenital lactase deficiency, 다른 표현으로 젖당 불내증lactose intolerance이 발견된다. 그러나 유아기를 넘기면 보통 젖을 분해하는 능력이 사라지기 시작한다. 역사적으로 목축에 종사하던 사회, 즉 가축화한 착유 동물을 기르던 사회에서는 유아기가 지나도 젖당을 분해하는 능력이 그대로 유지되었다. 반면 가축의 젖을 짜는 관례가 없던 사회에서는 그 능력이 약화하고 심지어 사라졌다. 일반적으로 이런 능력을 상실하면 약간의 젖이나 우유를 마신 후 가벼운 복통을 앓는데, 때로는 구역질과 구토를 할 수도 있다.

진화의 결과, 이런 특성이 복잡하게 뒤얽혔다. 젖당 분해 효소가 없는 사람들이 젖을 마시는 사람들에게 둘러싸였고(예컨대 젖을 마시지 않는 중국의 북쪽에는 말 젖을 마시는 몽골, 서쪽에는 야크 젖을 마시는 티베트가 있다), 심지어 두 사회가 뒤섞이기도 했다(아프리카 사하라사막 이남에서는 목축민이 화전민이나 수렵민과 뒤섞여 살아간다).

이런 현실을 고려할 때 경제 민주화로 두 가지 반反직관적인 결과가 나타난 것은 주목할 만하다. 하나는 낙농의 중심지에서 장기간에 걸쳐 우유의 1인당 평균 소비량이 꾸준히 감소한 것이고, 다른 하나는 전통적으로 젖을 마시지 않던 몇몇 사회에서 액상 유제품의 수요가 무無에서 상당한 수준까지 올라선 것이다. 20세기 초 미국에서 생우유의 연간 소비량은 1인당 140리터(지방을 빼지 않은 자연 상태의 우유, 즉 전유全乳의 80퍼센트)였다. 1945년에 약 150리터로 최고치를 기록했지만, 그 이후로는 55퍼센트까지 계속 줄어들어 2018년에는 약 66리터에 불과했다. 하지만 유제품 전반의 수요 감소는 상대적으로 느린 편이다. 미국 피자에 사용하는 모차렐라 치즈의 소비량이 느릿하게나마 증가하기 때문인 듯하다.

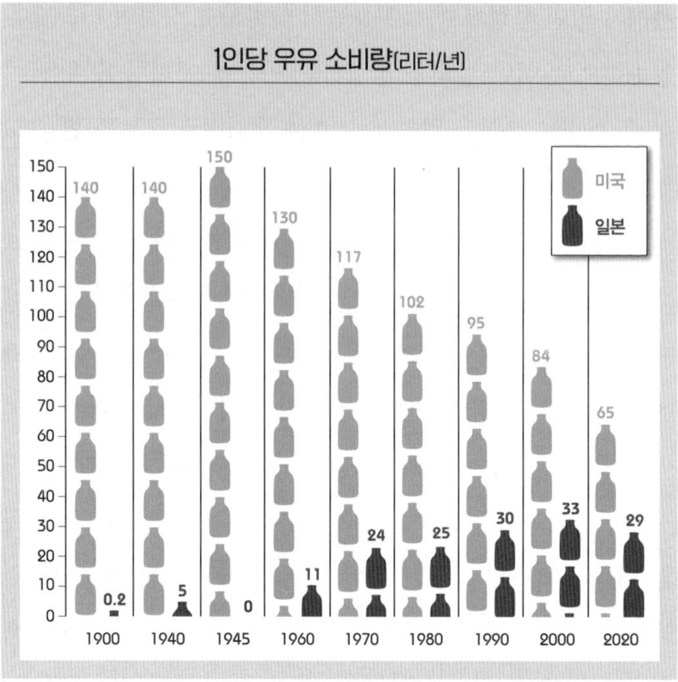

이런 하락의 주된 이유는 육류와 어류의 소비 증가(전에는 우유에서 얻었던 단백질과 지방을 육류와 어류로 보충하게 되었다) 및 포화 유지방 섭취가 유해하다는 수십 년간의 경고 때문일 것이다. 그런데 이런 경고는 틀렸다는 게 입증되었다. 오히려 최근의 연구에 따르면 유지방이 관상동맥 심장 질환과 뇌졸중의 빈도를 실제로 낮출 수 있다. 그러나 사양 산업을 되살리기엔 이런 연구 결과가 너무 늦게 발견된 듯하다. 유럽의 주된 유제품 소비자, 즉 전통적으로 많은 양의 우유를 마셔왔고 매일 습관적으로 치즈를 먹는 사람들 사이에서도 소비량이 줄어드는 현상이 뚜렷하다. 특히 프랑스의 1인당 연간 우유 소비량은 1950년대에 약 100리터였지만, 2018년에는 45리터로 크게 떨어졌다.

일본은 전통적으로 우유를 마시지 않던 사회에서 유제품 소비량이 증가한 현상을 보여주는 대표적 예이다. 1인당 연간 공급량이 1906년에는 1리터에도 미치지 못했지만, 1941년에는 5.4리터로 증가했다. 그래도 하루로 계산하면 15밀리리터, 즉 테이블스푼 하나에 불과한 양이었다. 미군이 일본을 점령한 1945년에도 몇몇 대도시 거주자만이 우유를 마시거나 요구르트와 치즈를 먹었다. 이후 도시와 농촌 간 아동의 성장 격차를 줄이려 학교급식 프로그램National School Lunch Program을 통해 우유가 도입되었다. 그 덕분에 1인당 우유 소비량이 1980년에 연간 25리터, 2000년에는 연간 33리터로 증가했다. 특히 2000년에는 치즈와 요구르트를 포함한 유제품 총소비량이 연간 80리터를 넘어섰다!

엄청난 면적 때문에 중국의 유제품 채택은 필연적으로 느릴 수밖에 없었지만, 평균 소비량은 1950년대에 무시할 정도의 양에서 급속히 현대화를 시작하기 전인 1970년대에 1인당 3리터로 증가했고, 지금은 30리터를 넘어 한국보다 많다. 한국도 과거에는 우유를 마시지 않는 문화권에 속했지만, 지금은 우유와 치즈 그리고 요구르트를 소비하고 있다. 중국에서는 식단의 다각화, 도시의 현대화로 한층 편리해진 유제품 구입, 축소된 가족 규모, 여성의 노동시장 유입 등이 이런 전환의 주된 원인이었다. 중국 정부도 건강한 고급 식품으로 우유의 지위를 높이며 소비를 지원하고 나섰지만, 불량품과 노골적인 변조품으로 정부의 노력이 훼손되었다. 심지어 2008년에는 약 30만 명의 유아와 어린이가 멜라민이 섞인 우유를 마셔 병에 걸리는 사고도 있었다. 멜라민은 산업용 화학물질로, 우유의 질소 함량을 높여 단백질 함량이 많은 것처럼 보이기 위해 첨가한 것이었다.

그런데 젖당 분해 효소가 없는 사회에서 이런 변화를 어떻게 이겨낼 수 있었을까? 젖당 불내증은 보편적이지 않기 때문이다. 또 젖당 불내증은 절대적이지 않고 상대적이기 때문이다. 일본인의 5분의 4가 하루에 한 컵 정도의 우유를 마시는 데는 문제가 없다. 그 때문에 일본인의 연간 소비량이 70리터를 넘어설 수 있었다. 이 수치는 미국인의 최근 평균치보다 많은 것이다.

발효하면 젖당은 점진적으로 제거된다. 따라서 리코타 치즈 같은 생치즈에는 젖당이 우유에 함유된 양의 3분의 1도 되지 않는다. 또 체더 치즈와 파르미자노 치즈처럼 단단한 치즈에는 젖당이 흔적밖에 남아 있지 않다. 요구르트는 원래의 젖당을 거의 그대로 함유하지만, 요구르트 내의 박테리아 효소가 젖당의 분해를 돕는다. 우유는 신생아에게 이상적인 식품이다. 따라서 적절히 섭취하면 누구에게나 최상의 식품이 될 수 있다. 단, 확실한 젖당 불내증을 지닌 사람은 제외하고!

NUMBERS DON'T LIE

7

ENVIRONMENT
Damaging and Protecting Our World

환경

훼손되는 우리 세계를 지키려면

62

동물 대 인공물: 어느 쪽이 더 다양할까?

Numbers Don't Lie

현재 우리가 알고 있는 생물종의 총수는 완전하지 않다. 칼 린네Carl Linné(1707~1778)가 근대 분류법을 확립하고 250년이 지난 지금까지 우리는 125만 종을 분류해냈고, 그중 4분의 3이 동물이다. 17퍼센트가 식물이고, 나머지는 균류와 미생물이다. 공식적으로 인정된 생물종의 수가 그렇다는 것이고, 아직 인식되지 않은 종의 수는 이보다 몇 배나 더 많을 수 있다.

인간이 만들어낸 인공물도 무척 다양하다는 데는 의심할 여지가 없다. 내가 비교하려는 것에는 사과와 오렌지뿐 아니라 자동차까지 포함되는데, 인간이 지금까지 이루어낸 것을 보여주는 데는 부족하지 않을 것이라 생각한다.

나는 생물 분류법과 유사한 분류법을 통해 나만의 고유한 인공물 분류법을 구축해보려 한다. 인간이 설계한 모든 인공물은 생물 분류법에서 진핵생물류Eukarya(세포 내에 핵을 가진 모든 생물)에 해당한다. 진핵생물류에는 각각 균계와 식물계, 동물계로 구성된 세 계界, kingdom가 있다. 나는 인간이 만든 인공물에도 동물계에 해당하는, 여러 요소로 구성된 복잡한 인공물의 계가 있다고 상정한다. 계는 문門, phylum으로 나뉘는데, 예를 들면 척삭동물문Chordata(신경다발이 있는 동물)이 있듯이, 인공물 분류법에서는 전기에서 동력을 얻는 인공물을 문으로 설정한다. 문은 다시 강綱, class으로 나뉘는데, 생물 분류에 포유강Mammalia이 있듯이, 전기에서 동력을 얻는 인공물 중 이동성을 강조한 인공물을 강으로 분류한다. 강은 목目, order으로 나뉘고, 고래목Cetacea이 있듯이, 이동성을 강조한 것 중 커뮤니케이션과 관련한 인공물을 목으로 분류한다. 고래목에는 고래와 돌고래, 쇠돌고래가 포함된다. 목은 다시 과科, family로 나뉘는데, 참돌고랫과Delphinidae가 해당하며, 전화라는 인공물을 과로 분류한다.

과 아래에는 속屬, genus이 있고, 일반 돌고래를 가리키는 참돌고래속Delphinus, 범고래속Orcinus(범고래), 병코돌고래속Tursiops(병코돌고래)이 여기에 속한다. 휴대폰 산업을 추적해 분석하는 매체인 GSM 아레나에 따르면, 2019년 초 110개 이상의 속(상표)

이 있었다. 몇몇 속에는 한 가지의 특별한 종種, species만이 있다. 범고래Orcinus orca만이 있는 범고래속이 대표적 예이다. 반면 다양한 종으로 나뉘는 속도 적지 않다. 휴대폰 세계에서 삼성만큼 다양한 제품을 생산하는 업체는 없다. 삼성에는 현재 거의 1,200종의 기기가 있다. 그다음으로 엘지에 600종이 있고, 모토로라와 노키아가 각각 500종 정도로 그 뒤를 쫓고 있다. 모두 합해 2019년 초, 약 9,500'종'의 휴대폰이 있었다. 이 정도면 현재까지 알려진 포유동물의 다양성(5,500종에 약간 못 미친다)보다 훨씬 많은 수이다.

벵골호랑이, 시베리아호랑이, 수마트라호랑이처럼 휴대폰이 단일한 종의 변이에 불과하다는 주장을 인정하더라도 인간이 설계한 인공물이 종적種的으로 다채롭다는 사실을 입증해주는 예가 많이 있다. 세계철강협회World Steel Association에 등록된 철강의 등급은 약 3,500종으로 지금까지 알려진 설치동물의 종보다 많다. 나사못도 하나의 상위 범주에 속한다. 나사못은 재료(알루미늄부터 티타늄까지), 형태(둥근 머리부터 납작한 머리까지, 나사산이 촘촘한 것부터 날카로운 것까지), 머리(와셔처럼 돌출된 머리부터 납작하고 움푹 파인 머리까지), 머리의 구멍 형태(일자부터 육각까지, 필립스부터 로버트슨까지), 몸체와 끝(끝이 뭉툭한 것부터 원뿔 모양인 것까지), 직경(미터법이나 그 밖의 단위로 구분) 등을 기초로 다양하게 조합되며 그야말로 수백만 '종'의 나사못을 포함한다.

드라이버 머리. 설계의 다양성을 보여주는 일상적 예.

다른 부문, 예컨대 질량의 차원에서도 인공물은 자연을 넘어섰다. 지상에서 가장 작은 포유동물인 에트루리아땃쥐Etruscan shrew는 몸무게가 1.3그램에 불과한 반면, 가장 몸집이 큰 포유동물인 아프리카코끼리의 몸무게는 평균적으로 약 5톤이다. 따라서 포유동물의 몸무게는 여섯 자릿수의 범위에 있다. 한편 대량생산되는 휴대폰 진동 전동기의 무게는 에트루리아땃쥐 정도에 불과하지만, 전동기가 동력을 제공하는 원심 압축기는 가장 큰 것이 50톤을 넘어, 전동기 무게는 일곱 자릿수의 차이가 난다.

새 중에 크기가 가장 작은 벌새는 몸무게가 약 2그램이고, 가장 몸집이 큰 안데스콘도르는 몸무게가 15킬로그램이어서

네 자릿수의 차이를 이룬다. 현재 초소형 드론의 무게는 5그램 정도이고, 승객과 화물을 가득 실은 에어버스 380은 570톤에 이른다. 따라서 무려 여덟 자릿수의 차이를 보여준다.

또 인간의 설계가 만들어낸 인공물에는 한 가지 중요한 기능적 이점이 있다. 우리 몸과 달리 인공물은 자체적으로 작동하고 생존할 수 있다는 것이다! 모든 동물의 몸이 그렇듯 우리 몸은 체내에서 기능하는 미생물 생태계microbiome—우리 장기에 존재하는 세포만큼이나 우리 소화관에는 많은 박테리아 세포가 존재한다—에 의존한다. 하기야 세상사가 그런 것 아닌가.

63

소를 위한 행성

Numbers Don't Lie

지적으로 뛰어난 외계의 존재가 파견한 조사단이 지구를 포괄적이고 철저히 조사한다면, 그들에게 지구는 어떤 모습으로 보일까? 나는 오래전부터 이런 상상을 해왔다. 조사단은 모든 유기체를 하나씩 헤아린 후 개체 대부분이 현미경으로만 볼 수 있을 정도로 극미하거나(박테리아, 고세균, 원생생물, 균류, 조류) 무척 작다고(곤충) 지체 없이 결론지을 것이다. 그렇지만 그 개체들을 합한 무게가 지구 생물량에서 절대적인 위치를 차지한다.

이런 결론은 실제로 놀랍지 않다. 미세한 피조물은 몸집이 작을 뿐 그런 부족함을 개체 수로 상쇄하고도 남는다. 미생물은 생물권에서 상상할 수 있는 모든 틈새를 차지하며, 많은 극단적 환경에서도 생존한다. 박테리아는 인체에서 살아 있는 세포의 약 90퍼센트에 달하고, 전체 무게의 3퍼센트를 차지한다. 하지만 외계 조사단이 육안으로 볼 수 있는 거대 동물을 묘사한 그림에는 많은 사람이 놀랄 것이다. 두 척추동물, 즉 소(학명: 보스 타우루스)와 인간(학명: 호모사피엔스)이 지배적 위치를 차지하는 그림일 것이기 때문이다.

외계 과학자와 달리 우리는 그 그림에 담긴 뜻을 즉각적으로 읽어내지 못한다. 그렇더라도 우리는 소의 동물량zoomass과 인간의 인류량anthropomass을 상당히 정확하게 계량화할 수 있다. 고소득 국가들에서 가축화한 대형 반추동물, 즉 소의 수는 비교적 정확히 알려져 있고, 저소득 국가와 목축 사회에서 기르는 소의 수도 합리적으로 추정할 수 있다. 유엔 식량농업기구의 추정에 따르면 2020년 전 세계의 소는 약 15억 마리이다.

이런 수치를 살아 있는 반추동물의 동물량으로 전환하려면, 연령과 암수 분포를 고려해야 한다. 몸집이 큰 황소의 무게는 1,000킬로그램이 넘는다. 미국에서 고기를 얻기 위해 기르는 소인 육우는 600킬로그램에 이르면 도살한다. 그러나 브라질에서는 230킬로그램이 되기 전에 거래한다. 인도에서 젖을 얻기 위해 기르는 유명한 기르종Gir種은 완전히 커도 350킬로그램을 넘지 않는다. 따라서 암수와 연령을 고려한 평균 체중을

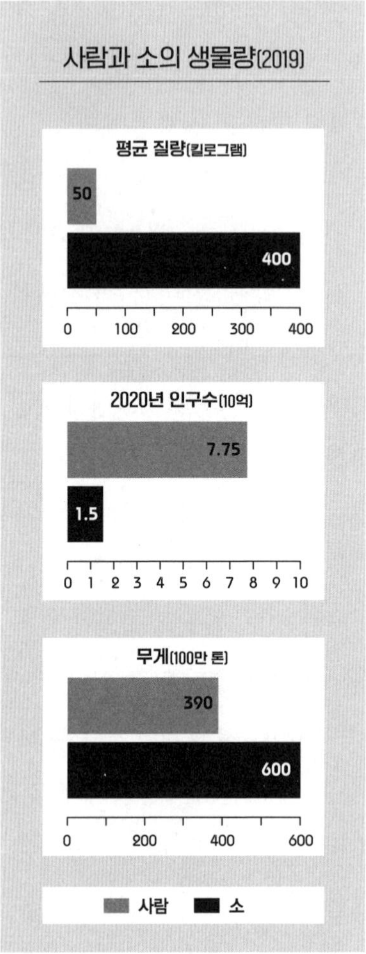

400킬로그램으로 가정하면, 살아 있는 소의 총동물량은 약 6억 톤이 된다.

이런 식으로 사람의 총생물량을 계산하려면 총인구의 연령과 몸무게를 고려해야 한다. 부유한 국가보다 저소득 국가에서 인구 중 어린아이의 비율이 훨씬 더 높다. 2020년 기준, 아프리카의 어린아이 비율은 약 40퍼센트이지만, 유럽은 약 15퍼센트에 불과하다. 한편 과체중과 비만의 비율은 아프리카에서는 거의 무시할 만한 수준이지만, 미국에서는 성인 인구의 70퍼센트이다. 이런 이유로 나는 대륙별 인구의 연령 구조와 성별 구조에서, 또 대표 국가들의 신체를 측정한 성장 곡선에서 끌어낸 명확한 수단을 사용한다. 여기에 복잡한 조정 과정을 거치면 1인당 평균 몸무게가 약 50킬로그램이다. 따라서 지구의 총인구를 77억 5,000만 명이라고 가정하면, 2020년 기준 총인류량은 거의 3억 9,000톤이다.

달리 말하면 소의 동물량은 인류량보다 50퍼센트가량 많고, 두 종을 합한 생체중은 10억 톤에 가깝다. 몸집이 가장 큰 야생 포유동물도 이 생물량과 비교하면 극히 작은 부분에 불과하다. 아프리카에는 35만 마리의 코끼리가 있고, 아프리카코끼리의 평균 체중은 2,800킬로그램이다. 즉 아프리카코끼리의 총동물량은 100만 톤에 미치지 못하므로 소 동물량의 0.2퍼센트에 불과하다. 2050년이면 인류의 총인구는 90억 명, 소는 20억 마리로 늘어날 것으로 추정한다. 따라서 두 종을 합한 생물량이 지구에 가하는 압력은 지금도 크지만, 앞으로는 더욱더 커질 것이다.

64

코끼리의 죽음

아프리카코끼리는 세계에서 가장 큰 육상 포유동물이다. 성년이 되면 수컷의 체중은 6,000킬로그램을 넘고, 암컷의 체중은 평균적으로 수컷의 절반이며, 갓 태어난 코끼리도 약 100킬로그램이다. 코끼리는 사교적이고 영리하며 기억력이 뛰어나다. 게다가 죽음을 섬뜩할 정도로 인식해서 조상의 뼈를 마주치면 그 주변을 맴돌고 유골을 건드리는 등 확연히 행동이 달라진다. 코끼리의 뼈는 아프리카에 남겨졌지만, 상아는 피아노 건반으로 사용됐고, 요즘도 간혹 벽난로 선반 위에 놓는 장식물로 쓰인다.

고대 이집트인은 코끼리를 사냥했고, 카르타고인은 로마와 전쟁할 때 코끼리를 이용했다. 코끼리는 당시 북아프리카에서 멸종되어 사하라사막 이남에만 많은 수가 서식했다. 19세기 초에 아프리카 대륙이 수용할 수 있었던 최대 개체 수는 긍정적으로 추정할 때 상대적으로 몸집이 작은 둥근귀코끼리를 포함해 약 2,700만 마리였고, 실제로 생존한 개체 수는 2,000만 마리에 가까웠던 것으로 추측한다. 하지만 오늘날에는 100만 마리를 넘지 않는다.

과거의 상아 무역을 재구성해보면, 1860년경까지 약 100톤의 상아가 상당히 꾸준히 유출되었고, 1900년 직후에는 5배까지 증가했다. 상아 무역은 제1차 세계대전 동안 급락했는데, 제2차 세계대전으로 다시 급락하기 전까지 잠시 상승하다가 전쟁이 끝난 후 재차 유출량이 증가하기 시작해 1980년대 말에는 연간 900톤에 달했다. 이런 등락을 종합하면 19세기 동안에는 5,500톤, 20세기 동안에는 적어도 4만 톤의 상아가 아프리카 밖으로 유출된 듯하다.

상아 4만 톤이면 1,200만 마리의 코끼리를 살육했다는 뜻이다. 1970년 이전에는 살아 있는 코끼리의 개체 수를 체계적으로 추정할 만한 방법이 없었다. 아프리카 대륙 전체에서 코끼리 개체 수는 20세기의 마지막 수십 년 동안 꾸준히 감소한 것으로 추정한다. 마이크로소프트 공동 창업자 고故 폴 가드

아프리카코끼리가 지금도 살아가는 곳.

너 앨런Paul Gardner Allen(1953~2018)이 지원한 프로젝트 '그레이트 엘리펀트 센서스Great Elephant Census'는 코끼리가 서식하는 대초원 지역의 약 80퍼센트를 항공 촬영했다. 2016년 완료된 그 프로젝트에 따르면, 아프리카에 서식하는 코끼리는 최종적으로 35만 2,271마리로 추정된다. 이는 1980년대 중반에 추정한 것보다 30퍼센트가량 적은 수치이다.

또 하나 무척 실망스러운 소식도 있다. 모잠비크에 서식하는 코끼리 개체 수가 2009~2014년 동안 절반인 1만 마리로 줄었다는 것이다. 같은 기간 탄자니아에서도 8만 5,000마리의 코끼리가 죽임을 당해 개체 수가 약 11만 마리에서 4만 3,000마리로 추락했다(계산의 오차는 연 5퍼센트의 출생률로 설명할 수 있다). 1996년부터 2014년 사이에 압류한 대형 상아를 DNA 분석한 결과에 따르면, 약 85퍼센트가 동아프리카, 특히 탄자니아 남동부에 있는 셀루스 동물보호지역Selous Game Reserve과 모잠비크 북부의 니아사 보호구역에서 불법 사냥된 것이었다. 최근에는 탄자니아 중부 지역에서 불법 사냥한 코끼리의 상아도 발견된다.

비난의 화살은 예부터 지속적으로 상아 수요가 있던 중국으로 주로 향했다. 실제로 많은 상아가 인류 역사상 최대의 기근을 초래한 장본인인 마오쩌둥을 형상화한 조각상을 비롯해 정교하지만 예술적 가치는 없는 장식품으로 바뀌었다. 국제사회의 압력이 마침내 효과를 발휘해 중국 국무원은 상아 무역과 가공 행위를 2017년 말부터 완전히 금지했다. 그 조치로 약간은 긍정적인 효과를 거두었지만, 중국 관광객들은 이웃 국가를 여행할 때 여전히 상아 장식품을 구매하고 있다.

학살을 멈춘다면 일부 아프리카 지역은 새로운 문제에 직면할 수도 있다. 이미 수년 전부터 남아프리카 일부 지역에서 나타난 현상으로, 코끼리 개체 수의 과잉 문제이다. 엄청난 몸집에 잠재적 파괴력을 지닌 코끼리의 개체 수가 폭증하는 걸 관리하는 일은 쉬운 문제가 아니다. 특히 농민과 목축민 인근에 서식하는 코끼리는 시한폭탄과 같다.

65

왜 인류세라는 명칭이 시기상조일 수 있는가?

Numbers Don't Lie

많은 역사학자와 과학자 들의 주장이 맞다면, 우리는 지금 인류세Anthropocene era에 살고 있다. 인류세는 인간이 생물권을 지배하는 새로운 시대를 뜻한다. 2019년 5월, 인류세 워킹 그룹Anthropocene Working Group, AWG은 투표를 통해 이 새로운 지질학적 시대를 공식 인정하기로 결정했고, 그들의 제안은 시대의 명칭을 결정하는 권한을 지닌 국제층서위원회International Commission on Stratigraphy에서 다룰 예정이다.

그 제안에 대한 내 생각을 말하자면, "페스티나 렌테(천천히 서둘러라)"라는 로마 시대의 격언으로 대신하고 싶다.

명확히 말해 범지구적인 생물지구화학적 순환에 인간의 간섭이 미치지 않는 곳이 없고, 인간의 행위로 인해 생물 다양성이 손실되고 있다는 것은 의심할 여지가 없다. 엄청난 양의 쓰레기가 버려지고, 삼림이 대대적으로 파괴되고, 토양 침식이 가속화하는 것도 사실이다. 농경과 도시화, 산업 활동과 운송으로 인한 오염 또한 범지구적이다. 이 모든 영향을 합하면, 인간이 지구에 가하는 충격은 전례가 없는 수준이고, 인간종의 미래를 위험에 빠뜨리기에 충분한 규모이다.

그러나 인류가 지구의 운명을 정말 완벽하게 통제하고 있는 것일까? 그렇지 않다고 말하는 많은 반증이 있다. 지구에서 생명체의 존재를 가능하게 해주는 기본 변수—태양을 작동시키며 지구에 열을 보내는 열핵반응, 지구의 모양과 자전 및 기울기, 지구 공전궤도의 이심률(빙하기의 조절), 지구 대기의 순환—는 인간의 간섭에 아무런 영향을 받지 않는다. 물론 거대한 테라포밍terraforming 과정(지구의 판구조론, 즉 지구의 내부 열로 시작되어 결국에는 새로운 해양저ocean floor를 느릿하지만 끈질기게 만들어가는 과정)도 우리가 통제할 수 없다. 특히 대륙 같은 거대한 땅덩어리의 형성과 개조 및 융기에 따른 분포와 고도는 기후 다양성과 서식 가능성을 결정하는 핵심 요인이다.

게다가 우리는 판구조론에서 비롯되는 가장 끔찍한 세 가지 현상, 즉 화산 폭발과 지진 그리고 쓰나미도 묵묵히 지켜보는 수밖에 없다. 세 현상은 우리가 견뎌낼 수 있는 수준으로 일어나고 있다. 하지만 세계에서 가장 큰 도시, 특히 도쿄와 로스앤젤레스 그리고 베이징의 생존은 실상 대지진의 발생 여부에 달려 있다. 현대 문명의 존재 자체도 대규모 화산 폭발로 갑자기 끝날 수 있다. 지질연대가 아니라 문명의 존속 기간으로 시간을 측정하면, 우리가 예측할 수 있지만 바꿔놓을 수는 없는 행로를 따라 지구로 돌진하는 소행성들의 위협도 결코 무시할 수 없다.

어떤 해에든 이런 사건이 일어날 개연성은 무척 낮다. 그러나 일단 일어나면 엄청난 파괴력 때문에 인간이 역사적으로 지금껏 경험한 수준과 비교할 수 없는 결과를 불러올 것이다. 그 결과를 적절히 해결할 방법도 없을뿐더러 장기적으로 볼 때 그것이 화석연료의 연소나 숲 생물종의 감소보다 중요하지 않다고 주장할 수는 없을 것이다.

게다가 호모사피엔스가 시작한 실험이 얼마나 오랫동안 지속될지 느긋하게 지켜보며 기다리지 않고, 인간을 새로운 지질시대의 창조자로 서둘러 치켜세우려는 이유는 무엇이란 말인가? 6,600만 년 전 팔레오세가 시작한 때부터 1만 1,700년 전 홀로세가 시작한 때까지, 신생대의 여섯 번의 시대는 각각 적어도 250만 년 동안 지속되었다. 직전의 두 시대, 즉 플리오세와 플라이스토세도 마찬가지였다. 그 이후로 홀로세가 시작한

지질시대와 인류세

신생대 : 6,600만 년 전부터 현재까지

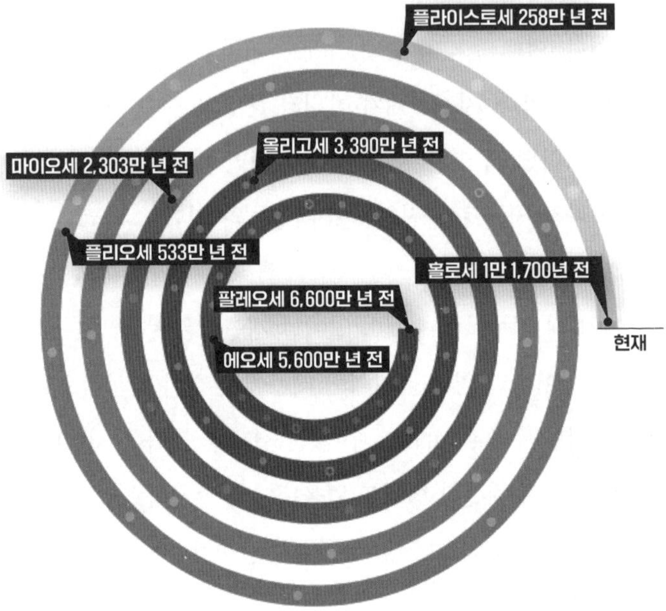

지는 1만 2,000년도 지나지 않았다. 실제로 인류세를 설정하더라도 정착 농경을 시작한 때부터 계산해 8,000년 전이나, 화석연료를 본격적으로 사용한 때부터 계산해 150년 전보다 더 멀리 거슬러 올라갈 수는 없을 것이다.

우리가 앞으로 1만 년—공상과학소설 독자에게는 짧은 시간이지만, 에너지를 펑펑 소비하는 현대 문명에는 영겁과도 같은 시간—을 그럭저럭 생존한다면, 그때 우리 행동이 빚어낸 시대에 이름을 붙이며 자축하는 시간을 가져도 늦지 않을 것이다. 따라서 우리가 지구의 지질학적 기록에 미세한 층보다 더 큰 흔적을 남겼는지 선불리 판단하지 말고, 그때까지 묵묵히 기다리도록 하자.

66

콘크리트의 역사와 미래

Numbers Don't Lie

고대 로마인은 골재(모래나 잘게 부순 돌)와 물과 결합재를 적절히 혼합해 콘크리트를 발명했다. 그들은 콘크리트를 오푸스 체멘티티움opus cementitium이라 불렀다. 콘크리트는 건축자재로 폭넓게 사용되었는데, 요즘의 시멘트가 아니라 석고와 생석회의 혼합물이 기본 재료로 쓰였다. 요즘의 시멘트는 석회와 점토 및 회전 가마에서 고온으로 구운 금속 산화물을 혼합한 후 미세한 가루로 빻은 것이다. 당시 최고의 시멘트 대용물은 베수비오산 근처의 포추올리Pozzuoli에서 구한 화산재로 만든 것이었다. 화산재를 이용한 콘크리트는 거대한 둥근 지붕(기원후 118~126년 건설된 로마 판테온은 철근을 사용하지 않고 콘크리트로 지은 세계 최대의 둥근 지붕을 갖고 있다)뿐 아니라, 오늘날 이스라엘에 속한 고대 카이사레아를 비롯해 지중해의 많은 항구에 수중 구조물을 짓는 데 안성맞춤인 건축자재였다.

현대식 시멘트는 1824년에 생산하기 시작했다. 그해 영국의 화학 기술자 조지프 애스프딘Joseph Aspdin(1778~1855)이 석회석과 점토를 고온에서 굽는 방법으로 특허를 얻었다. 알루미나와 실리카를 비결정의 비정질 고체non-crystalline amorphous solid로 변형시키는 것은 유리를 만들 때 사용하는 유리화vitrification 공정과 다르지 않아, 그 과정을 거치면 유리처럼 멀건 작은 덩어리가 만들어진다. 이 덩어리를 잘게 부순 것이 요즘의 시멘트이다. 시멘트에 물(최종 질량의 10~15퍼센트)과 골재(모래와 자갈, 총질량의 60~75퍼센트)를 섞어 콘크리트를 만든다. 이렇게 만든 콘크리트는 압축력(누르는 힘)에는 강하지만 인장력(잡아당기는 힘)에는 약하다.

인장력에 약하다는 단점은 철근으로 보강해 상쇄할 수 있다. 이런 보강은 1860년대 초 프랑스에서 최초로 시도했지만, 1880년에야 비약적으로 발전했다. 20세기는 철근콘크리트의 시대였다. 1903년 신시내티의 잉갈스 빌딩Ingalls Building은 세계 최초로 철근콘크리트를 이용한 고층 건물이 되었다. 1930년대에 구조공학자들은 미리 인장된 철선이나 철근을 더한 프리스트레스트 콘크리트prestressed concrete를 사용하기 시작했고, 1950년부터는 (프리스트레스트) 철근콘크리트가 건물의 높이와 기능에 구애받지 않고 사용되었다. 두바이의 부르즈 할리파는 현재 세계에서 가장 높은 건물이며, 덴마크 건축가 예른 웃손Jørn Utzon(1918~2008)이 설계한 범선 모양의 시드니 오페라하우스는 철근콘크리트라는 건축자재를 가장 인상적으로 사용한 사례로 손꼽힌다. 철근콘크리트 덕분에 거대한 수력발전 댐의 건설도 가능해졌다. 세계에서 가장 큰 중국의 싼샤댐에는 미국에서 가장 큰 그랜드쿨리댐보다 3배나 많은 철근콘크리트가 사용되었다. 이제는 콘크리트 다리도 무척 흔하다. 중국의 베이판강 다리는 현재 세계에서 가장 긴 콘크리트 아치교로, 445미터 폭의 협곡으로 갈라진 두 성省을 이어준다. 그러나 콘크리트는 주로 눈에 띄지 않는 방식으로 쓰인다. 예컨대 철로의 침목, 포장도로, 고속도로, 주차장, 항구, 공항 활주로와 유도로 등에 사용한다.

1900~1928년 미국에서 소비된 시멘트량은 3,000만 톤으로 10배 증가했다. 제2차 세계대전 후의 경제성장으로 콘크리트 소비량은 2005년 최고조에 이르며 1억 2,800만 톤에 달했고, 최근에는 연간 1억 톤 이하로 떨어졌다. 특히 전후에 주간고속도로Interstate Highway System를 건설하는 데 킬로미터당 1만 톤의 콘크리트를 사용했다.

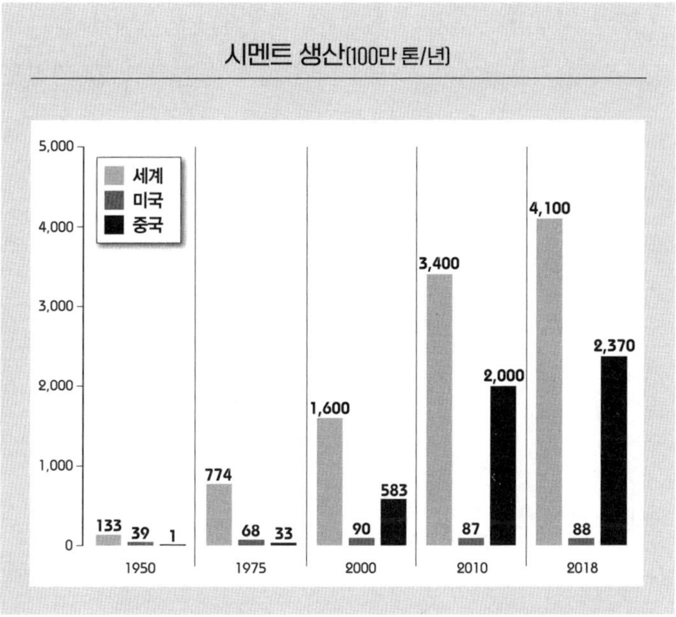

중국은 1986년 세계에서 시멘트를 가장 많이 생산하는 국가가 되었다. 2018년 23억 톤을 넘었던 중국의 시멘트 생산량은 현재 세계 총생산량의 60퍼센트가량을 차지한다. 미국이 20세기 내내 사용한 시멘트량(약 46억 톤)보다 중국이 지난 2년 동안 사용한 시멘트량(약 47억 톤)이 더 많다. 이것만으로도 중국이 전례 없이 건설에 열중하고 있다는 사실을 분명히 알 수 있다.

그러나 콘크리트가 영구적인 건축자재는 아니다. 지금까

지 남아 있는 판테온은 무척 드문 예외적인 경우이다. 콘크리트는 어떤 기후권에서나 눈에 띄지 않게 풍화되고, 그 과정은 산성 강하물降下物부터 염분에 의한 침식까지 다양한 요인에 의해 가속화한다. 덥고 습한 환경에서는 조류藻類가 성장하기 때문에 노출된 표면이 검게 변한다. 따라서 1950년 이후 세계 전역에 불어닥친 건설 열풍으로 만들어진 수백억 톤의 콘크리트는 앞으로 수십 년 후면 대체 또는 폐기되어 허물어질 수밖에 없을 것이다.

콘크리트가 환경에 미치는 영향도 적잖은 걱정거리이다. 시멘트 생산에 따른 공기 오염(미세 먼지)은 여과포로 포획할 수 있지만, 저급한 석탄과 석유 코크스를 연료로 태우기 때문에 시멘트 산업은 여전히 중대한 이산화탄소 배출원이다. 구체적으로 시멘트 1톤을 생산할 때 대략 이산화탄소 1톤을 배출한다. 참고로 강철 1톤을 생산할 때는 이산화탄소를 약 1.8톤 배출한다.

따라서 시멘트 생산이 화석연료에 의한 이산화탄소 배출량의 약 5퍼센트를 차지한다. 물론 어떻게 측정하느냐에 따라 시멘트 생산의 탄소발자국은 낮아질 수 있다. 폐기된 콘크리트는 잘게 부수면 건설에 재사용할 수 있다. 또 석탄 화력발전소에서 포획하는 고로高爐 석탄재가 콘크리트를 혼합할 때 시멘트를 부분적으로 대신할 수 있다. 그 외에 탄소를 전혀 배출하지 않거나 최소화하며 시멘트를 제조하는 여러 공법이 있지만, 이런 대안조차 40억 톤을 훌쩍 넘어서는 탄소 배출량을 눈곱만큼만 줄일 수 있을 뿐이다.

67

자동차와 휴대폰 중 어느 것이 환경에 더 나쁠까?

에너지 생산에 대한 통계자료는 상당히 믿을 만하다. 하지만 중요 분야의 에너지 소비에 대한 정확한 통계자료를 만나기는 상대적으로 힘들다. 특정한 상품의 생산에 소요되는 에너지에 대한 자료는 훨씬 더 미심쩍다. 상품에 체화된 에너지embodied energy는 우리가 소유하고 사용하는 모든 것에 대해 치러야 할 환경 비용의 일부이다.

완성품의 체화 에너지를 추정할 때는 명백한 사실—자동차의 경우에는 강철, 컴퓨터의 경우에는 마이크로칩—을 기초로 하지만, 전반적인 비율을 도출하기 위해 단순화와 가정도

피할 수 없다. 자동차에는 많은 모델이 있고, 컴퓨터와 휴대폰도 마찬가지이다. 과제는 합리적이고 대표성을 띠는 비율을 선택하는 것이다. 어떻게 선택하느냐에 따라 인간이 만든 세계를 새로운 눈으로 볼 수 있다.

휴대폰과 자동차를 중점적으로 살펴보자. 이 둘을 선택한 이유는, 휴대폰은 즉각적인 통신을 가능하게 해주며 무한한 정보에 접근하게 해주는 주된 조력 장치이기 때문이고, 자동차는 우리가 여전히 현실 세계에서 이동하고 싶어 하기 때문이다.

당연한 말이겠지만, 1.4톤의 자동차(예컨대 혼다 어코드 LX)에는 140그램의 삼성 갤럭시 스마트폰보다 많은 에너지가 체화된다. 그러나 1,000배 차이의 질량에 비하면 에너지 격차는 대단한 수준이 아니다.

2020년 휴대폰의 세계 판매량은 약 17억 5,000만 대, 휴대용 컴퓨터(노트북과 태블릿)는 약 2억 5,000만 대로 추정된다. 이렇게 판매된 휴대용 전자장치의 총중량은 약 55만 톤에 이른다. 1대의 평균 체화율을 휴대폰 0.25기가줄, 노트북 4.5기가줄, 태블릿 1기가줄로 보수적으로 가정하면, 이 장치들을 생산하는 데는 일차에너지가 연간 1엑사줄(10^{18}줄)이 필요하다. 이는 뉴질랜드와 헝가리의 연간 에너지 총사용량과 엇비슷하다. 자동차 1대의 체화 에너지는 100기가줄에 조금 못 미친다. 2020년에 판매된 7,500만 대의 자동차는 약 7엑사줄의 에너지(이탈리아

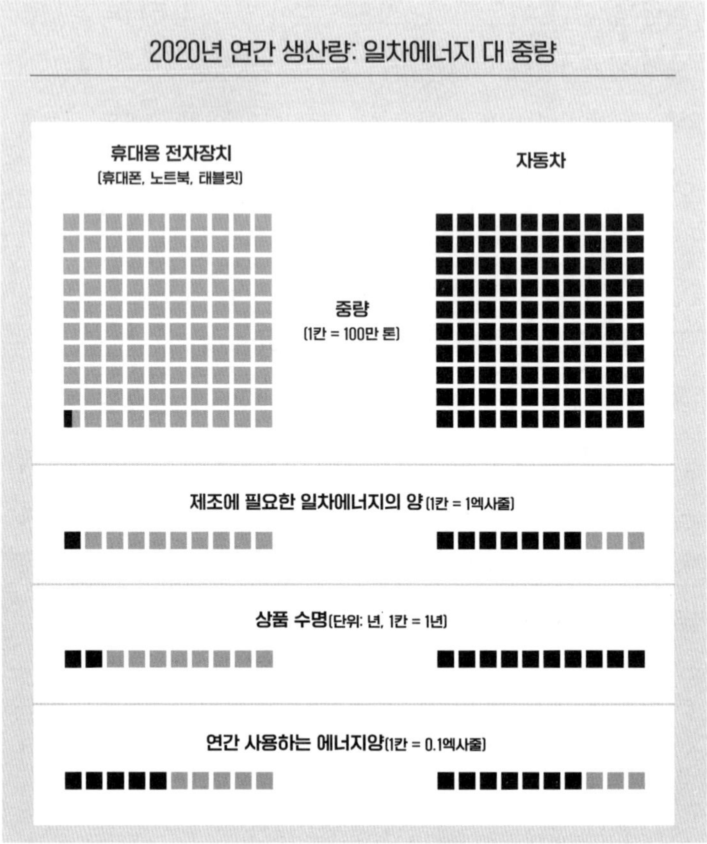

의 연간 에너지 사용량보다 조금 많은 양)를 체화하고, 총중량은 약 1억 톤이다. 따라서 새로 제작된 자동차의 총중량은 휴대용 전자장치의 총중량보다 180배가량 무겁지만, 제작하는 데는 7배의 에너지를 더 사용할 뿐이다.

놀랍겠지만 다른 관점에서 비교하면 그 결과가 훨씬 더 충격적이다. 휴대용 전자장치는 수명이 짧은 편이어서 평균 2년에 불과하다. 따라서 매년 생산하는 휴대 전자장치는 사용되는 동안 연간 약 0.5엑사줄을 체화한다. 한편 승용차는 적어도 10년 동안 지속되는 게 보통이므로, 매년 생산하는 자동차는 사용 기간 동안 연간 0.7엑사줄을 체화한다. 요컨대 에너지 소비량이 휴대용 전자장치보다 40퍼센트 정도 많을 뿐이다! 물론 이러한 계산은 개략적일 수밖에 없다. 하지만 이런 개략적인 계산이 정반대 방향으로 오류를 범하더라도, 다시 말해 자동차 제작에 위의 계산보다 더 많은 에너지가 체화되고 휴대용 전자장치에는 그만큼의 에너지가 필요하지 않더라도, 전체 합계는 놀라울 정도로 비슷하고 그 차이는 2배를 넘지 않을 가능성이 크다. 또한 장래에는 그 합계가 훨씬 더 근접할 것으로 추정한다. 자동차와 휴대용 전자장치의 연간 판매량 증가가 최근 들어 늦추어지긴 했지만, 휴대폰보다는 내연기관의 장래가 더 암울하기 때문이다.

물론 고도로 에너지 집약적인 두 장치를 운영하는 데 필요한 에너지 비용은 무척 다르다. 미국 소형 승용차는 10년의 사용 기간 동안 약 500기가줄의 휘발유를 소비하며, 그 양은 승용차에 체화된 에너지 비용의 5배이다. 스마트폰은 연간 4기가와트시의 전기만을 소비하고, 2년이란 사용 기간 동안에도 에너지 소비량이 30메가줄을 넘지 않는다. 전기를 풍력이나 태양광으로부터 얻는다면 그 양은 스마트폰에 체화된 에너지 비용의 3퍼센트에 불과하다. 석탄을 태워 전기를 얻는다면 그 비율은 8퍼센트로 증가한다.

그러나 네트워크가 없으면 스마트폰은 아무것도 아니다. 네트워크에 전기를 공급하는 비용은 높고 꾸준히 증가하는 추세이다. 향후의 증가율에 대해, 또 혁신적 설계를 이용한 안정화 가능성에 대해서는 예측이 제각각이다. 그러나 그 작은 휴대폰이 에너지 예산과 환경에 상당히 큰 발자국을 남길 것은 분명하다.

68

어느 쪽의 단열 효과가 더 나을까?

Numbers Don't Lie

첫인상은 종종 잘못된 결론으로 이어진다. 나는 언젠가 오타와에 주재하는 한 유럽 대사의 사택에서 따뜻한 환대를 받은 적이 있다. 당시 그 집은 단열을 위한 공벽空壁을 갖춘 북아메리카의 엉성한 목조 주택과 달리 진짜 벽돌과 돌로 지었기 때문에 캐나다의 추운 겨울을 완벽하게 견뎌낼 수 있다는 말을 들었던 걸 지금도 생생히 기억한다. 대사 부부는 그 얘길 하고 서둘러 다른 화제로 넘어갔는데, 그때 그 멋진 사택의 단열 효율을 그 자리에서 폄하할 만한 용기가 나에게는 없었다.

오류를 파악하기는 쉽다. 질량과 밀도는 단열 효과보다 견

고함과 관련된 지표이다. 좁은 나무 기둥으로 틀을 짜고 얇은 합판과 알루미늄 벽널로 바깥쪽을 덮어 안쪽에 약한 석고판을 덧댄 벽보다 벽돌 벽이 더 튼튼하고 추위를 막아줄 것처럼 보이는 것은 분명하다. 게다가 유럽인들은 밖에서 들어오는 바람을 걱정해 벽돌 벽에 구멍조차 내지 않는다.

수십 년 전 원유가 배럴당 2달러에 팔리던 때, 즉 1960년 이전에 북아메리카 주택의 대부분에는 합판과 석고판 사이의 공기층air space 외에 추위를 막을 만한 다른 수단이 없었다. 간혹 공기층은 대팻밥이나 잘게 찢은 종이로 채워졌다. 하지만 놀랍게도 그 하찮아 보이는 수단이 일반 벽돌보다 단열 효과가 뛰어났다.

단열값, 즉 열저항은 R값으로 측정된다. R값은 단열재의 구성과 두께 및 밀도뿐 아니라 외부 기온과 습도에도 영향을 받는다. 1960년에 벽을 구성하는 자재들의 R값은 알루미늄 벽널 0.6, 얇은 합판 0.5, 공기층 0.9, 석고판 0.5였다. 이 모든 것을 합하면 2.5이다. 그러나 일반 벽돌(0.8)은 양쪽에 회반죽을 바르더라도 R값이 1.0을 넘지 못했다. 따라서 북아메리카에 대대적으로 지은 엉성해 보이는 벽의 단열 효과가 회반죽을 바른 유럽의 벽돌담보다 2배나 높았다.

에너지 가격이 오르기 시작하고 한층 합리적인 건축 법규가 북아메리카에서 시행되자, 비닐 막과 섬유 유리솜을 단열재

벽의 단열

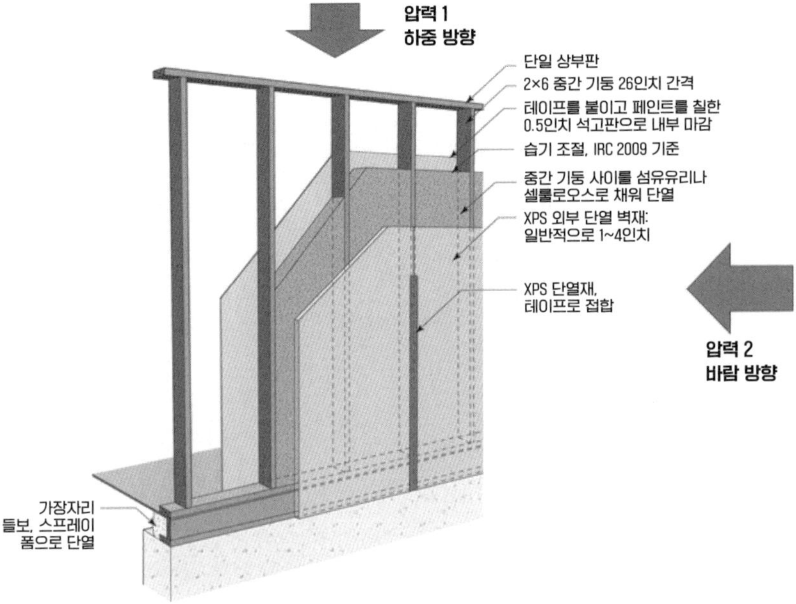

로 사용하는 게 의무가 되었다. 더 정확히는 섬유 유리솜을 넣은 베개처럼 생긴 자재로 목재 틀이나 중간 기둥 사이를 채웠다. 더 널찍한 중간 기둥(2×6)을 사용하거나, 중간 기둥을 이중으로 세우는 동시에 틈새를 단열재로 채움으로써 전체적인 R값을 쉽게 올렸다(북아메리카에서 침엽수재 2×6은 실제로 1.5인치×5.5인치, 즉 38밀리미터×140밀리미터이다). 잘 지은 북아메리카 벽의 경우에는 석고판(0.5), 폴리에틸렌 습기 방지용 절연물(0.8), 섬유 유리솜(20), 섬유판 벽재(1.3), 비닐 투습 방수지(듀폰의 고밀도 타이벡 보온 랩의 R값은 5), 목재로 비스듬히 겹치며 피복하는 방법(0.8) 등이 단열값에 더해진다. 여기에 내부 공기 막의 단열값을 더하면 R값의 합계는 약 29가 된다.

물론 벽돌 벽도 개선되었다. 색벽돌로 지은 오래된 벽의 멋진 외형을 유지하고 싶다면, 내부에서 단열 효과를 높이는 방식을 채택할 수 있다. 예컨대 안쪽 회반죽에 목재 널(그 자체로 단열층을 갖도록 길고 가느다란 나무를 이어붙인 건축자재)을 붙이고, 습기를 차단하기 위한 습기 방지막을 추가한 후 단열 효과를 배가한 석고판까지 덧붙이면 된다. 5센티미터 두께의 단열용 석고판을 사용할 경우 전체 R값을 과거에 비해 3배까지 올릴 수 있다. 그러나 그렇게 하더라도 벽돌 벽의 단열 효율은 2×6 크기의 중간 기둥을 사용한 북아메리카의 목재 벽보다 한 자릿수 정도 떨어질 것이다. R값의 중요성을 아는 사람이라면, 그렇게 큰 차이를 용납하지 않을 것이다.

물론 창문으로 열을 빼앗기지 않아야 벽의 단열 효과도 본래의 잠재력을 발휘할 수 있다.

69

삼중창: 투명한 에너지 해법

Numbers Don't Lie

어떤 문제를 공학이나 과학기술로 해결하려고 시도하지만 어떤 방법도 검증되지 않는다는 게 에너지 정책의 저주이다. 자율 주행 태양광 자동차, 본질적으로 안전한 핵원자로, 유전적으로 강화된 광합성, 이 셋 중 하나를 선택해야 한다면 당신은 무엇을 고르겠는가?

그런데 증명된 방법으로 시작하지 못할 이유는 무엇일까? 거주용 건물과 사무용 건물부터 시작해 에너지 수요를 줄이지 못하는 이유는 또 무엇일까?

미국과 유럽연합에서는 건물이 일차에너지 총소비량의 약

40퍼센트를 차지한다. 교통이 두 번째로, 미국에서는 28퍼센트, 유럽연합에서는 22퍼센트를 차지한다. 그리고 난방과 냉방이 거주용 건물에서 소비하는 에너지양의 절반을 차지한다. 그 때문에 우리가 에너지 수지energy budget를 위해 할 수 있는 최선의 방책은 열을 빼앗기지 않도록 단열 효과를 높이는 것이다.

단열 효과를 가장 기대할 수 있는 곳은 에너지 손실이 가장 많은 창문이다. 창문은 건물을 구성하는 자재 중 열관류율thermal transmittance이 가장 높다. 열관류율은 1제곱미터의 자재를 통과하는 와트watt를 구조물 양쪽의 켈빈kelvin(절대 온도의 단위. 켈빈 1도는 섭씨 1도와 같다—옮긴이) 온도 차로 나눈 값으로 측정한다. 단일창의 열전달계수heat transfer coefficient는 켈빈 온도에 대해 제곱미터당 5.7~6와트이다. 공기는 좋은 열전도체가 아니기 때문에 6밀리미터 간격을 둔 이중창의 열전달계수는 3.3이다. 자외선과 적외선 통과를 최소화하기 위해 유리를 코팅하면 열전달계수가 1.8~2.2로 낮아지고, 유리창 사이를 아르곤으로 채워 열전달을 늦추면 열전달계수가 1.1까지 떨어진다. 삼중창에 이런 조치를 취하면 열전달계수를 0.6~0.7로 떨어뜨릴 수 있다. 아르곤을 크립톤으로 교체하면 열전달계수가 0.5까지 떨어진다.

즉 삼중창은 단일창과 비교하면 에너지 손실을 90퍼센트까지 줄일 수 있다. 에너지를 절약해야 하는 세계에서, 창문 단열처럼 수십억 곳에 적용할 수 있는 해법은 없다. 더구나 이 방

창문 단열

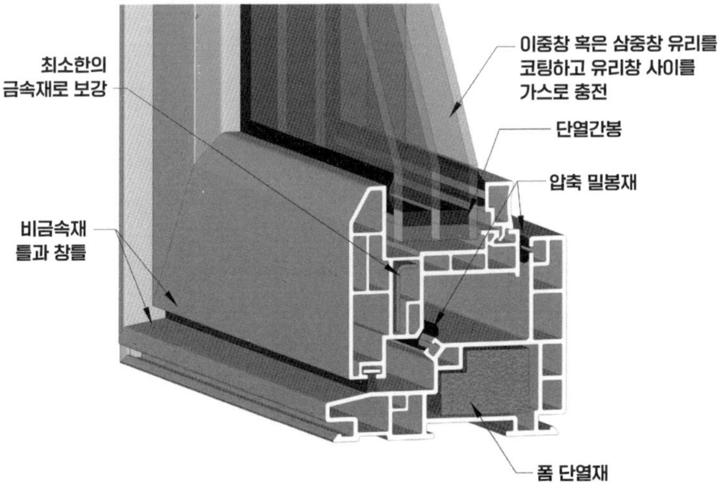

법은 실질적 효과도 대단하다.

이중창이나 삼중창은 안락함까지 더해준다. 1월 캐나다 앨버타주 에드먼턴의 밤사이 최저 온도나 러시아 노보시비르스크의 낮 최고 온도는 섭씨 영하 18도이다. 외부 온도가 이렇게 섭씨 영하 18도이고 실내 온도가 섭씨 21도인 경우, 창문의 실내 쪽 표면 온도는 단일창의 경우 섭씨 1도 안팎이고, 과거의 이중창은 섭씨 11도, 오늘날 최상의 삼중창은 섭씨 18도이다. 이 온도면 누구나 창문 바로 옆에 앉아 지낼 수 있다.

삼중창은 안쪽 유리의 온도가 이슬점보다 높기 때문에 결로 현상을 예방하는 추가적 이점도 있다. 스웨덴과 노르웨이에서는 삼중창이 이미 흔하지만, 캐나다에서는 천연가스의 값이 낮아 2030년 이후에야 삼중창을 의무화할 듯하다. 많은 추운 지역에서 그렇듯 그때까지는 방사율을 낮추기 위해 코팅한 유리를 사용한 이중창을 필수적인 기준으로 삼아야 할 것이다.

추운 국가들은 오랫동안 경험적으로 단열에 대해 많은 것을 터득했다. 냉방장치가 널리 보급되었기 때문에 상대적으로 더운 지역에서도 이제는 단열이 필요하지만, 그런 지역에서는 단열에 대한 지식이 그다지 많지 않다. 특히 중국과 인도의 시골 지역에서는 단일창이 여전히 표준이다. 물론 냉방을 위한 온도 차이는 난방을 위한 위도 차이만큼 크지 않다. 예컨대 캐나다 매니토바주에 있는 내 집의 경우 1월에는 밤사이 평균 최저 온도가 섭씨 영하 25도까지 떨어진다. 따라서 실내와의 온도 차이가 40도를 넘기는 때가 많은데, 그러면 온도 조절 장치가 밤사이에 꺼지기 십상이다. 반면 덥고 습한 지역에서 냉방하는 기간은 캐나다나 스웨덴에서 난방하는 기간보다 훨씬 더 길다.

반론의 여지없이 물리학이 지배하는 냉방과 난방에는 경제학도 큰 영향을 미친다. 삼중창은 이중창보다 15퍼센트밖에 더 비싸지 않지만, 투자한 돈을 회수하는 데 시간이 더 오래 걸리는 것은 분명하다. 또 이중창에서 삼중창 설계로의 전환이 아직 최적화하지 않았다고 주장하는 목소리도 흔히 들린다. 삼중창이 주는 안락함과 결로 현상 예방, 특히 삼중창이 향후 수십 년 동안 에너지 사용을 꾸준히 줄일 것이란 사실을 중요하게 생각하지 않는다면 그 주장이 맞을 수 있다.

삼중창 같은 단순한 단열 방법으로도 에너지를 크게 절약할 수 있는데, 뚜렷한 효과가 없을 수도 있고 효과가 있더라도 오히려 환경에 악영향을 미칠 가능성이 있는 불가사의한 에너지 전환 테크놀로지에 몽상가들이 돈을 쏟아붓고 싶어 하는 이유가 무엇일까? 단순한 단열 방법에 대체 어떤 문제가 있는 것일까?

70

가정 난방의 효율성을 높이려면

Numbers Don't Lie

우리가 작성한 기후 모델이 맞다면, 그리고 전 지구적 온도 상승과 관련한 재앙적 결과를 피하기 위해 지구온난화에 의한 온도 상승을 섭씨 2도(가능하면 1.5도)로 제한해야 한다면, 탄소 배출을 줄이는 데 전례 없이 많은 조치를 취해야만 할 것이다. LED처럼 효율성 높은 상품을 만들어내거나, 전기 자동차처럼 완전히 새로운 에너지 전환 방식을 도입하는 기술에 관심을 기울이는 것이 일반적인 현상이다. 원칙적으로는 에너지 보존이 더 유용한 해법이지만, 안타깝게도 앞에서 다룬 삼중창 외에는 상대적으로 추운 지역에서 오래전부터 에너지를 가장 많이 잡아먹어온 가정 난방에 대해 에너지 보존을 확대해 적용할 방법이 거의 없다.

약 12억 명의 가정에 난방이 필요하다. 그중 약 4억 명은 유럽연합·우크라이나·러시아에 살고, 또 다른 4억 명은 미국 남부와 남서부를 제외한 북아메리카에 거주하고 있다. 중국 북부와 북동부 그리고 서부 지역에서 살아가는 4억 명도 여기에 속한다. 그런데 어느 쪽으로 눈을 돌려도, 현재 적용할 수 있는 최고 난방 기법은 이미 더할 나위 없이 효율적이다.

효율적인 난방 시스템이 확산한 속도는 놀라울 정도이다. 1950년대, 체코와 독일 국경에서 살던 우리 가족은 묵직한 주철 난로에 나무를 태워 집 안을 난방했다. 이런 난방법의 효율은 35퍼센트를 넘지 않는다. 열의 나머지가 연통을 타고 빠져나가기 때문이다. 내가 프라하에서 공부한 1960년대 초, 그곳은 저급한 갈탄을 난방재로 사용했다. 내가 난방장치로 사용한 난로의 효율성은 45~50퍼센트였다. 1960년대 말, 우리 가족은 펜실베이니아 교외에 있는 주택의 2층에서 살았다. 그곳에 설치한 오래된 보일러는 석유를 난방유로 사용했고, 효율성은 약 55~60퍼센트였다. 1973년 우리가 캐나다에서 처음 구입한 집은 천연가스 보일러를 난방장치로 사용했고, 효율성은 65퍼센트였다. 17년 후 새로 구입한 주택은 단열이 잘됐지만, 나는 94퍼센트의 효율성을 지닌 보일러까지 설치했다. 최근에는

97퍼센트의 효율성을 지닌 최신형 보일러로 교체했다.

나만이 연료와 효율성을 고려해 난방장치를 연이어 바꾼 것은 아니다. 북반구에 거주하는 수억 명이 똑같이 그렇게 했다. 북아메리카의 값싼 천연가스 덕분에, 또 북아메리카보다 비싸지만 네덜란드 흐로닝언과 북해 그리고 러시아에서 쉽게 구할 수 있는 천연가스 덕분에, 북부 기후권의 주민들은 나무와 석탄, 난방유 대신 화석연료 중 가장 깨끗하다는 천연가스에 의존하게 되었다. 캐나다에서는 중간 효율(78~84퍼센트) 보일러의 생산을 2009년 중단하고, 모든 신축 주택에 고효율(최소 90퍼센트) 보일러 설치를 의무화했다. 머지않아 동일한 조치를 서구의 다른 지역에서도 취할 것이다. 중국에서는 이제야 난방장치가 석탄에서 천연가스로 옮겨가고 있다.

장래의 효율성 개선은 다른 부문에서도 시도해야 한다. 주택에서 외부와 마주한 부분, 특히 창문의 단열 효율을 배가하는 게 상대적으로 많은 비용이 들더라도 첫걸음이 되어야 마땅하다. 이제는 온도가 높은 물체에서 낮은 물체로 열을 효율적으로 이동시키는 장치, 즉 열교환기를 이용해 열을 전달하는 공기열 히트 펌프air source heat pump를 많은 곳에서 사용하고 있다. 하지만 온도가 빙점 이하로 떨어지면 효율성도 떨어지기 때문에 추운 지역에서는 겨울철에 대체품이 필요하다. 태양열 난방도 가능하지만 정작 난방이 가장 필요한 지역과 가장 필요할

가정용 천연가스 보일러의 내부

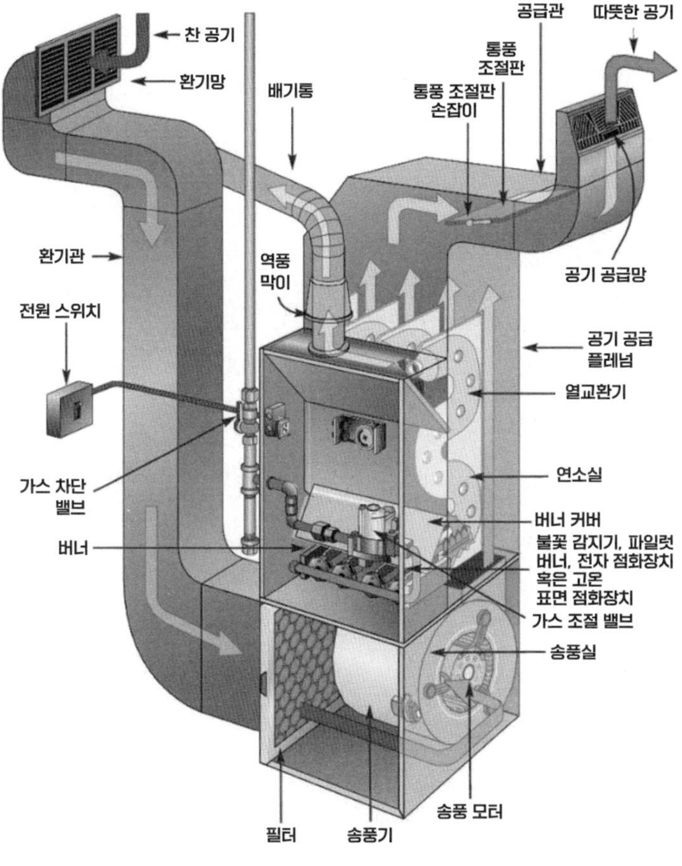

때에는 그다지 효율적이지 않다. 구체적으로 말해 무척 추운 기후권에서 추운 데다 흐린 날씨가 계속되는 동안, 혹은 눈보

라가 몰아치는 동안 태양광 전지판이 눈에 뒤덮여 무용지물이 될 것이기 때문이다.

지구온난화를 억제해야 한다는 장기적인 필요성이 결국 현재는 생각조차 할 수 없는 조치로도 이어질까? 이쯤에서 나는 경제적으로 지극히 합리적인 방향을 제시하고 싶다. 난방에 의한 탄소 부담을 지속해서 줄이는 가장 효과적인 방법은 주택의 규모에 제한을 두는 것이다. 마음만 먹으면 우리는 북아메리카의 맥맨션McMansion, 즉 널찍한 부지에 대량으로 크고 화려하게 지은 주택을 처분할 수 있다. 또 열대 지역의 유사한 호화 주택에서는 반대 방향으로 에너지를 절약할 수 있다. 다시 말해 냉방에 헛되이 낭비하는 에너지를 절약할 수 있다. 하지만 누가 그렇게 하겠는가?

71

탄소와의 전쟁

Numbers Don't Lie

1896년 스웨덴의 스반테 아레니우스Svante Arrhenius(1859~1927)는 인간 활동이 배출한 이산화탄소가 세계 온도에 미치는 영향을 계량화한 최초의 과학자가 되었다. 그는 자신의 시대보다 이산화탄소의 대기 수준이 2배로 증가하면 중위도의 평균온도가 섭씨 5~6도쯤 상승할 것이라고 계산했다. 이 계산은 20만 행line 이상의 명령을 시행한 컴퓨터 모델로 얻은 최근의 결과와 크게 다르지 않다.

1992년 유엔은 제1차 기후변화 기본 협약을 맺었고, 그 이후 일련의 회의 및 기후와 관련한 조약이 뒤따랐다. 그럼에도 불구하고 이산화탄소의 세계 배출량은 계속 증가했다.

19세기 초, 영국이 유일한 주요 석탄 생산국일 때 화석연료의 연소에 의한 세계 탄소 배출량은 연간 1,000만 톤 이하로 미미한 수준이었다(이산화탄소 배출량으로 표현하려면 3.66을 곱하면 된다). 19세기에는 탄소 배출량이 5억 톤을 넘어섰고, 1950년에는 15억 톤까지 치솟았다. 전후 유럽과 북아메리카·소련·일본이 경제성장을 이루었고, 1980년 이후에는 중국까지 경제 발전을 시도하며 2000년에는 탄소 배출량이 4배로 급증해 약 70억 톤에 달했다. 1800년부터 2000년까지 200년 동안, 화석연료가 대기에 내뿜은 탄소량은 650배 증가했지만, 같은 기간에 인구는 고작 6배 증가했을 뿐이다!

21세기 들어서는 의미 있는 변화가 있었다. 2017년 탄소 배출량이 경제성장의 둔화와 인구의 노령화로 유럽연합에서 15퍼센트가량 줄었고, 미국에서도 석탄보다 천연가스의 사용량이 크게 증가한 덕분에 탄소 배출량이 줄었다. 하지만 중국의 탄소 배출이 10억 톤에서 30억 톤으로 크게 증가하며 이런 감소를 무색하게 만들었다. 중국은 세계 총배출량을 거의 45퍼센트까지 끌어올려 세계 총배출량이 101억 톤에 달했다.

먼 옛날에 화석화한 탄소를 어마어마하게 태우며 인간은 300만 년 동안 경험하지 못한 수준으로 이산화탄소 농도를 끌어올렸다. 남극과 그린란드를 뒤덮은 빙하에 깊은 구멍을 뚫고

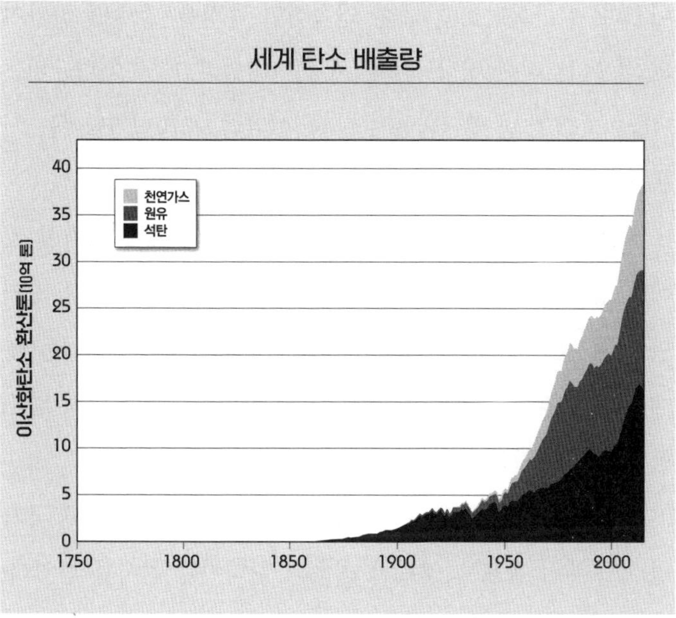

가느다란 얼음관을 파내면 그 안에 작은 거품이 있다(물론 더 깊이 파면 더 오래된 얼음을 얻을 수 있다). 그 작은 거품에 갇힌 공기를 분석함으로써 우리는 80만 년 전까지 거슬러 올라가 이산화탄소 농도의 역사를 재구성할 수 있다. 그때는 대기의 이산화탄소 농도가 180~280ppm, 달리 말해 0.018퍼센트와 0.028퍼센트 사이를 오르내렸다. 지난 1,000년 동안에도 이산화탄소 농도는 상당히 안정적이었다. 구체적으로 말하면, 1600년대 초에는 275ppm이었고, 19세기가 끝나기 전까지도 약 285ppm

이었다. 이산화탄소에 대한 연속적인 측정은 1958년 하와이의 마우나로아산 정상 근처에서 시작되었다. 1959년 평균치는 316ppm, 2015년 평균치는 400ppm이었다. 2019년 5월에는 처음으로 415ppm에 이르렀다.

부유한 국가들에서는 앞으로도 배출량이 계속 하락할 것이다. 중국에서 급증하던 속도도 최근 둔화하기 시작했다. 하지만 현재 인도와 아프리카에서 급속도로 배출량이 증가하는 추세이다. 따라서 가까운 시일 내에 세계 배출량이 상당히 감소할 가능성은 거의 없는 듯하다.

2015년의 파리 협약은 미래의 배출을 감축하기 위해 국가별로 구체적 목표를 약속한 최초의 협약이란 찬사를 받았다. 그러나 실제로는 소수의 국가만이 구체적으로 약속했고, 그 약속을 반드시 지키도록 강제하는 장치도 없다. 각 국가가 제시한 목표를 2030년까지 달성하더라도 탄소 배출량은 2017년 수준에서 거의 50퍼센트까지 증가할 것이다. 기후변화에 관한 정부 간 협의체Intergovernmental Panel on Climate Change가 제출한 2018년 연구에 따르면, 세계 평균온도 상승을 섭씨 1.5도가 넘지 않도록 억제하는 유일한 방법은 탄소 배출량을 거의 즉각적으로 급격히 감축함으로써 2050년에는 배출량을 0까지 떨어뜨리는 것이었다.

그런 감축이 불가능하지는 않지만, 성취할 가능성은 거

의 없다. 이 목표를 달성하려면 인류 역사에서 전례 없는 규모와 속도로 세계경제에 근본적인 변화가 필요하다. 그러나 경제와 사회가 현재의 틀에서 벗어나지 않으면 그런 변화를 이루어내는 게 불가능할 것이다. 무엇보다 어려운 과제는 화석연료의 연소에 의존하지 않고 수십억 인구를 가난에서 끌어내는 것이다. 부유한 세계는 높은 생활수준을 누리기 위해 수천억 톤의 화석연료를 예부터 사용해왔다. 하지만 내가 현대 문명의 네 기둥이라 칭하는 것, 즉 암모니아, 강철, 시멘트, 플라스틱은 앞으로 수십 년 내에 아프리카와 아시아에서도 필요하게 될 것이다. 그리고 이들을 생산하는 데 들어가는 에너지를 공급하기 위해 신속히 대량으로 사용할 수 있는 비非탄소계 대체물은 현재로서는 없다. 지구온난화에 대한 우려는 끊임없이 대외적으로 표명되지만, 안타깝게도 탄소는 항상 새로운 기록을 세우며 지속적으로 배출되고 있다. 단기적으로 탄소 배출량을 줄일 만한 뚜렷한 가능성은 없다.

에필로그

숫자는 거짓말하지 않는다. 그렇다면 숫자에는 어떤 진실이 담겨 있을까? 이 책에서 나는 우리가 때로는 깊고 넓게 봐야 한다는 걸 입증하려고 애썼다. 숫자가 상당히 신뢰할 만하고 나무랄 데 없이 정확하더라도 더 넓은 맥락에서 살펴봐야 할 필요가 있다. 절대 가치를 정확한 근거 아래 평가하려면 때로는 상대적이고 비교적인 관점에서 접근해야 한다.

미세한 차이에 근거한 경직된 순위는 올바른 정보를 전달하지 못하고, 자칫하면 오해를 불러일으킨다. 어림수와 근사치가 부적절하고 불필요할 정도로 정밀한 것보다는 낫다. 의심하고 경계하며 끊임없이 의문을 제기하는 것은 당연한 일이다. 그러나 현대 세계의 복잡한 현상을 계량화하려는 고집스러운 시도도 당연한 것이다. 우리가 무질서한 듯한 많은 현상을 이해하려 한다면, 또 최적의 정보에 근거해 결정을 내리려 한다면, 숫자 추적을 대신할 만한 방법은 없다.

감사의 글

오래전부터 나는 학문의 경계를 넘나드는 책을 꾸준히 발표해 왔다. 따라서 뉴스거리가 될 만한 주제에 대한 개인적 견해를 밝히고, 보편화한 잘못된 생각을 바로잡는 동시에 현대 세계의 매혹적인 면을 소개하는 기회를 정기적으로 가질 수 있다면 흥미로운 도전이 되겠다고 생각했다. 하지만 그런 작업을 보람 있게 하려면 출판사의 제안이 모든 면에서 나에게 유리한 조건을 충족해야 했기 때문에 그런 일을 맡을 가능성은 상당히 낮다고도 생각했었다.

글을 기고하는 간격이 지나치게 짧아서도 안 되었고, 지나치게 길어서도 안 되었다. 예컨대 매주 글을 기고하면 정기적인 따분한 일이 되므로 바람직하지 않았다. 분량이 너무 많아서도 안 되지만, 수박 겉 핥기로 글이 끝나지 않을 정도는 되어야 했다. 또 정확하고 올바르게 검증받고 싶은 욕심 때문에 글의 수준이 지나치게 전문적이지 않되 지나치게 피상적이지도 않아야 했다. 게다가 주제 선택에 제한이 없어야 했다. 나는 모호한 문제나 극도로 전문적인 주제에 대해 글을 쓰고 싶은 생각은 전혀 없었지만 광범위한 내용을 다루고 싶었다. 다루는 주제의 수에도 여유를 두고 싶었다. 너무 많지는 않지만 내 논거가 합리적이라는 걸 입증하기에는 충분해야 했다. 특히 후자가 나에게 무엇보다 중요했다. 정량적quantitative으로 명확히 해석해야 할 중요한 문제를 오히려 정성적qualitative으로 다룸으로써 복잡한 현실을 제대로 해석하지 못했다고, 내가 수십 년 전부터 줄기차게 주장해왔기 때문이다.

뜻밖에 그 꿈이 이루어졌다. 2014년 나는 뉴욕에 본사를 둔 전기전자기술자협회Institute of Electrical and Electronics Engineers, IEEE에서 발간하는 잡지 〈IEEE 스펙트럼〉으로부터 매달 한 편의 칼럼을 써달라는 요청을 받았다. 〈IEEE 스펙트럼〉의 편집차장 필립 로스가 나를 기고자로 제안했고, 수전 해슬러 편집장이 그 제안에 흔쾌히 동의했다. 〈IEEE 스펙트럼〉은 공학과 응용 과학을 전공하는 세계 최대 전문가 조직의 상징적 잡지이자 웹

사이트로, 그 조직의 회원은 적정한 가격에 안정적으로 공급되는 전기 및 새로운 전자장치와 컴퓨터적 해법에 의존하는 현대 세계를 바꿔가는 전문가들이다.

2014년 10월 필립에게 보낸 이메일에서, 나는 첫해에 다루고 싶은 주제를 대략적으로 정리해보았다. 지나치게 무거운 자동차부터 삼중창까지, 무어의 저주부터 인류세까지 무척 다양한 주제였지만, 그렇게 처음 제시한 거의 모든 주제가 마침내 2015년 1월부터 나날이 무거워지는 자동차를 다룬 칼럼을 필두로 〈IEEE 스펙트럼〉에 차례로 실렸다. 〈IEEE 스펙트럼〉은 내 칼럼의 완벽한 고향이었다. 40만 명 넘는 IEEE 회원은 고등교육을 받은 비판적인 독자였던 까닭에 나는 주제를 자유롭게 선택할 수 있는 완전한 권리를 인정받았다. 필립은 모범 편집자의 전형이어서 사실 확인을 하는 데 조금도 타협하지 않았다.

글이 한두 편씩 쌓여감에 따라 나는 그것들을 하나로 모으면 흥미롭겠다고 느꼈지만, 책의 형태로 제작할 가능성까지 생각하지는 않았다. 내가 필립에게 첫해에 다루려는 대략적인 주제 목록을 보내고 거의 5년이 지난 2019년 10월 말, 뜻밖의 이메일을 받았다. 이번에는 런던 바이킹 출판사(펭귄 랜덤 하우스)의 대니얼 크루가 보낸 것으로, 그는 나에게 내 칼럼들을 책으로 편찬할 생각이 있느냐고 물었다. 그 후로는 모든 것이 신속하게 진행되었다. 대니얼은 수전에게 저작권 사용 허락을 받았고, 대니얼과 나는 전문적인 성격을 띤 몇몇 칼럼을 제외하고 60여 편의 글을 골랐다. 그리고 일곱 가지 주제의 균형을 맞추기 위해 12편을 새로 썼다. 코너 브라운이 책임 편집자로 나를 도와주었고, 우리는 글의 내용에 들어맞는 그래프와 사진을 찾아 끼워 넣었다.

필립과 수전 및 〈IEEE 스펙트럼〉의 독자에게 감사의 뜻을 전하고 싶다. 그들은 나에게 개인적 관심사에 대한 글을 마음껏 쓸 수 있는 기회를 주었고, 지원도 아끼지 않았다. 물론 계량적 분석에 새로운 생명을 부여할 기회를 준 대니얼과 코너에게도 고마움을 전한다.

이 책에 실린 대다수 도해는 개인적으로 소장한 것이지만, 그 밖의 것에 대한 출처를 밝히면 다음과 같다. 141쪽 '경이로운 1880년대'의 출처는 © Erik Vrielink, 151쪽 '지멘스가 중국에 설치한 세계에서 가장 큰 변압기'의 출처는 © Siemens, 206쪽 '풍력용 터빈의 높이와 회전날개의 직경'의 출처는 © Chao (Chris) Qin, 212쪽 '모로코 와르자자트 누르 발전소를 공중에서 본 모습. 510메가와트로 세계에서 가장 큰 집광형 태양광발전 시설이다'의 출처는 © Fadel Senna via Getty, 225쪽 '야라 비르켈란호의 모형'의 출처는 © Kongsberg, 314쪽 '새로운 경매 기록을 세운 참다랑어'의 출처는 © Reuters, Kim KyungHoon, 356쪽 '아프리카코끼리가 지금도 살아가는 곳'의 출처는 © Vulcan Inc., 362쪽 '지질시대와 인류세'의 출처는 © Erik Vrielink이다.

출처가 모호한 자료의 경우에는 저작권자를 추적하려는 합리적 노력이 있었다. 출판사는 이런 자료들의 저작권자를 명확히 밝혀줄 만한 정보를 환영하며, 중쇄에서 바로잡기 위해 노력할 것이다.

이 책에 재수록한 글의 원래 제목을 소개하면 다음과 같다.

3. 최고의 투자 수익: 백신 접종
   백신 접종: 최고의 투자 수익(2017)
6. 기대 수명이 마침내 정점에 이른 것일까?
   기대 수명이 마침내 정점에 이른 것일까?(2019)
7. 땀과 사냥의 관계
   달리기의 에너지 균형(2016)
8. 대피라미드를 짓는 데 얼마나 많은 사람을 동원했을까?
   대피라미드 건설(2020)
9. 실업률 수치가 모든 것을 말해주지 못하는 이유
   실업: 숫자 하나를 골라라(2017)
12. 제1차 세계대전이 낳은 비극
   1918년 11월: 제1차 세계대전이 끝난 때(2018)

13. 미국은 정말 예외적인 국가인가?

미국의 예외주의(2015)

14. 왜 유럽은 현재 상태에 만족해야 하는가?

1958년 1월: 유럽경제공동체(2018)

16. 일본의 미래

새로운 일본(2017)

17. 중국은 어디까지 갈 수 있을까?

중국이 새로운 세계 1위? 그렇지 않다(2016)

18. 인도 대 중국

세계 1위, 인도(2017)

19. 왜 제조업이 여전히 중요할까?

제조업의 힘(2016)

20. 러시아와 미국: 결코 변하지 않는 것들

스푸트니크 1호(2017)

22. 어떻게 1880년대는 현대 세계를 만들었을까?

경이로운 1880년대(2015)

23. 어떻게 전동기는 현대 문명의 동력원이 되었을까?

1888년 5월: 전동기 특허를 제출한 테슬라(2018)

24. 변압기: 찬양받지 못하는 조용하고 수동적인 장치

변압기: 찬양받지 못하는 테크놀로지(2017)

25. 왜 아직은 디젤엔진을 폐기할 때가 아닌가?

디젤엔진(2017)

26. 움직이는 모습을 포착하라: 말부터 전자까지

1878년 6월: 마이브리지의 뛰는 말(2019)

27. 축음기부터 스트리밍까지

1878년 2월: 최초의 축음기(2018)

28. 집적회로의 발명

1958년 7월: 집적회로를 구상한 킬비(2018)

29. 무어의 저주: 왜 기술의 진보는 우리 생각보다 오래 걸리는가?

무어의 저주(2015)

30. 지나치게 많은 정보가 지나치게 빨리 증가한다

데이터 세계: 요타를 향한 질주(2019)

31. 혁신에 대한 현실적인 생각

혁신이 실패하는 때(2015)

32. 왜 가스터빈이 최고의 선택인가?

초효율적인 가스터빈(2019)

33. 핵발전: 실현되지 않은 약속

핵발전: 성공한 실패(2016)

34. 바람에서 전기를 얻는 데 화석연료가 필요한 이유는 무엇일까?

풍력용 터빈을 볼 때마다 내가 생각하는 것(2016)

35. 풍력용 터빈은 어느 정도까지 커질 수 있을까?

풍력용 터빈: 어느 정도까지 커질까?(2019)

36. 태양광발전의 느린 부상

1958년 3월: 지구 궤도에 쏘아진 최초의 태양광발전(2018)

37. 왜 햇빛이 아직은 최고인가?

발광 효율(2019)

38. 왜 더 큰 배터리가 필요한가?

전기 저장: 크기가 중요하다(2016)

39. 왜 전기 컨테이너선은 아직 요원한가?

전기 컨테이너선은 아직 요원하다(2019)

40. 전기의 실질 비용

전기 가격: 변하는 합의(2020)

42. 한층 짧아진 대서양 횡단 여행

1838년 4월: 대서양 횡단(2018)

43. 엔진이 자전거보다 먼저 발명되었다!

뒤늦게 발명된 자전거(2017)

44. 공기 주입식 타이어의 놀라운 이야기

1888년 12월: 공기 주입식 타이어의 특허를 신청한 던롭(2018)

45. 자동차 시대는 언제 시작되었는가?

1908년 8월: 디트로이트에서 탄생한 포드 모델 T(2018)

46. 현대 자동차의 섬뜩한 '유상하중비'

자동차는 너무 무겁다(2014)

47. 전기 자동차가 적어도 아직은 우리 생각만큼 대단하지 않은 이유

전기 자동차: 서두르지 말자(2017)

48. 제트 시대는 언제 시작되었는가?

1958년 8월: 파리로 비행한 첫 보잉 707(2018)

49. 왜 등유가 왕인가?

비행에서 등유가 없다면(2016)

51. 비행기, 기차, 자동차 중 에너지 효율이 더 좋은 것은?

여행 수단에서 에너지 집약도(2019)

54. 용납할 수 없는 규모의 음식물 쓰레기

음식물 쓰레기(2016)

55. 지중해식 식사법이여, 이제는 안녕!

지중해식 식사법에게 작별 인사를(2016)

56. 멸종 위기를 맞은 참다랑어

참다랑어: 서두르고 있지만 충분히 빠르지는 않다(2017)

57. 왜 닭이 대세인가?

왜 닭이 대세인가?(2020)

58. 포도주 소비량을 줄여가는 프랑스

포도주 소비량을 줄여가는 프랑스(2020)

62. 동물 대 인공물: 어느 쪽이 더 다양할까?

동물 대 인공물: 어느 쪽이 더 다양할까?(2019)

63. 소를 위한 행성

소를 위한 행성(2017)

64. 코끼리의 죽음

코끼리의 죽음(2015)

65. 왜 인류세라는 명칭이 시기상조일 수 있는가?

지금을 인류세라 칭하기에는 지나치게 빠르다(2015)

66. 콘크리트의 역사와 미래

콘크리트의 역사와 미래(2020)

67. 자동차와 휴대폰 중 어느 것이 환경에 더 나쁠까?

체화 에너지: 휴대폰과 자동차(2016)

68. 어느 쪽의 단열 효과가 더 나을까?

벽돌과 속솜(2019)

69. 삼중창: 투명한 에너지 해법

미래를 위한 에너지 해법: 삼중창(2015)

70. 가정 난방의 효율성을 높이려면

가정 난방: 연소 효율(2016)

71. 탄소와의 전쟁

탄소의 세기(2019)

옮긴이의 글

깊고 넓게 생각하기

이 책을 번역하는 동안, 두 건의 흥미로운 기사가 눈에 들어왔다. 하나는 "온실가스와 미세 먼지 동시 감축을 위한 정책 수단을 강화하겠다"며, 그 수단으로 화력발전소를 폐쇄하고 태양광과 풍력 설비를 확대하겠다는 기사였다(한겨레신문). 다른 하나는 원자력 전문가들을 중심으로 현 정부가 추진하는 탈원전 정책의 폐기를 촉구하는 1인 시위가 전국에서 진행되고 있다는 기사였다(조선일보). 두 건 모두 이 책의 내용과 관련이 있으니 적어도 저자의 관점에서 우리가 '반드시 알아야 할 것'에 속한다.

저자는 학문의 경계를 넘나들며 에너지, 환경, 식량, 인구,

경제 및 공공 정책에 대한 글을 꾸준히 발표한 학자답게 '깊고 넓게 생각하는 표본'을 이 책에서 보여주며, 자신의 주장을 숫자로 뒷받침한다. 저자가 제시하는 깊고 넓게 생각하는 방법에 따르면, 태양광과 풍력은 '간헐적 에너지원'이다. 달리 말하면 안정적이지 않은 에너지원이므로, 만약의 경우를 대비한 에너지원이 필요하고, 그 빈틈을 신속히 메워주는 에너지원은 현재로서는 화석연료밖에 없다고 말한다. 게다가 흔히 '풍차'로 알려진 풍력용 터빈을 세우기 위해 태워야 하는 화석연료량까지 계산해 보이며, 풍력의 효율성에 의문을 제기한다. 물론 핵발전에 대해서도 한 꼭지를 할애했다. 탄소 배출 감축을 위해서는 핵발전과 관련한 솔직하면서도 단호한 결정이 필요하다고 촉구하며, 검증이 덜 된 영화를 보고 정책을 결정하는 좁고 얇은 생각을 경계한다.

어떤 책에든 배울 것이 있다. 대신 그 배울 것을 분명하게 제시하지 않는 경우도 많아, 이를 찾아내고 체득하는 것은 독자의 몫이다. 저자가 에필로그에서 지나가듯 언급한 '깊고 넓게 생각하는 방법'이 이 책에 구체적으로 쓰여 있는 것은 아니다. 하지만 저자가 선택한 71가지 주제에 대해 이야기를 끌어가는 방법에서 그것을 충분히 짐작할 수 있다.

생각이 곧장 결정으로 이어져서는 안 된다. 어떤 생각이든 힘을 얻으려면 객관적으로 검증해야 한다. 그런 객관성을 띠는 강력한 수단 중 하나가 숫자이고 통계자료이다. 때로는 수학적 계산을 해낼 수 있어야 하고, 통계자료를 왜곡하지 않고 읽어내는 지식이 필요하다. 그런 지식을 갖출 때 비로소 우리는 사회적 책임을 다하는 시민이 될 수 있을 것이다.

이 책에서는 모두 일곱 가지 분야를 다룬다. 각 꼭지가 특별한 관련성이 없어 순서대로 읽을 필요는 없다. 흥미로운 꼭지를 먼저 선택해 읽더라도 저자가 세상에 무엇을 말하려고 하는지 충분히 짐작할 수 있을 것이다.

충주에서
강주헌

참고 문헌

1부 사람 – 우리 세계에 살고 있는 사람들

1 | 자식을 적게 낳으면 어떤 일이 벌어질까?

Bulatao, R.A. and J.B. Casterline, eds. *Global Fertility Transition.* New York: Population Council, 2001.

United Nations. *World Population Prospects.* New York: United Nations, 2019. https://population.un.org/wpp/.

2 | 삶의 질을 나타내는 최고의 지표는? 유아 사망률을 살펴보라

Bideau, A., B. Desjardins, and H.P. Brignoli, eds. *Infant and Child Mortality in the Past.* Oxford: Clarendon Press, 1992.

Galley, C., et al., eds. *Infant Mortality: A Continuing Social Problem.* London: Routledge, 2017.

3 | 최고의 투자 수익: 백신 접종

Gates, Bill and Melinda. "Warren Buffett's Best Investment." *Gates Notes* (blog), February 14, 2017. https://www.gatesnotes.com/2017-Annual-Letter?WT.mc_id=02_14_2017_02_AL2017GFO_GF-GFO_&WT.tsrc=GFGFO.

Ozawa, S., et al. "Modeling the economic burden of adult vaccinepreventable diseases in the United States." *Health Affairs* 35, no. 11 (2016): 2124-32.

4 | 팬데믹이 유행할 때 얼마나 고약한 전염병인지 예측하기 어려운 이유

NHCPRC(National Health Commission of the People's Republic of China). "March 29: Daily briefing on novel coronavirus cases in China." March 29, 2020. http://en.nhc.gov.cn/2020-03/29/c_78447.htm.

Wong, J.Y., et al. "Case fatality risk of influenza A(H1N1pdm09): A systematic review." *Epidemiology* 24, no. 6 (2013). https://doi.org/10.1097/EDE.0b013e3182a67448.

5 | 평균 신장이 점점 커진다

Floud, R. et al. *The Changing Body*. Cambridge: Cambridge University Press, 2011.

Koletzko, B., et al., eds. *Nutrition and Growth: Yearbook 2018*. Basel: Karger, 2018.

6 | 기대 수명이 마침내 정점에 이른 것일까?

Riley, J.C. *Rising Life Expectancy: A Global History*. Cambridge: Cambridge University Press, 2001.

Robert, L., et al. "Rapid increase in human life expectancy: Will it soon be limited by the aging of elastin?" *Biogerontology* 9, no. 2 (April 2008): 119-33.

7 | 땀과 사냥의 관계

Jablonski, N.G. "The naked truth." *Scientific American Special Editions* 22, IS (December 2012). https://doi.org/10.1038/scientificamericanhuman1112-22.

Taylor, N.A.S., and C.A. Machado-Moreira. "Regional variations in transepidermal water loss, eccrine sweat gland density, sweat secretion rates and electrolyte composition in resting and exercising humans." *Extreme Physiology and Medicine* 2, no. 4 (2013). https://doi.org/10.1186/2046-7648-2-4.

8 | 대피라미드를 짓는 데 얼마나 많은 사람을 동원했을까?

Lehner, M. *The Complete Pyramids: Solving the Ancient Mysteries*. London: Thames and Hudson, 1997.

Mendelssohn, K. *The Riddle of the Pyramids*. London: Thames and Hudson, 1974.

9 | 실업률 수치가 모든 것을 말해주지 못하는 이유

Knight, K.G. *Unemployment: An Economic Analysis*. London: Routledge, 2018.

Summers, L.H., ed. *Understanding Unemployment*. Cambridge, MA: MIT Press, 1990.

10 | 우리는 무엇으로 행복한가?

Heliwell, J.F., R. Layard, and J.D. Sachs, eds. *World Happiness Report 2019*. New York: Sustainable Development Solutions Network, 2019. https://s3.amazonaws.com/happiness-report/2019/WHR19.pdf

Layard, R. *Happiness: Lessons from a New Science*. London: Penguin Books, 2005.

11 | 메가시티의 등장

Canton, J. 2011. "The extreme future of megacities." *Significance* 8, no. 2 (June 2011): 53-6. https://doi.org/10.1111/j.1740-9713.2011.00485.x.

Munich Re. *Megacities— Megarisks: Trends and challenges for insurance and risk management*. Munich: MünchenerRück versicherungs-Gesellschaft, 2004. http://www.preventionweb.net/files/646_10363.pdf.

2부 국가 - 세계화 시대의 국가

12 | 제1차 세계대전이 낳은 비극

Bishop, C., ed. *The Illustrated Encyclopedia of Weapons of World War I*. New York: Sterling Publishing, 2014.

Stoltzenberg, D. *Fritz Haber: Chemist, Nobel Laureate, German, Jew*. Philadelphia, PA: Chemical Heritage Foundation, 2004.

13 | 미국은 정말 예외적인 국가인가?

Gilligan, T.W., ed. *American Exceptionalism in a New Era: Rebuilding the Foundation of Freedom and Prosperity*. Stanford, CA: Hoover Institution Press, 2018.

Hodgson, G. *The Myth of American Exceptionalism*. New Haven, CT: Yale University Press, 2009.

14 | 왜 유럽은 현재 상태에 만족해야 하는가?

Bootle, R. *The Trouble with Europe: Why the EU Isn't Working, How It Can Be Reformed, What Could Take Its Place*. Boston, MA: Nicholas Brealey, 2016.

Leonard, D., and M. Leonard, eds. *The Pro-European Reader*. London: Palgrave/Foreign Policy Centre, 2002.

15 | 브렉시트: 가장 중요한 것은 바뀌지 않을 것이다

Clarke, H.D., M. Goodwin, and P. Whiteley. *Brexit: Why Britain Voted to Leave the European Union*. Cambridge: Cambridge University Press, 2017.

Merritt, G. *Slippery Slope: Brexit and Europe's Troubled Future*. Oxford: Oxford University Press, 2017.

16 | 일본의 미래

Cannon, M.E., M. Kudlyak, and M. Reed. "Aging and the economy: The Japanese experience." *Regional Economist* (October 2015). https://www.stlouisfed.org/publications/regional-economist/october-2015/aging-and-the-economy-the-japanese-experience.

Glosserman, B. *Peak Japan: The End of Great Ambitions*. Washington, DC: Georgetown University Press, 2019.

17 | 중국은 어디까지 갈 수 있을까?

Dotsey, M., W. Li, and F. Yang. "Demographic aging, industrial policy, and Chinese economic growth." Federal Reserve Bank of Philadelphia. *Working Papers* (2019): 19-21. https://doi.org/10.21799/frbp.wp.2019.21.

Paulson Jr., H.M. *Dealing with China: An Insider Unmasks the New Economic Superpower*. New York: Twelve, 2016.

18 | 인도 대 중국

Drèze, J., and A. Sen. *An Uncertain Glory: India and Its Contradictions*. Princeton, NJ: Princeton University Press, 2015.

NITI Aayog. *Strategy for New India @ 75*. November 2018. https://niti.gov.in/writereaddata/files/Strategy_for_New_India.pdf.

19 | 왜 제조업이 여전히 중요할까?

Haraguchi, N., C.F.C. Cheng, and E. Smeets. "The importance of manufacturing in economic development: Has this changed?" Inclusive and Sustainable Development Working Paper Series WP1, 2016. https://www.unido.org/sites/default/files/2017-02/the_importance_of_manufacturing_in_economic_development_0.pdf.

Smil, V. *Made in the USA: The Rise and Retreat of American Manufacturing.* Cambridge, MA: MIT Press, 2013.

20 | 러시아와 미국: 결코 변하지 않는 것들

Divine, R.A. *The Sputnik Challenge: Eisenhower's Response to the Soviet Satellite.* Oxford: Oxford University Press, 2003.

Zarya. "Sputniks into Orbit." http://www.zarya.info/Diaries/Sputnik/Sputnik1.php.

21 | 쇠락하는 제국들: 태양 아래 새로운 것은 없다

Arbesman, S. "The life-spans of empires." *Historical Methods* 44, no. 3 (2011): 127-9. https://doi.org/10.1080/01615440.2011.577733.

Smil, V. *Growth: From Microorganisms to Megacities.* Cambridge, MA: MIT Press, 2019.

3부 기계, 설계, 장치 - 현대 세계를 만든 발명

22 | 어떻게 1880년대는 현대 세계를 만들었을까?

Smil, V. *Creating the Twentieth Century: Technical Innovations of 1867–1914 and Their Lasting Impact.* Oxford: Oxford University Press, 2005.

Timmons, T. *Science and Technology in Nineteenth-Century America.* Westport, CT: Greenwood Press, 2005.

23 | 어떻게 전동기는 현대 문명의 동력원이 되었을까?

Cheney, M. *Tesla: Man Out of Time.* New York: Dorset Press, 1981.

Hughes, A. *Electric Motors and Drives: Fundamentals, Types and Applications.* Oxford: Elsevier, 2005.

24 | 변압기: 찬양받지 못하는 조용하고 수동적인 장치

Coltman, J.W. "The transformer." *Scientific American* 258, no. 1 (January 1988): 86-95.

Harlow, J.H., ed. *Electric Power Transformer Engineering*. Boca Raton, FL: CRC Press, 2012.

25 | 왜 아직은 디젤엔진을 폐기할 때가 아닌가?

Mollenhauer, K., and H. Tschöke, eds. *Handbook of Diesel Engines*. Berlin: Springer, 2010.

Smil, V. *Prime Movers of Globalization: The History and Impact of Diesel Engines and Gas Turbines*. Cambridge, MA: MIT Press, 2010.

26 | 움직이는 모습을 포착하라: 말부터 전자까지

Eadweard Muybridge Online Archive. "Galleries." http://www.muybridge.org/.

Muybridge, E. *Descriptive Zoopraxography, or the Science of Animal Locomotion Made Popular*. Philadelphia, PA: University of Pennsylvania, 1893. https://archives.upenn.edu/digitized-resources/docs-pubs/muybridge/descriptive-zoopraxogrphy.

27 | 축음기부터 스트리밍까지

Marco, G. A., ed. *Encyclopedia of Recorded Sound in the United States*. New York: Garland Publishing, 1993.

Morris, E. *Edison*. New York: Random House, 2019.

28 | 집적회로의 발명

Berlin, L. *The Man Behind the Microchip: Robert Noyce and the Invention of Silicon Valley*. Oxford: Oxford University Press, 2006.

Lécuyer, C., and D.C. Brook. *Makers of the Microchip: A Documentary History of Fairchild Semiconductor*. Cambridge, MA: MIT Press, 2010.

29 | 무어의 저주: 왜 기술의 진보는 우리 생각보다 오래 걸리는가?

Mody, C.C.M. *The Long Arm of Moore's Law: Microelectronics and American Science*. Cambridge, MA: MIT Press, 2016.

Smil, V. *Growth: From Microorganisms to Megacities*. Cambridge, MA: MIT Press, 2019.

30 | 지나치게 많은 정보가 지나치게 빨리 증가한다

Hilbert, M., and P. López. "The world's technological capacity to store, communicate, and compute information." *Science* 332, no. 6025 (April 2011): 60-65. https://doi.org/0.116/science.1200976.

Reinsel, D., J. Gantz, and J. Rydning. *Data Age 2025: The Digitization of the World: From Edge to Core. Seagate*, 2017. https://www.seagate.com/files/www-content/our-story/trends/files/Seagate-WP-DataAge2025-March-2017.pdf.

31 | 혁신에 대한 현실적인 생각

Schiffer, M.B. *Spectacular Failures: Game-Changing Technologies that Failed*. Clinton Corners, NY: Eliot Werner Publications, 2019.

Smil, V. *Transforming the Twentieth Century*. Oxford: Oxford University Press, 2006.

4부 연료와 전기 - 우리 사회의 에너지원

32 | 왜 가스터빈이 최고의 선택인가?

American Society of Mechanical Engineers. *The World's First Industrial Gas Turbine Set— GT Neuchâtel: A Historical Mechanical Engineering Landmark*. Alstom, 1988. https://www.asme.org/wwwasmeorg/media/resourcefiles/aboutasme/who%20we%20are/engineering%20history/landmarks/135-neuchatel-gas-turbine.pdf.

Smil, V. Natur*al Gas: Fuel for the T*wenty-First Century. Chichester, West Sussex: John Wiley, 2015.

33 | 핵발전: 실현되지 않은 약속

International Atomic Energy Agency. *Nuclear Power Reactors in the World*. Reference Data Series No. 2. Vienna: IAEA, 2019. https://www-pub.iaea.org/MTCD/Publications/PDF/RDS-2-39_web.pdf.

Smil, V. *Energy and Civilization: A History*. Cambridge, MA: MIT Press, 2017.

34 | 바람에서 전기를 얻는 데 화석연료가 필요한 이유는 무엇일까?

Ginley, D.S., and D. Cahen, eds. *Fundamentals of Materials for Energy and Environmental Sustainability*. Cambridge: Cambridge University Press, 2012.

Mishnaevsky Jr., L., et al. "Materials for wind turbine blades: An overview." *Materials* 10 (2017). https://www.ncbi.nlm.nih.gov/pmc/articles/PMC5706232/pdf/materials-10-01285.pdf.

35 | 풍력용 터빈은 어느 정도까지 커질 수 있을까?

Beurskens, J. "Achieving the 20 MW Wind Turbine." *Renewable Energy World* 1, no. 3 (2019). https://www.renewableenergyworld.com/articles/print/

special-supplement-wind-technology/volume-1/issue-3/wind-power/achieving-the-20-mw-wind-turbine.html.

General Electric. "HaliadeX 12 MW offshore wind turbineplatform." Accessed December 2019. https://www.ge.com/renewableenergy/wind-energy/offshore-wind/haliade-x-offshore-turbine.

36 | 태양광발전의 느린 부상

NASA. "Vanguard 1." Accessed December 2019. https://nssdc.gsfc.nasa.gov/nmc/spacecraft/display.action?id=1958-002B.

US Department of Energy. "The History of Solar." Accessed December 2019. https://www1.eere.energy.gov/solar/pdfs/solar_timeline.pdf.

37 | 왜 햇빛이 아직은 최고인가?

Arecchi, A.V., T. Messadi, and R.J. Koshel. *Field Guide to Illumination*. SPIE, 2007. https://doi.org/10.1117/3.764682.

Pattison, P.M., M. Hansen, and J.Y. Tsao. "LED lighting efficacy: Status and directions." *Comptes Rendus* 19, no. 3 (2017). https://www.osti.gov/pages/servlets/purl/1421610.

38 | 왜 더 큰 배터리가 필요한가?

Korthauer, R., ed. *Lithium-Ion Batteries: Basics and Applications*. Berlin: Springer, 2018.

Wu, F., B. Yang, and J. Ye, eds. *Grid-Scale Energy Storage Systems and Applications*. London: Academic Press, 2019.

39 | 왜 전기 컨테이너선은 아직 요원한가?

Kongsberg Maritime. "Autonomous Ship Project, Key Facts about *Yara Birkeland*." Accessed December 2019. https://www.kongsberg.com/

maritime/support/themes/autonomous-ship-project-key-facts-about-yara-birkeland/.

Smil, V. *Prime Movers of Globalization: The History and Impact of Diesel Engines and Gas Turbines*. Cambridge, MA: MIT Press, 2010.

40 | 전기의 실질 비용

Eurostat. "Electricity price statistics." Data extracted November 2019. https://ec.europa.eu/eurostat/statistics-explained/pdfscache/45239.pdf.

Vogt, L.J. *Electricity Pricing: Engineering Principles and Methodologies*. Boca Raton, FL: CRC Press, 2009.

41 | 느리게 진행될 수밖에 없는 에너지 전환

International Energy Agency. *World Energy Outlook 2019*. Paris: IEA, 2019. https://www.iea.org/reports/world-energy-outlook-2019.

Smil, V. *Energy Transitions: Global and National Perspectives*. Santa Barbara, CA: Praeger, 2017.

5부 운송과 교통 - 우리는 어떻게 돌아다니는가

42 | 한층 짧아진 대서양 횡단 여행

Griffiths, D. *Brunel's Great Western*. New York: HarperCollins, 1996.

Newall, P. *Ocean Liners: An Illustrated History*. Barnsley, South Yorkshire: Seaforth Publishing, 2018.

43 | 엔진이 자전거보다 먼저 발명되었다!

Bijker, W.E. *Of Bicycles, Bakelites and Bulbs: Toward a Theory of Sociotechnical*

Change. Cambridge, MA: MIT Press, 1995.
Wilson, D.G. *Bicycling Science*. Cambridge, MA: MIT Press, 2004.

44 | 공기 주입식 타이어의 놀라운 이야기

Automotive Hall of Fame. "John Dunlop." Accessed December 2019. https://www.automotivehalloffame.org/honoree/john-dunlop/.
Dunlop, J.B. *The History of the Pneumatic Tyre*. Dublin: A. Thom & Co., 1925.

45 | 자동차 시대는 언제 시작되었는가?

Casey, R.H. *The Model T: A Centennial History*. Baltimore, MD: Johns Hopkins University Press, 2008.
Ford Motor Company. "Our History—Company Timeline." Accessed December 2019. https://corporate.ford.com/history.html.

46 | 현대 자동차의 섬뜩한 '유상하중비'

Lotus Engineering. *Vehicle Mass Reduction Opportunities*. October 2010. https://www.epa.gov/sites/production/files/2015-01/documents/10052010mstrs_peterson.pdf.
US Environmental Protection Agency. *The 2018 EPA Automotive Trends Report: Greenhouse Gas Emissions, Fuel Economy, and Technology since 1975*. Executive summary, 2019. https://nepis.epa.gov/Exe/ZyPDF.cgi?Dockey=P100W3WO.pdf.

47 | 전기 자동차가 적어도 아직은 우리 생각만큼 대단하지 않은 이유

Deloitte. *New Market. New Entrants. New Challenges: Battery Electric Vehicles*. 2019. https://www2.deloitte.com/content/dam/Deloitte/uk/Documents/manufacturing/deloitte-uk-battery-electric-vehicles.pdf.
Qiao, Q., et al. "Comparative study on life cycle CO2 emissions from the

production of electric and conventional cars in China." *Energy Procedia* 105 (2017): 3584-95.

48 | 제트 시대는 언제 시작되었는가?

Smil, V. *Prime Movers of Globalization: The History and Impact of Diesel Engines and Gas Turbines*. Cambridge, MA: MIT Press, 2009.

Yenne, B. *The Story of the Boeing Company*. London: Zenith Press, 2010.

49 | 왜 등유가 왕인가?

CSA B836. *Storage, Handling, and Dispensing of Aviation Fuels at Aerodromes*. Toronto: CSA Group, 2014.

Vertz, L., and S. Sayal. "Jet fuel demand flies high, but some clouds on the horizon." *Insight* 57 (January 2018). https://cdn.ihs.com/www/pdf/Long-Term-Jet-Fuel-Outlook-2018.pdf.

50 | 항공 여행은 얼마나 안전한가?

Boeing. *Statistical Summary of Commercial Jet Airplane Accidents: Worldwide Operations 1959–2017*. Seattle, WA: Boeing Commercial Airplanes, 2017. https://www.boeing.com/resources/boeingdotcom/company/about_bca/pdf/statsum.pdf.

International Civil Aviation Organization. *State of Global Aviation Safety*. Montreal: ICAO, 2019. https://www.icao.int/safety/Documents/ICAO_SR_2019_29082019.pdf.

51 | 비행기, 기차, 자동차 중 에너지 효율이 더 좋은 것은?

Davis, S.C., S.W. Diegel, and R.G. Boundy. *Transportation Energy Data Book*. Oak Ridge, TN: Oak Ridge National Laboratory, 2019. https://info.ornl.gov/sites/publications/files/Pub31202.pdf.

Sperling, D., and N. Lutsey. "Energy efficiency in passenger transportation." *Bridge* 39, no. 2 (Summer 2009): 22-30.

6부 식량 - 우리 자신의 에너지원

52 | 합성 암모니아가 없는 세계

Smil, V. *Enriching the Earth: Fritz Haber, Carl Bosch, and the Transformation of World Food Production*. Cambridge, MA: MIT Press, 2000.

Stoltzenberg, D. *Fritz Haber: Chemist, Nobel Laureate, German, Jew*. Philadelphia, PA: Chemical Heritage Foundation, 2004.

53 | 밀의 수확량을 늘려라

Calderini, D.F., and G.A. Slafer. "Changes in yield and yield stability in wheat during the 20th century." *Field Crops Research* 57, no. 3 (1998): 335-47.

Smil, V. *Growth: From Microorganisms to Megacities*. Cambridge, MA: MIT Press, 2019.

54 | 용납할 수 없는 규모의 음식물 쓰레기

Gustavsson, J., et al. *Global Food Losses and Food Waste*. Rome: Food and Agriculture Organization of the United Nations, 2011.

WRAP. *The Food Waste Reduction Roadmap—Progress Report 2019*. September 2019. http://wrap.org.uk/sites/files/wrap/Food-Waste-Reduction_Roadmap_Progress-Report-2019.pdf.

55 | 지중해식 식사법이여, 이제는 안녕!

Tanaka, T., et al. "Adherence to a Mediterranean diet protects from cognitive decline in the invecchiare in Chianti study of aging. *Nutrients* 10, no. 12 (2007). https://doi.org/10.3390/nu10122007.

Wright, C.A. *A Mediterranean Feast: The Story of the Birth of the Celebrated Cuisines of the Mediterranean, from the Merchants of Venice to the Barbary Corsairs.* New York: William Morrow, 1999.

56 | 멸종 위기를 맞은 참다랑어

MacKenzie, B.R., H. Mosegaard, and A.A. Rosenberg. "Impending collapse of bluefin tuna in the northeast Atlantic and Mediterranean." *Conservation Letters* 2 (2009): 25-34.

Polacheck, T., and C. Davies. *Considerations of Implications of Large Unreported Catches of Southern Bluefin Tuna for Assessments of Tropical Tunas, and the Need for Independent Verification of Catch and Effort Statistics.* CSIRO Marine and Atmospheric Research Paper No. 23, March 2008. http://www.iotc.org/files/proceedings/2008/wptt/IOTC-2008-WPTT-INF01.pdf.

57 | 왜 닭이 대세인가?

National Chicken Council. "U.S. Broiler Performance." Updated March 2019. https://www.nationalchickencouncil.org/aboutthe-industry/statistics/u-s-broiler-performance/.

Smil, V. *Should We Eat Meat?: Evolution and Consequences of Modern Carnivory.* Chichester, West Sussex: Wiley-Blackwell, 2013.

58 | 포도주 소비량을 줄여가는 프랑스

Aurand, J.M. *State of the Vitiviniculture World Market.* International Organization of Vine and Wine, 2018. http://www.oiv.int/public/medias/6370/state-of-the-world-vitiviniculture-oiv-2018-ppt.pdf.

Lejeune, D. *Boire et Manger en France, de 1870 au Début des Années 1990*. Paris: Lycée Louis le Grand, 2013.

59 | 합리적인 육류 소비

Pereira, P., et al. "Meat nutritional composition and nutritive role in the human diet." *Meat Science* 93, no. 3 (March 2013): 589-92. https://doi.org/10.1016/j.meatsci.2012.09.018.

Smil, V. *Should We Eat Meat?: Evolution and Consequences of Modern Carnivory*. Chichester, West Sussex: Wiley-Blackwell, 2013.

60 | 일본식 식사법

Cwiertka, K.J. *Modern Japanese Cuisine: Food, Power and National Identity*. London: Reaktion Books, 2006.

Smil, V., and K. Kobayshi. *Japan's Dietary Transition and Its Impacts*. Cambridge, MA: MIT Press, 2012.

61 | 거꾸로 가는 유제품

American Farm Bureau Federation. "Trends in beverage milk consumption." Market Intel, December 19, 2017. https://www.fb.org/market-intel/trends-in-beverage-milk-consumption.

Watson, R.R., R.J. Collier, and V.R. Preedy, eds. *Nutrients in Dairy and Their Implications for Health and Disease*. London: Academic Press, 2017.

7부 환경 - 훼손되는 우리 세계를 지키려면

62 | 동물 대 인공물: 어느 쪽이 더 다양할까?

GSMArena. "All mobile phone brands." Accessed December 2019.

https://www.gsmarena.com/makers.php3.

Mora, C., et al. "How many species are there on Earth and in the ocean?" *PLoS Biology* 9, no. 8 (2011): e1001127. https://doi.org/10.1371/journal.pbio.1001127.

63 | 소를 위한 행성

Beef Cattle Research Council. "Environmental Footprint of Beef Production." Updated October 23, 2019. https://www.beefresearch.ca/research-topic.cfm/environmental-6.

Smil, V. *Harvesting the Biosphere: What We Have Taken from Nature*. Cambridge, MA: MIT Press, 2013.

64 | 코끼리의 죽음

Paul G. Allen Project. *The Great Elephant Census Report 2016*. Vulcan Inc., 2016. http://www.greatelephantcensus.com/finalreport.

Pinnock, D., and C. Bell. *The Last Elephants*. London: Penguin Random House, 2019.

65 | 왜 인류세라는 명칭이 시기상조일 수 있는가?

Davies, J. *The Birth of the Anthropocene*. Berkeley, CA: University of California Press, 2016.

Subcommission on Quaternary Stratigraphy, "Working Group on the 'Anthropocene.'" May 21, 2019. http://quaternary.stratigraphy.org/working-groups/anthropocene/.

66 | 콘크리트의 역사와 미래

Courland, R. *Concrete Planet: The Strange and Fascinating Story of the World's Most Common Man-Made Material*. Amherst, NY: Prometheus Books, 2011.

Smil, V. *Making the Modern World: Materials and Dematerialization*. Chichester, West Sussex: John Wiley and Sons, 2014.

67 | 자동차와 휴대폰 중 어느 것이 환경에 더 나쁠까?

Anders, S.G., and O. Andersen. "Life cycle assessments of consumer electronics — are they consistent?" *International Journal of Life Cycle Assessment* 15 (July 2010): 827-36.

Qiao, Q., et al. "Comparative study on life cycle CO2 emissions from the production of electric and conventional cars in China." *Energy Procedia* 105 (2017): 3584-95.

68 | 어느 쪽의 단열 효과가 더 나을까?

Natural Resources Canada. *Keeping the Heat In*. Ottawa: Energy Publications, 2012. https://www.nrcan.gc.ca/energy-efficiency/energy-efficiency-homes/how-can-i-make-myhome-more-ener/keeping-heat/15768.

US Department of Energy. "Insulation materials." Accessed December 2019. https://www.energy.gov/energysaver/weatherize/insulation/insulation-materials.

69 | 삼중창: 투명한 에너지 해법

Carmody, J., et al. *Residential Windows: A Guide to New Technology and Energy Performance*. New York: W.W. Norton and Co., 2007.

US Department of Energy. *Selecting Windows for Energy Efficiency*. Merrifield, VA: Office of Energy Efficiency, 2018. https://nascsp.org/wp-content/uploads/2018/02/us-doe_selecting-windows-for-energy-efficiency.pdf.

70 | 가정 난방의 효율성을 높이려면

Energy Solutions Center. "Natural gas furnaces." December 2008. https://naturalgasefficiency.org/for-residential-customers/heat-gas_furnace/.

Lechner, N. *Heating, Cooling, Lighting*. Hoboken, NJ: John Wiley and Sons, 2014.

71 | 탄소와의 전쟁

Jackson, R.B., et al. *Global Energy Growth Is Outpacing Decarbonization*. A special report for the United Nations Climate Action Summit, September 2019. Canberra: Global Carbon Project, 2019. https://www.globalcarbonproject.org/global/pdf/GCP_2019_Global%20energy%20growth%20outpace%20decarbonization_UN%20Climate%20Summit_HR.pdf.

Smil, V. *Energy Transitions: Global and National Perspectives*. Santa Barbara, CA: Praeger, 2017.

찾아보기

ㄱ

ㄴ

ㄷ

ㄹ

ㅁ

ㅂ

ㅅ

ㅇ

ㅈ

ㅊ